어원으로 읽는 영단어 이야기

어원으로 읽는 영단어 이야기
Etymological Stories of English Words

지은이 유원호
펴낸이 임상진
펴낸곳 (주)넥서스

초판 1쇄 발행 2024년 9월 5일
초판 2쇄 발행 2024년 11월 1일

출판신고 1992년 4월 3일 제311-2002-2호
10880 경기도 파주시 지목로 5
Tel (02)330-5500 Fax (02)330-5555

ISBN 979-11-6683-893-4 13740

www.nexusbook.com

어원으로 읽는

영단어 이야기

유원호 지음

넥서스

들어가는 말 

생성형 인공지능(generative AI)의 발달로 영어 어휘력의 중요성은 더욱 부각되었습니다. 글을 잘 쓰는 능력보다 AI의 글을 잘 읽고 활용하는 능력이 더 중요한 시대가 도래하였기 때문입니다. 어휘력은 AI의 활용 능력을 신장하는 데 꼭 필요한 요소입니다.

단어의 어원을 공부하면 효율적으로 어휘력을 향상할 수 있습니다. 어원 하나를 공부하면 많은 단어를 한 번에 습득하는 것에 도움이 되기 때문이죠. 예를 들어, morph는 '모양/형태(form)'라는 뜻의 그리스어 어근(語根, root)입니다. 이 어근 하나만 알면 morphólogy(형태론), állomorph(이형태, 異形態), mètamórphosis(탈바꿈), amórphous(일정한 모양이 없는), ànthropomórphic(사람의 모습을 닮은)과 같은 단어를 한꺼번에 습득할 수 있습니다.

'어근'이란 한 단어에서 모든 접사를 삭제하고 '더 이상 분석할 수 없는 형태'를 지칭합니다(예: amorphous = 접두사 a- + 어근 morph + 접미사 -ous).[1] 어원 공부의 핵심은 라틴어와 그리스어 어근을 익히는 것입니다. 하지만, 모든 어원이 어휘 습득에 도움을 주는 것은 아니므로 도움이 되는 어원을 공부하는 것이 중요합니다. 어원을 모두 알아도 뜻이 이해되지 않는 단어도 있기 때문입니다.

예를 들어, consíder(고려하다, 숙고하다)의 sider는 '별, 별자리'를 뜻하는 라틴어 명사(sidus)에서 유래하였습니다. 같은 어근을 포함하는 단어로는 sidéreal(별의)이 있습니다. 1610년에 라틴어로 출판된 갈릴레오의 책 제목(Sidereus Nuncius)을 영어로 <The Sidéreal Méssenger(별의 사자(使者))>라고 하죠. 접두사 con-의 의미는 '~와 함께'입니다. 그러면 consider는 결국 '별과 함께'라는 뜻이 됩니다.

"He stood there, considering the painting(그는 거기 서서 그 그림을 음미하고 있었다).[2]"에서처럼 consider에는 '자세히 관찰하다'라는 뜻도 있는데, 그 이유는 이 단어가 유래한 라틴어 동사(considerare)가 '자세히 관찰하다, 숙고하다'라는 뜻이기 때문입니다. 예전 사람들이 '별'들을 자세히 관찰하고 어려운 결정을 할 때 점성술을 사용하던 관습이 있어 은유적으로 consider라는 표현을 사용한 것이죠.

어원을 공부할 때 유의해야 할 또 다른 하나는 같은 어원의 '이형태(allomorph)'가 많다는 사실입니다. '이형태'란 다음 예의 apt와 ept처럼 '같은 어원의 다른 형태'를 지칭합니다. inépt는 '부적절한, 무능한'이라는 뜻의 형용사입니다. 그럼 이 단어의 반의어는 무엇일까요? insáne(미친)의 반의어는 sane(제정신의)이므로 inept의 반의어는 *ept일 것 같은데 정답은 apt(적절한)입니다. apt가 in-과 결합하면서 ept로 바뀐 것이죠. 이형태의 다른 예는 ánnual(일 년의, 일 년마다의)의 어근 ann(연, 해)이

millénnium(천 년)에서는 enn으로 바뀌는 것입니다(자세한 이유는 200쪽 참고). (*은 틀린 단어를 의미합니다.)

어원 공부의 가장 큰 장점은 단어를 무작정 외우지 않고 이해하면서 습득한다는 것입니다. 그런데, 이런 다른 형태들이 언제, 왜 사용되는지 이해하지 못하고 어원을 외운다면 단어를 무작정 외우는 것과 별반 다르지 않습니다.

단어를 공부할 때 가장 먼저 외워야 할 것은 강세의 위치입니다. 강세가 어디에 있는지를 알아야 단어의 발음을 알 수 있기 때문입니다. 단어의 발음을 외우지 않은 채로 영어 공부를 하면 듣기가 더 욱더 되지 않는 비극이 발생합니다. 예를 들어, 아래 단어족(word family)의 발음은 강세 위치의 변화로 인해 달라집니다. 강세가 없는 모음은 주로 '어/ə/'로 발음되기 때문입니다.

명사	형용사	부사	동사
strategy(전략)	strategic	strategically	strategize
[strǽtədʒi:]	[strətí:dʒik]	[strətí:dʒikəli:]	[strǽtədʒàiz]

([strǽtədʒàiz]에서 ǽ는 제1강세, ài는 제2강세를 받습니다. 본문에서는 첫 음절에만 강세가 있는 단어는 강세 표기를 하지 않았습니다.)

짧은 대화체 문장을 제외한 이 책의 대부분의 예문은 Corpus of Contemporary American English(COCA)라는 코퍼스에서 추출하였습니다. COCA에서 추출한 예문은 각 예문이 사용된 연도와 장르를 표기하였습니다. 예를 들어, (COCA:2019:NEWS)는 newspapers(신문) 장르에서 2019년에 사용된 예문이라는 뜻입니다. NEWS외에 ACAD, MAG, FIC는 각각 academic journals(학술지), popular magazines(인기 잡지), fiction(소설) 장르를 나타냅니다.

영어교육학자들이 발표한 가장 권위 있는 어휘목록 중 하나는 570개의 단어족으로 구성되어 있는 Academic Word List(AWL, 학술단어목록)입니다.[3] 이 책에는 이 AWL 어휘목록과 어휘력 향상에 도움이 되는 어원이 포함되어 있습니다. 일상대화에서는 3,000개의 단어족을 알면 약 96%의 단어를 이해할 수 있습니다.[4] 수능 영어 시험에 나오는 어휘도 3,000개의 단어족을 넘지 않습니다. 따라서 충실한 학교 공부와 이 책의 어휘 공부를 병행하면 수능을 비롯한 각종 시험에 나오는 어휘를 거의 모두 알게 될 것입니다.

저자 유원호

차례

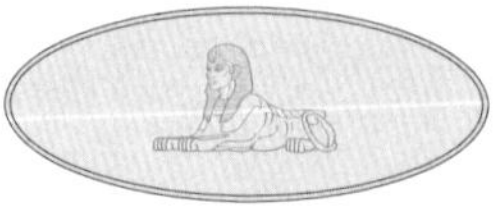

Chapter 3. 나머지 접두사

Part 2 어근

Chapter 4. 모음 변화 어근

Chapter 5. 자음 변화 어근

Chapter 6. 나머지 어근

Part 3 접미사

Chapter 7. 동사와 부사 접미사

Chapter 8. 형용사 접미사

Chapter 9. 명사 접미사

Vocabulary

PART 1

접두사

접두사(prefix)란?

어근이나 단어의 앞에 붙어 새로운 단어를 만드는 것

CHAPTER ❶

수효 접두사

너는 어느 나라 접두사니?

monolingual / bilingual

Q

다음 중 각각 다른 언어에서 유래한 것이 합쳐진 단어는 무엇일까요?

ⓐ mònolíngual
1개 국어를 사용하는 (사람)

ⓑ bìlíngual
2개 국어를 사용하는 (사람)

ⓐ monolingual(1개 국어를 사용하는 사람)은 '하나'를 뜻하는 그리스어 접두사 mono-를 포함하고 있고, ⓑ bilingual(2개 국어를 사용하는 사람)은 '둘'을 뜻하는 라틴어 접두사 bi-를 포함하고 있습니다. monolingual과 bilingual의 어근은 모두 '혀(tongue), 언어(language)'를 뜻하는 라틴어 명사(lingua)입니다. ('모국어'를 영어로는 mother tongue

또는 native language라고 하죠.) 따라서 그리스어 접두사 mono-와 라틴어 어근 lingua가 결합한 ⓐ monolingual이 정답입니다.

'하나'를 뜻하는 라틴어 접두사는 uni-입니다. '자전거'를 bicycle이라고 하는 이유는 바퀴가 두 개 달려 있기 때문입니다. '외발자전거'는 unicycle, '세발자전거'는 tricycle이라고 하죠. 사전에는 unilingual도 등재되어 있지만, 보통은 '1개 국어를 사용하는 (사람)'을 monolingual이라고 합니다. 라틴어 접두사 uni-(하나)가 포함된 단어는 다음과 같습니다.

① únicòrn 일각수(一角獸), únifòrm 제복, unison 일치, 제창(齊唱), ùnifórmity 동일성, únivèrse 우주, ùnicámeral (의회가) 단원제의, ùniláteral 일방적인, únifỳ 통합하다

lateral은 '옆의, 측면의'라는 뜻입니다. unilateral은 직역하면 '한쪽의'인데 세계 최대 강국인 미국이 가끔 다른 나라와 협의하지 않고 내리는 '일방적인 결정'을 unilateral decision이라고 합니다.

② No country should act unilaterally.
어떤 나라도 일방적으로 행동하면 안 된다.

다음은 그리스어 접두사인 mono-(하나)를 포함한 단어입니다.

③ mónoràil 모노레일, monógamy 일부일처제, mónològue 독백, mónolìth 거대한 돌기둥, monópoly 독점권, mónogràph (단일 주제에 관한) 연구서, mónotòne (말을 할 때) 단조로운 소리/방식, 변화가 없는

놀이공원에서 하나의 레일 위로 천천히 다니는 기차를 monorail이라고 합니다. monogamy의 어근인 gam은 '결혼(marriage)'이라는 뜻의 그리스어 명사(gamos)에서 유래하였습니다. 같은 어근이 포함된 단어는 다음과 같습니다.

④ gamete 생식 세포, bigamy 중혼(重婚=배우자가 있는 사람이 다른 사람과 다시 혼인함), polýgamy 일부다처제

여기서 잠깐 쉬어 가 볼까요? 2개 언어를 할 수 있는 사람은 bilingual이라고 합니다. 그럼 한 개의 언어만 할 수 있는 사람을 뭐라고 할까요? 정답은 American(미국인)입니다. 여러 언어를 구사하는 유럽인들과 달리 많은 대다수의 미국인은 영어만 할 줄 알아서 나온 농담이죠.

그리스어와 라틴어가 결합할 수 있다고?

monogamy / bigamy

Q

다음 중 각각 다른 언어에서 유래한 것이 합쳐진 단어는 무엇일까요?

ⓐ monógamy
일부일처제

ⓑ bigamy
중혼(重婚)

mono-는 '하나'를 뜻하는 그리스어 접두사, bi-는 '둘'을 뜻하는 라틴어 접두사입니다. gam은 '결혼'을 뜻하는 그리스어 어근이니 이 어근이 라틴어 접두사와 결합한 ⓑ bigamy(중혼)가 정답입니다.

monolingual(1개 국어를 사용하는 사람)에서처럼 그리스어 접두사가 라틴어 어근과 결합할 수 있듯이 라틴어 접두사도 그리스어 어근과 결합할 수 있습니다. 그리스어와 라틴어가 일관성 없이 결합할 수 있음에도 불구하고 어원을 공부하는 이유는 왜 뜻이 같은 어원이 복수로 존재하는지를 이해할 수 있기 때문입니다.

'둘'을 뜻하는 그리스어 접두사는 di-입니다. 사전에 digamy라는 단어도 등재되어 있는데, 이 단어는 거의 사용되지 않습니다. 그리고 bigamy와는 뜻이 다릅니다. digamy는 '재혼(再婚)'이라는 뜻이죠. di-를 포함한 단어는 다음과 같습니다.

① dilémma 진퇴양난, diphthong 이중 모음, dichótomy 이분, 양분, dìzygótic twins 이란성 쌍둥이, carbon dióxide 이산화탄소 $=CO_2$, ditránsitive verb 수여동사(=목적어를 두 개 취하는 동사)

'재혼'을 뜻하는 정확한 단어는 사실 dèuterógamy입니다. deutero가 '두 번째'라는 뜻이기 때문입니다. 구약 성경의 Dèuterónomy(신명기, 申命記)에는 모세가 죽기 전에 '두 번째로 반복해' 말한 설교 내용이 기록되어 있습니다. digamy, deuterogamy와 달리 bigamy는 자주 사용되는 단어입니다. bi-가 포함된 다른 단어는 다음과 같습니다.

② b͟íf͟urcàte 두 갈래로 나뉘다, b͟ipólar 양극의, 조울증의, b͟ipártisan 양당의, 초당파적인, b͟inary 2진법의, b͟inóculars 쌍안경

bifurcate(두 갈래로 나뉘다)의 어근 furca는 라틴어로 fork(포크)라는 뜻입니다. 포크의 갈퀴처럼 두 갈래로 나뉘는 것을 연상하면 되죠. polar는 pole(막대기, 극(極))의 형용사형입니다. 조울증은 기분이 극과 극을 왔다 갔다 하는 병이므로 bipolar disorder 또는 manic-depressive disorder이라고 합니다. binary(2진법의)와 binoculars(쌍안경)의 어근은 사실 bin인데, bin은 '둘씩(two each), 한 쌍의(by twos)'라는 뜻의 라틴어(bini)에서 유래하였습니다.

partisan은 party(정당, 당파)의 형용사형으로 '편파적인, 당파적인'이라는 뜻입니다. bipartisan이 '초당파적인'이라는 뜻으로 사용되는 이유는 정치 세력은 주로 보수가 지지하는 당과 진보가 지지하는 당으로 이뤄져 있기 때문이죠. 미국에서 전자는 공화당(the Repúblican Party), 후자는 민주당(the Dèmocrátic Party)이라고 합니다.

③ **Despite the positive outlook, this bill won't pass without a bipartisan effort.**

긍정적인 전망에도 불구하고, 이 법안은 초당파적인 노력이 없으면 통과하지 못할 것이다.

어떻게 '3갈래로 나뉜'이 '사소한'이 됐을까?

trivial / quadrivial

Q

다음 중 숫자와 관계없는 뜻으로 사용되는 단어는 무엇일까요?

ⓐ trivial　　　ⓑ quadrívial

tri-와 quadr-는 각각 '숫자 3'과 '숫자 4'를 나타내는 라틴어 접두사입니다. 따라서, ⓑ quadrivial은 '4갈래로 나뉜'이란 뜻인데, ⓐ trivial은 '사소한, 하찮은'이라는 뜻입니다. 왜 trivial은 '3갈래로 나뉜'이 아니고 '사소한'이라는 뜻으로 사용될까요?

trivial과 quadrivial은 각각 trivium(3학과, 三學科)과 quadrivium(4학과, 四學科)의 형용사형입니다. 중세 시대 유럽의 대학에서는 medicine(의학), law(법학), theology(신학)와 같은 전공 과목을 배우기 전에 인문학의 기초가 되는 7개의 교양 과목을 배워야 했습니다. 세 개의 초급 과목인 trivium을 배운 뒤, 네 개의 중급 과목인 quadrivium을 배웠죠.

trivium (3학과=초급 과목)	quadrivium (4학과=중급 과목)
grammar(문법학), **logic**(논리학), **rhetoric**(수사학)	**aríthmetic**(산수), **geómetry**(기하학), **music**(음악), **astrónomy**(천문학)

따라서 trivium은 세 개의 '초급 과목', quadrivium은 네 개의 '중급 과목'이라는 뜻입니다. trivial의 본래 의미가 '초급 과목의'라는 것을 알면 왜 이 단어가 현대영어에서는 '사소한'이라는 뜻으로 사용되는지 쉽게 이해할 수 있습니다.

①은 아일랜드의 유명한 소설가이자 시인인 제임스 조이스(James Joyce, 1882~1941)가 한 말입니다. 여기서 quadrivial의 뜻은 뭘까요?

① Some of my puns are trivial, and some of them are quadrivial.[5]

내 말장난의 몇몇은 사소하지만, 몇몇은 중요하다(?).

quadrivial은 trivial보다 높은 '중급 과목의'라는 뜻이므로 ①에서는 이 단어가 '사소하지 않은, 중요한'이라는 뜻으로 사용된 것이라고 해석할 수 있습니다. 물론 사전에는 이런 뜻이 없고 quadrivial을 이런 뜻으로 사용하는 사람도 없습니다. trivium은 '초급 과목', quadrivium은 '중급 과목'을 뜻한다는 것을 아는 사람들만 이해할 수 있는 조이스의 말장난이기 때문입니다.

trivial과 quadrivial이 각각 '3갈래로 나뉜'과 '4갈래로 나뉜'을 뜻하는 이유는 어근 vi(a)가 '길(road)'을 뜻하는 라틴어 명사(via)에서 유래하였기 때문입니다. 같은 어근을 포함한 단어는 다음과 같습니다.

② impérvious 통과시키지 않는, 영향받지 않는, devious 정직하지 못한, 우회하는, déviàte (진로에서) 벗어나다, obvious 분명한, obviate 미리 방지하다, 배제하다

영어에서 via는 ③에서처럼 '~을 거쳐(by way of), ~을 통해(by means of)'라는 뜻의 전치사로 사용됩니다.

③ Tous Les Jours brings a taste of Paris—via Seoul—to Beaverton Town Square in Oregon. (COCA:2019:NEWS)
뚜레쥬르는 파리의 맛을 서울을 거쳐 오리건주에 있는 비버튼 타운 광장으로 가져왔다.

직사각형은 4와 관련이 없다

rectangle / tetrahedron

Q

다음 중 '숫자 4'를 뜻하는 접두사를 포함하지 않은 단어는 무엇일까요?

ⓐ quàdriláteral 사변형　ⓑ réctàngle 직사각형　ⓒ tètrahédron 사면체

quadr-는 '숫자 4'를 뜻하는 라틴어 접두사입니다. ⓐ quadrilateral의 어근인 lateral은 '옆의, 측면의'이라는 뜻이므로, 측면을 뜻하는 '변(邊)'자를 쓴 '사변형'이 quadrilaterl의 정확한 뜻입니다. quadr-가 포함된 단어의 예는 다음과 같습니다.

① quadrant 4분면, quádricèps 사두근, quàdriplégic 사지 마비 환자, quádràngle 사각형 안뜰, quàdriláteral 사변형

대부분의 영국과 미국 명문 대학 캠퍼스에는 주요 건물이 둘러싸고 있는 사각형 안뜰이 있는데, 이 사각형 안뜰을 quadrangle이라고 합니다. 대화에서는 보통 quad라고 줄여서 말하죠. 영국의 옥스퍼드 대학에는 quadrangle에 관해 다음과 같은 규칙이 있다고 합니다. 저도 영화에서 몇 번 본 기억이 납니다.

② Oxford has another hallowed rule prohibiting students from stepping on the grass in quadrangles.[6]
옥스퍼드에는 학생들이 사각형 안뜰의 잔디를 밟는 것을 금지하는 또 다른 신성한 규칙이 있다.

quadrangle은 '사각형'을 뜻하기도 합니다. 삼각형이 triangle이니 quadrangle이 사각형인 것은 당연하겠죠. 그런데 '사각형'의 뜻으로 자주 사용되는 단어는 square(정사각형)와 ⓑ rectangle(직사각형)입니다. rectangle은 rect(곧은, 직선의)와 angle(각)이 합쳐진 단어이므로 '숫자 4'를 뜻하는 접두사를 포함하지 않습니다. 따라서 위 문제의 정답은 ⓑ입니다.

언뜻 보면 square는 quadr-와 관계가 없어 보이지만, quadr-에서 d가 빠진 quar-를 포함하고 있습니다. quarrel(네모난 화살촉이 달린 화

살), quarry(채석장)도 같은 어근을 포함하는데 quarry는 '정사각형의 돌'을 캐는 곳이라는 뜻이죠. quarrel은 주로 '말다툼, 싸움'의 의미로 사용되는데, 이 단어는 '불평(complaint)'을 뜻하는 다른 라틴어 명사(querella)에서 유래하였습니다.

ⓒ tetrahedron은 '숫자 4'를 뜻하는 그리스어 접두사 tetra-와 '얼굴, 면(face)'를 뜻하는 hedron이 결합한 단어입니다. tetra-와 '각(angle)'을 뜻하는 gon과 결합한 tetragon이라는 단어도 있지만 두 단어 모두 거의 사용되지 않습니다. tetra-가 포함된 단어의 예는 다음과 같습니다.

③ tetrálogy (책 · 영화 등의) 4부작, tétrachòrd 4도 음계, tetrarchy 사두(四頭)정치(*tetrarchy에서처럼 모음으로 시작하는 어근(archy) 앞에서는 접두사의 모음이 탈락합니다.)

tetrarchy는 서기 293년에 디오클레티아누스(Diocletian) 황제가 로마 제국의 넓은 영토를 사 등분 하여 두 명의 황제(Augusti)와 두 명의 부황제(Caesars)가 각 지역을 다스리던 정치를 뜻합니다.

테트리스(Tetris)는 1984년에 소련의 소프트웨어 기술자에 의해 개발된 게임인데, Tetris는 tetra-와 tennis를 합쳐 만든 이름이라고 합니다.[7] 이 게임이 4개의 정사각형으로 조합된 도형(tetrómino)으로 구성되어 있고 이 게임의 개발자가 가장 좋아하는 스포츠가 테니스라서 붙여진 이름이라고 하네요.

October가 '8월'이라니

October / decimate

Q

다음 세 단어에 공통으로 사용된
접두사의 뜻은 무엇일까요?

ⓐ octave	ⓑ octopus	ⓒ Octóber
옥타브	문어	10월

ⓐ octave는 '8개의 음'으로 구성되어 있고, ⓑ octopus는 '여덟 개의 발'이라는 뜻입니다. 문어가 여덟 개의 발을 갖고 있어서 붙여진 이름입니다. 접두사 oct-는 '숫자 8'이라는 뜻입니다. óctagòn(8각형)은 미국의 종합 격투기 단체인 UFC의 공식 경기장으로 유명하죠. 그

럼 ⓒ October는 '10월'이 아니고 '8월'이 되어야 하지 않을까요?

고대 로마 시대에 처음 사용된 달력은 1년에 10개월밖에 없었습니다. 처음 달이 March였고 마지막 달이 Decémber이었죠. 이때는 October가 '8월'이었습니다. 하지만, 나중에 January와 February가 추가되면서 모든 달이 2달씩 밀리게 되었고 October가 현재의 '10월'이 되었습니다.[8]

decem은 라틴어로 '10'을 뜻합니다. 따라서 December도 원래는 '10월'이라는 뜻인데 2달이 밀려 현재는 '12월'이 된 것입니다. '열 번째의(tenth)'는 라틴어로 decimus라고 하고 ①은 decimus에서 유래한 어근 decim와 deci가 포함된 단어들입니다.

① décimàte 대량으로 죽이다, decimal 십진법(의), 소수(의), decibel 데시벨(=음의 세기를 나타내는 단위)

decimate은 원래 '10분의 1을 죽이다'라는 뜻입니다. 동의어로 anníhilàte(전멸시키다)가 있는데 이 단어의 어근은 '무(無, nothing)'를 뜻하는 라틴어 명사(nihil)입니다. decimate보다 훨씬 무시무시한 단어죠.

② This is the site where the indigenous people were decimated by a brutal method.
이곳이 원주민들이 잔혹한 방법으로 대학살 당한 곳이다.

'10'을 뜻하는 그리스어는 deka입니다. ③은 deka에서 유래한 어근인 deca를 포함하는 단어들입니다.

③ decade 10년, decáthlon 10종 경기, décagòn 십각형, décapòd 십각류(十脚類, 게 · 새우 따위)

생산성이 높은 접두사 uni-, bi-, tri-와 달리 '숫자 4'이상을 나타내는 접두사는 잘 사용되지 않습니다. triangle과 trivial은 자주 사용되지만, quadrangle과 quadrivial은 거의 사용되지 않는 사실만 봐도 잘 알 수 있죠. 숫자와 관련된 어원의 뜻과 예시는 〈부록 1〉에 정리하였습니다. 부록을 보면 October, December와 마찬가지로 September, November도 2달씩 밀린 의미로 사용된다는 것을 알 수 있습니다.

'2년에 한 번'이에요, '1년에 두 번'이에요?

biennial / semiannual

Q

다음 중 뜻이 모호하지 않은
단어는 무엇일까요?

ⓐ biwéekly ⓑ bimónthly ⓒ biénnial

ⓐ biweekly의 뜻은 '2주에 한 번씩'일까요? 아니면 '1주에 두 번씩'일까요? 말도 안 되는 얘기지만 두 의미 모두 가능합니다. ⓑ bimonthly도 마찬가지입니다. '두 달에 한 번씩'과 '한 달에 두 번씩'이 혼용되고 있습니다. 반면에 ⓒ biennial은 '2년에 한 번씩'이라는 뜻으로만 사용되니 정답은 ⓒ입니다.

biennial의 어근은 ann(연, 해)인데 접두사 bi-와 결합하면서 라틴어 발음 규칙에 따라 ann이 enn으로 바뀌었습니다.(200쪽 참고) perénnial(연중 끊이지 않는)과 milléennium(천 년)에서도 ann이 enn으로 바뀌었죠. biennial은 16세기부터 영어에서 사용되었는데, 19세기부터는 bi-가 annual(1년의, 매년의)과 결합한 biánnual이라는 단어도 쓰이게 되었습니다.

그런데 뜻이 명확한 biennial과 달리 biannual은 '1년에 두 번씩' 또는 '2년에 한 번씩'으로도 해석될 수도 있습니다. biweekly, bimonthly와 마찬가지로 문맥에 따라 뜻을 파악해야 하죠. ①에서 biannual의 뜻을 이해하려면 백화점에서는 2년에 한 번씩 하는 할인 판매가 거의 없다는 배경 지식을 활용해야 합니다.

① **This department store is having a biannual sale.**
이 백화점은 지금 반년마다 열리는 할인 판매를 하고 있어.

위와 같은 문장에서 모호성을 해소하려면 sèmiánnual(반년마다의, 한 해에 두 번의)을 사용하면 됩니다. semi-는 '반(half)'을 뜻하는 라틴어 접두사이기 때문입니다. 다행히도 biannual sale보다는 semiannual sale이 더 자주 사용됩니다. biweekly도 모호성을 없애려면 fórtnìghtly(격주로)와 semiweekly(주 2회의)를 사용하면 되는데 안타깝게도 biweekly가 더 자주 사용됩니다. (fortnight(2주)는 fourteen

과 night가 합쳐진 단어인데 미국 영어에서는 잘 사용되지 않습니다.) semi-를 포함한 단어의 예는 다음과 같습니다.

② sèmicondúctor 반도체(半導體), sèmifínal 준결승, sémivòwel 반모음, sèmiánnual 일 년에 두 번의, sémicìrcle 반원(형), sémicòlon 세미콜론, sémitràiler 세미트레일러

미국 영어에서 semi는 명사로도 자주 사용되는데 명사로 사용된 semi는 '대형 화물 트럭'을 뜻합니다. 영화 〈트랜스포머(Transformers)〉에서 지구를 지키는 오토봇(Autobots)의 대장인 옵티머스 프라임(Optimus Prime)이 바로 semi죠. 그런데 이렇게 큰 트럭이 왜 semi(반)라고 불릴까요?

semi는 semi-trailer truck의 준말입니다. 따라서 semi는 'semitrailer를 끄는 트럭'이라는 뜻인데 semitrailer는 뒤에만 바퀴가 있고 앞에는 바퀴가 없어서 semitrailer라고 불립니다. 옵티머스 프라임과 같은 트럭이 견인하니 앞에는 바퀴가 필요 없는 것이죠. 견인 트럭과 트레일러가 합쳐졌을 때는 big rig 또는 18-wheeler라고도 합니다. rig는 '장비, 장치, 말을 맨 마차'라는 뜻이고 18-wheeler는 '바퀴가 18개 달린 차'라는 뜻이죠. 18-wheeler는 semi에 10개의 바퀴가 있고, semitrailer에 8개의 바퀴가 있어서 붙여진 이름입니다.

뜻이 같은 접두사가 왜 이렇게 많을까?

hemisphere / demigod

Q

다음은 모두 같은 의미를 가진 접두사들입니다.
무슨 뜻일까요?

ⓐ hemi-　　ⓑ semi-　　ⓒ demi-

정답은 '반(half)'이라는 뜻입니다. ⓐ hemi-는 그리스에서 유래하였습니다. 이 그리스어 접두사를 라틴어가 차용하면서 ⓑ semi-로 바뀌었죠. 그리스어 hyper(위에)가 라틴어 super로 바뀐 것과 같은 현상입니다. ⓒ demi-는 프랑스어 접두사인데, '절반의'를 뜻하는 라틴어 형용사(dimidius)에서 유래하였습니다.

영어에서 hemi-와 demi-는 semi-처럼 자주 사용되지는 않습니다. hemi-는 주로 전문 용어에서 사용되어서 일반인이 접할 수 있는 단어는 다음 세 개 정도밖에 되지 않습니다.

① **hémisphère** 반구(半球), **hèmiplégia** 반신불수(半身不隨), **hémicy̆cle** 반원(형), 반원형의 건물

sphere와 globe는 모두 '구(球, ball)'를 뜻하는데, 전자는 그리스어, 후자는 라틴어에서 유래하였습니다. hemisphere는 지구를 Northern Hemisphere(북반구)와 Southern Hemisphere(남반구)로 나눌 때 사용되고 ②에서처럼 뇌의 좌 · 우반구를 논할 때 사용됩니다.

② **Language is controlled by the left hemisphere of the brain.**
언어는 뇌의 좌반구에 의해 통제된다.

EU(Èuropéan Union, 유럽연합)의 의회인 European Parliament가 모이는 곳을 European Parliament Hemicycle이라고 합니다. NATO(North Atlántic Treaty Òrganizátion, 북대서양 조약 기구)와 함께 벨기에(Belgium)의 수도인 브뤼셀(Brussels)에 있죠. '반원'이라는 뜻으로는 보통 semicircle을 사용합니다. demicircle이라는 단어도 있지만 지금은 거의 사용하지 않습니다. demi-를 포함한 다른 단어는 다음과 같습니다.

② démigòd 반신반인(半神半人), démitàsse (식후의 블랙 커피용) 작은 커피잔, démimònde 화류계, 매춘부, dèmi-séc (와인 · 샴페인이) 중간 정도 쓴 맛의

신과 인간 사이에 태어난 '반신반인'을 영어로 demigod이라고 합니다. demitasse, demimonde, demi-sec은 모두 프랑스어를 차용한 것입니다. tasse는 프랑스어로 '찻잔', monde는 '세계', sec은 '건조한, 단맛이 없는'이라는 뜻이죠.

샴페인(champágne)의 종류는 단맛의 정도에 따라 구분하는데 시중에 가장 흔한 것은 brut와 demi-sec입니다. brut는 설탕을 거의 넣지 않아서 전혀 달지 않은 샴페인입니다. brut는 프랑스어로 '가공하지 않은(raw)'이라는 뜻인데, 영어 단어 brute(짐승, 야만적인)가 이 단어에서 유래하였습니다.

demi-sec은 sec(단맛이 없는)과 doux/duː/(단맛이 나는)의 중간이라는 뜻입니다. 가장 단 샴페인이 doux이고 바로 그 아래 단계 단맛의 샴페인이 demi-sec이죠. 그래도 칵테일보다는 달지 않으니 단맛이 그렇게 강하지는 않습니다.[9] '단맛이 없는' 와인을 영어로는 dry라고 하니 demi-sec은 half-dry라는 뜻입니다.

반대되는 두 가지를 모두 가지고 있다면?

amphibian / ambivalence

> **Q**
>
> **다음 두 단어에 포함된 접두사 amphi-와 ambi-의 뜻은 무엇일까요?**
>
> ⓐ amphíbian
> 양서류
>
> ⓑ ambívalence
> 상반되는 감정

amphi-는 '양쪽의(both)' 또는 '주위에, 사방에(around)'라는 뜻의 그리스어 접두사입니다. ⓐ amphibian의 어근은 '삶, 생물(life)'의 뜻을 가진 bio입니다. '양쪽의 삶'이라는 뜻이니 땅 위 또는 물속에서 살 수 있는 개구리 같은 동물을 amphibian(양서류)이라고 하죠.

① amphíbious 수륙 양용의, 양서류인, ámphithèater 원형 극장

amphibious vehicle(차량)은 관광지에서 볼 수 있는 '수륙양용차' 또는 해병대가 타는 '수륙양용장갑차'를 뜻합니다. amphitheater(원형 극장)에서는 amphi-가 '주위에'라는 뜻으로 사용되었죠. amphi-를 포함하는 단어는 아주 전문적인 용어를 제외하고는 이 정도가 다입니다.

ambi-는 amphi-와 뜻이 같은 라틴어 접두사입니다. ambi-를 포함한 단어는 다음과 같습니다.

② àmbidéxtrous 양손잡이의, ambíguous 모호한(=두 가지로 해석되는), ambient 주위의, 잔잔한, ambience 분위기, ambítion 야망, 야심

ambience를 프랑스어에서는 ambiance라고 하는데, 영어에서도 이 단어를 사용합니다. 하지만 프랑스어 형용사형인 ambiant는 사용하지 않죠. ambition(야망, 야심)은 '돌아다니다(go around)'라는 뜻의 라틴어 동사(ambire)에서 유래했습니다. 돌아다니는 행동이 '야망'을 뜻하게 된 이유는 고대 로마에서 선거에 당선되기를 원하는 정치인들이 도시를 돌아다니며 자기를 찍어 달라고 했기 때문이라고 합니다.[10]

ⓑ ambivalence는 상반되는 감정이 '양쪽에서' 끌어당겨 어떻게 해야 할지 모르는 감정을 뜻합니다. 동사 feel과는 명사 ambivalence와 형용사 ambivalent가 모두 사용 가능한데, ③에서처럼 be동사와 함께 사용하려면 ambivalent를 사용해야 합니다.

③ The Turkish government is also ambivalent about fighting the Islamic State because it effectively puts Turkey in the same camp as the Syrian separatist Kurdish factions it seeks to destroy. (COCA:2016:NEWS)
튀르키예 정부는 또한 IS와의 전쟁에 대해 상반되는 감정을 느끼고 있는데, 그 이유는 이 전쟁이 튀르키예를 파괴하려는 시리아 분리주의 쿠르드족 세력과 튀르키예를 동일한 진영에 넣기 때문이다.

ambivalence의 어근 val은 '체력(strength)'을 뜻하는 라틴어 명사(valentia)에서 유래하였습니다. valence(또는 valency)는 여러 분야에서 다양한 뜻으로 사용되는데 화학에서는 '원자가', 언어학에서는 '결합가, 논항가(=동사가 꼭 필요로 하는 주어 또는 목적어와 같은 문장 성분의 수)', 심리학에서는 '유의성(誘意性=개인 · 행위 따위가 갖는 끄는 힘)'을 뜻합니다.

어근 val(체력)을 포함하는 다른 단어는 다음과 같습니다.

④ valor 용기, 용맹, valídity 유효함, valiant 용맹한, equívalent 동등한, prevalent 일반적인, 널리 퍼진, válidàte 입증하다, 인정하다, eváluàte 평가하다

거짓말을 탐지하는 '다용도 기록계'

multiverse / polygraph

Q

다음 중 '거짓말'과 관련 있는 단어는 무엇일까요?

ⓐ múltivèrse　　ⓑ pólygràph

multi-와 poly-는 각각 라틴어와 그리스어에서 유래한 '여러, 많은'을 뜻하는 접두사입니다. multi-를 포함하는 단어의 예는 다음과 같습니다.

① múltiplỳ 곱하다, 증가시키다, mùltitásk 동시에 여러 가지 일을 하다, múltitùde 다수, 군중, múltiplèx 복합 상영관, mùltimédia 다중 매체, mùltifáceted 다면적인, mùltilíngual 여러 언어를 하는

탄생한 지 불과 100년이 되지 않는 단어 ⓐ multiverse(다중 우주)는 16세기부터 사용된 universe(우주=유일한 세계)에서 파생된 단어입니다. universe의 어근인 vers는 '돌리다(turn), 바꾸다(change)'라는 뜻의 라틴어 동사(vertere)에서 유래하였습니다. universe를 직역하자면 '하나로 바뀐(=turned into one) 것'이 되겠죠. 어근 vers를 포함한 단어는 다음과 같습니다.

② versatile 다재다능한, 다용도의, pervérse 삐뚤어진, 괴팍한, divérse 다양한, avérsion 반감, 혐오, convérse 대화하다

converse는 '대화하다'를 뜻하는 프랑스어 동사(converser)에서 유래하였는데, 프랑스어 동사가 유래한 라틴어 동사(conversare)는 원래 '함께 돌리다'라는 뜻입니다. vers는 vertere라는 라틴어 동사에서 유래한 어근이므로 vert의 이형태입니다. vert의 t가 모음 앞에서 s로 바뀐 것이죠.(273쪽 참고) 어근 vert를 포함한 단어는 다음과 같습니다.

③ vertigo 현기증, avért 외면하다, 피하다, convért 전환시키다, pervért 왜곡하다, divért 방향을 바꾸게 하다, 주의를 딴 곳으로 돌리다

divert(주의를 딴 곳으로 돌리다)는 ④에서처럼 명사형 diversion으로 주로 사용됩니다.

④ I'll create a diversion, so you can sneak out safely.
네가 안전하게 빠져나갈 수 있도록, 내가 신경을 딴 데로 돌릴게.

ⓑ polygraph의 본래 의미는 '다용도 기록계'입니다. 그런데 이 기계로 거짓말을 탐지할 수 있어서 polygraph는 주로 '거짓말 탐지기(=lie detéctor)'의 뜻으로 사용됩니다. poly-를 포함하는 단어는 다음과 같습니다.

⑤ pólyglòt 다중 언어의, pòlychromátic 다색의, pólymàth 박식가, pólymer 중합체(重合體), polýsemy 다의(多義), polýgamy 일부다처제, polýphony 다성음악

polyglot과 multilingual은 동의어입니다. 두 단어 모두 '다중 언어 사용자'라는 뜻의 명사도 됩니다. polymath는 다빈치처럼 다양한 분야에서 박식한 사람을 일컫는 단어입니다. polymath의 어근인 math는 '배우다(learn)'라는 뜻의 그리스어에서 유래하였습니다. 물론 mathematics(수학)도 같은 단어에서 유래하였죠.

'여러 작품을 모아 놓은' 버스

omnibus / pandemonium

Q

다음 중 대중교통 수단인
'버스'와 관련 있는 단어는 무엇일까요?

ⓐ ómnibùs
많은 것을 포함하는, 옴니버스

ⓑ pàndemónium
지옥, 대혼란

정답은 ⓐ입니다. 너무 당연하다고요? 그런데 omnibus가 bus가 된 과정은 전혀 당연하지 않습니다. omnibus는 라틴어 형용사 omnis(모두, 모든)의 여격 복수형(dative plural)이라서 bus는 특별한 뜻이 없는 활용 어미이기 때문입니다. 영어에서 라틴어를 빌려올 때는 보통 어미를 버리고 어근 뒤에 묵음인 -e를 추가해서 사용합니다(예: primus → prime, theatrum → theatre → theater).[11] 그런데 bus는 어근을 버리고 어미만 따로 떼어 단어를 만든 것이니 아주 특이한 경우죠.

omnibus의 본래 의미는 '모두에게(to all), 모두를 위한(for all)'인데, 영어에서는 ①에서처럼 '많은 것을 포함하는'이라는 뜻으로 사용됩니다. 한국어에서 '옴니버스'는 보통 '여러 이야기 또는 작품을 모아 놓은 것'을 뜻하죠.

① **Trump learned that his aides had secured only $1.6 billion for border fencing in an omnibus spending bill.** (COCA:2019:NEWS)
트럼프는 자신의 보좌관들이 옴니버스 지출 법안에서 국경 울타리를 위해 16억 달러만 확보했다는 사실을 알게 됐다.

bus(버스)는 프랑스어를 통해 영어로 들어왔습니다. 1800년대에 파리에서 여러 명을 태우는 마차를 omnibus라고 부르기 시작했는데 이 단어가 줄어서 bus가 되었다고 합니다.[12] omni-가 포함된 단어는 다음과 같습니다.

② omnívorous 잡식성의, omnípotent 무엇이든 할 수 있는, 전능한, òmniprésent 어디에나 있는, omníscient 모든 것을 다 아는, 전지의

omniscient의 어근인 sci는 '알다(know)'라는 뜻의 라틴어 동사(scire)에서 유래하였습니다. 다음은 같은 어근을 가진 단어들입니다.

③ science 과학, conscience 양심, prescience 선견, 예지, conscious 의식이 있는, 자각하고 있는, cònsciéntious 양심적인, 성실한, uncónscionable 비양심적인, 터무니없는

ⓑ pandemonium(지옥, 대혼란)의 pan-은 '모두'를 뜻하는 그리스어 접두사입니다. pan-이 포함된 단어는 다음과 같습니다.

④ pànacéa 만병통치약, pànoráma 전경, 파노라마, panoply (인상적인) 모음, 완전한 장비, pántheòn 만신전(萬神殿), pántheìsm 다신교, 범신론(汎神論), pànegýric 찬사, 찬양의 글, pandémic 전 세계적인 유행병

셰익스피어에 버금가는 영국 르네상스 시대의 대시인으로 평가되는 존 밀턴(John Milton, 1608~1674)은 그의 대서사시 〈실낙원(Paradise Lost)〉에서 지옥의 수도를 Pandaemonium으로 명하였습니다.[13] pandemonium은 모든 '악령, 악마(demon)'가 있는 곳이니 본래 의미는 '지옥'인데 보통은 ⑤에서처럼 '대혼란, 대혼란의 장소'라는 뜻으로 사용됩니다.

⑤ This whole area was an utter pandemonium when the building collapsed. Hence, my colleagues and I were not able to receive any adequate medical attention.

건물이 무너졌을 때 이 일대는 완전한 대혼란이었다. 그래서, 나와 동료들은 적절한 치료를 받을 수 없었다.

큰 거인 괴물

gigabyte / terabyte

Q

다음 중 '괴물(monster)'과 관계있는 단어는 무엇일까요?

ⓐ mégabỳte
100만 바이트

ⓑ gígabỳte
10억 바이트

ⓑ térabỳte
1조 바이트

접두사 mega-, giga-, tera-는 각각 '큰(large)', '거인(giant)', '괴물(monster)'이라는 뜻의 그리스어에서 유래하였습니다. 따라서 정답은 ⓒ terabyte입니다. '괴물'을 뜻하는 어근은 보통 ①에서처럼 terato의 형태로 나타납니다.

① tèratólogy 괴물 연구, (동식물의) 기형학, terátogen 기형 발생 물질, tératòid 기형의

'거인'을 뜻하는 어근은 주로 gigant로 나타납니다. Gigántes(기간테스)는 그리스 신화에 나오는 거인족입니다. 땅의 여신인 가이아(Gaia)의 자식으로 태어나 올림포스(Olýmpus)의 신들과 전쟁하였으나 패하고 말았죠. 이 전쟁을 gìgantómachy(기간토마키아)라고 합니다. 일상 대화에서도 자주 사용되는 giant의 형용사 gigántic(거대한)에도 gigant가 있습니다. ②에서 gigantic은 은유적으로 사용되었습니다.

② He'll deny it, but he's a gigantic megalomaniac. Furthermore, he's got no integrity at all.
그는 부인하겠지만, 그는 자기가 최고라고 생각하는 거대한 과대망상증 환자야. 게다가 전혀 진실성이 없어.

mega는 a mega house(거대한 집)에서처럼 아예 형용사로 쓰이기도 하는데, '큰'을 뜻하는 어근은 megalo로도 나타납니다.

③ mégaphòne 확성기, mégalìth (고대인들이 세운) 거석(巨石), mègalómania (자기가 최고라고 생각하는) 과대 망상, mègalópolis 거대 도시, (몇 개의 위성 도시를 포함한) 거대 도시권

megabyte, gigabyte, terabyte의 뜻은 각각 '100만(million), 10억(billion), 1조(trillion) 바이트'입니다. 그럼 왜 그냥 million/billion/trillion byte라고 하지 않을까요? 그 이유는 billion과 trillion의 뜻이 다르게 해석될 수 있기 때문입니다. Merriam-Webster 사전에 의하면 billion이 미국에서는 '10억(=10^9)'을 뜻하지만, 영국에서는 '1조(=10^{12})'를 뜻할 수도 있다고 합니다.[14]

million, billion, trillion은 모두 프랑스어에서 빌려 온 단어입니다. billion은 원래 '두 개(bi-)의 100만(million)=1조(10^{12})'라는 뜻입니다. 그런데 프랑스어에서는 billion이 처음에 1조를 뜻하다가 나중에 10억으로 뜻이 바뀌었고 1948년부터는 다시 1조로 바뀌었습니다.

미국에서는 billion이 '10억(10^9)'을 뜻하는 이유는 million의 본래 의미가 '큰 천(big thousand=1,000x1,000)'이기 때문입니다. million은 '천'을 뜻하는 라틴어(mille)와 '큰'을 뜻하는 이태리어 접미사 -on이 합쳐진 단어입니다. (millimeter는 '1미터의 1/1000'이고, millénnium은 '천 년(enn=ann)'이라는 뜻이죠.) billion을 1,000(mille)에 1,000을 두 번(bi-) 곱한 숫자로 생각하면 10억(10^9)이 됩니다. 그리고, trillion은 1,000(mille)에 1,000을 세 번(tri-) 곱한 숫자이니 '1조(10^{12})'를 뜻합니다. 물론 영국에서 trillion은 million을 세 번 곱한 숫자이니 '100경(10^{18})'이 되겠죠.

작은 난쟁이가 조금 있다

microsecond / nanosecond

Q

다음 중 가장 짧은 시간은
무엇일까요?

ⓐ mícrosècond ⓑ nánosècond ⓒ pícosècond

각각 '100만(million), 10억(billion), 1조(trillion)'를 뜻하는 mega-, giga-, tera-의 반대로 작아지는 단위를 나타내는 접두사는 micro-, nano-, pico-입니다. ⓐ microsecond는 '100만분의 1초', ⓑ nanosecond는 '10억분의 1초', ⓒ picosecond는 '1조분의 1초'라는

뜻이죠. 따라서 정답은 ⓒ picosecond입니다.

micro-와 nano-는 각각 '작은(small)'과 '난쟁이(dwarf)'를 뜻하는 그리스어에서 유래하였습니다. pico-는 '소량(bit)'을 뜻하는 스페인어에서 유래하였죠. pico- 또는 nano-가 수의 단위가 아닌 어근과 결합한 단어는 거의 없습니다. nànotechnólogy(나노 기술)라는 단어만 영화에서 종종 접할 수 있죠. 반면에 micro-가 포함된 단어는 사주 접할 수 있습니다.

① míc̲r̲o̲chìp 마이크로칩, míc̲r̲o̲scòpe 현미경, míc̲r̲o̲wàve 전자레인지, mìc̲r̲o̲biólogy 미생물학, míc̲r̲o̲còsm 소우주, 축소판, mìc̲r̲o̲económics 미시 경제학

microcosm은 micro-와 cosmos(우주)가 합쳐진 단어입니다. microcosm은 보통 ②에서처럼 '축소판'의 의미로 사용됩니다.

② This unique neighborhood is definitely a microcosm of the city's cultural diversity.
이 특이한 동네는 확실히 이 도시의 문화적 다양성의 축소판이다.

million, billion, trillion을 나타내는 큰 숫자와 작은 숫자를 표로 정리하면 다음과 같습니다.

	큰 숫자	작은 숫자
million(100만)	mega- = 10의 6승	micro- = 100만분의 1
billion(10억)	giga- = 10의 9승	nano- = 10억분의 1
trillion(1조)	tera- = 10의 12승	pico- = 1조분의 1

요즘 하드디스크의 용량 단위로 자주 사용되는 terabyte의 byte는 '8비트(bit)에 해당하는 컴퓨터 메모리양'입니다. 자음 또는 모음 하나가 보통 하나의 byte죠. '8비트'의 bit은 '조금'이라는 뜻이 아니고 '컴퓨터 정보량의 최소 단위'를 뜻합니다. bit는 binary(2진법의)의 bi와 digit(숫자)의 t를 합쳐서 만든 단어입니다. 컴퓨터 정보량의 최소 단위를 '비트(bit=binary digit)'라고 부르는 이유는 컴퓨터가 이해하는 정보가 숫자 1과 0으로 나타나는 딱 두 종류(binary)이기 때문입니다.

한 입 베어 먹은 사과, 애플 회사의 유명한 로고입니다. 애플 로고에 한 입 베어 먹은 자국이 있는 이유는 이 과일이 작은 체리가 아닌 사과라는 것을 확실히 보여 주기 위해서라고 합니다.[15] 저는 bite(한 입)와 byte(바이트)가 동음이의어라서 로고를 그렇게 만든 것으로 생각했었는데 말이죠.

'행동 규칙'이 된 문서의 초안

primeval / protocol

Q

다음 세 단어의 공통점은 무엇일까요?

ⓐ prímàry	ⓑ sécondàry	ⓒ tértiàry
제1의	제2의	제3의

위 세 단어는 모두 라틴어 서수(ordinal)에서 유래하였다는 공통점이 있습니다. prim, secund, terti는 각각 라틴어에서 '첫째, 둘째, 셋째'를 뜻하는 어근입니다. (따라서 접두사는 아니지만, 숫자와 관련이 있으므로 여기서 다루도록 하겠습니다.) 교육은 초등, 중등, 고등교육으로 나뉘는

데 영어로는 각각 primary, secondary, tertiary education이라고 합니다. 고등교육은 초 · 중등 교육에 이어지는 높은 단계의 교육(=대학 · 대학원 교육)이라서 higher education이라고도 하죠. prim을 포함하는 단어는 다음과 같습니다.

① prime 주요한, 전성기, primal/primórdial/priméval 최초의, 원시의, 근본적인, 원시 시대의, primitive 원시적인, 미개의, primer 입문서, prìmogéniture 장자의 신분

prime은 라틴어 primus(제1의)와 같은 단어입니다. 라틴어를 영어로 빌려올 때 어미 -us를 삭제하고 -e를 붙이기 때문이죠. primal, primordial, primeval은 모두 동의어입니다. primal은 prime(전성기, 초기)과 형용사 접미사 -al이 결합한 단어이고, primordial은 primordium(원시 세포, 가장 초기 단계)의 형용사형입니다. primeval의 두 번째 어근인 ev는 '시대(age), 생애(lifetime)'를 뜻하는 라틴어 명사(aevum)에서 유래하였습니다. 어근 ev를 포함하는 다른 단어는 다음과 같습니다.

② mèdiéval 중세의, coéval 같은 시대의, longévity 장수

'제1의'를 뜻하는 그리스어 어근은 proto입니다. 모든 언어가 유래한 가장 처음 언어를 protolanguage라고 하고 처음 만들어진 모형을

prototype이라고 하죠.

③ protolánguage 조어(祖語), prótotỳpe 원형(原型),
prótoplàsm 원형질, prótocòl 원안, 외교 의례, 프로토콜,
protágonist 주인공

protocol는 원래 '문서의 초안, 원안'이라는 뜻이었는데, 이 뜻이 '외교 문서의 초안'이 되었고, 다음으로 '외교 의례' 또는 '행동 규칙'이 되었습니다.[16] 일상 대화에서 protocol은 ④에서처럼 '행동 규칙'의 뜻으로 자주 사용됩니다.

④ I can't let you access the computer without any identification. I'm sorry, but I'm just following protocol. I appreciate your cooperation.
신분증 없이는 컴퓨터에 접근할 수 없습니다. 죄송합니다만, 저는 단지 행동 규칙을 따르고 있을 뿐입니다. 협조해 주셔서 감사합니다.

'둘째', '셋째'를 의미하는 그리스어 어근은 각각 deuter(o)와 trit(o)인데, 자주 사용되지는 않습니다. 화학 전문 용어로 deuterium(중수소, heavy hydrogen)과 tritium '3중 수소'가 이 어근들을 포함하고 있습니다.

기수와 서수를 구분해 보자

quarter / quintessence

Q

다음 중 라틴어의 서수(ordinal number)를 포함하는 단어는 무엇일까요?

ⓐ quadruple
4배

ⓑ quintuple
5배

ⓐ quadruple(4배)과 triple(3배), double(2배)은 모두 라틴어 기수(cardinal number)를 포함합니다. '숫자 2'를 나타내는 라틴어 접두사로 bi-가 주로 사용되지만, bi-가 유래한 라틴어 bis는 '두 번(twice)'이라는 뜻입니다. '숫자 2'를 뜻하는 라틴어는 duo이고, double(2배)이 duo에서 유래하였죠.

'넷째'와 '다섯째'를 뜻하는 라틴어 서수 어근은 quart와 quint입니다. quarter(4분의 1)와 quintéssence(전형=제5원소)에 각각 사용되었죠. '제5원소'를 뜻하는 quintessence가 '전형'의 의미로 사용되는 이유는 고대 그리스 시대에 세상은 4개의 원소(흙, 물, 공기, 불)로 이루어졌고, 하늘은 신비롭고 완벽한 제5원소로 이뤄졌다고 믿었기 때문입니다.

ⓑ quintuple(5배)에도 서수 어근 quint가 사용된 것을 볼 수 있습니다. 이유는 불분명하지만, double, triple, quadruple에는 기수가 포함되어 있고 quintuple과 함께 ①에 있는 '6배'부터 '10배'까지는 모두 서수를 포함합니다.

① **sextuple** 6배, **septuple** 7배, **octuple** 8배, **nonuple** 9배, **decuple** 10배

사실 quintuple(5배)부터는 구어체는 물론이고 문어체에서도 잘 사용되지 않습니다. 골프 용어로나 가끔 접할 수 있죠. 골프에서 한 홀에서 기준 타수(par, 파)보다 한 타 넘게 치는 것을 bogey(보기)라고 합니다. 두 타 넘게 치는 것은 double bogey, 세 타는 triple bogey, 네 타는 quadruple bogey, 다섯 타는 quintuple bogey라고 하죠.

② **I wasn't aware of the fact that Tiger Woods made a quintuple bogey on the 3rd hole.**
타이거 우즈가 3번 홀에서 파보다 5개 넘게 쳤다는 사실을 모르고 있었다.

기준 타수보다 6타부터 10타 넘게 치는 것은 모두 ①에 있는 단어들로 표현합니다. sextuple, septuple, octuple, nonuple, decuple 중에서는 nonuple의 어근 non이 기수(novem)와 달라서 좀 생소합니다.

'9각형'을 영어로는 nónagòn 또는 énneagòn이라고 하는데, nonagon이 더 자주 사용됩니다. enneagon은 péntagòn(5각형), héxagòn(6각형)과 마찬가지로 그리스어 기수를 사용해서 만든 단어인데 발음이 어려워서 nonagon이 더 자주 사용되는 것 같습니다.

'첫째', '둘째', '셋째'를 나타내는 그리스어 어근인 prot(o), deuto(o), trit(o)를 포함하는 영어 단어는 존재하지만, 그다음 서수를 나타내는 그리스 어근은 영어에 사용되지 않습니다.[17] 이유는 불명확하지만 영어 단어를 만드는 데 그리스어가 라틴어보다 늦게 사용되기 시작했기 때문인 것 같습니다. 그리스어가 영어에 활발하게 사용되기 시작한 때는 르네상스 시대 이후부터입니다. 라틴어는 프랑스어와 너무 비슷해서 좀 더 고급스러워 보이는 단어를 만들려고 그리스어를 영어 단어에 사용하기 시작한 것이죠.

CHAPTER ❷

부정접두사

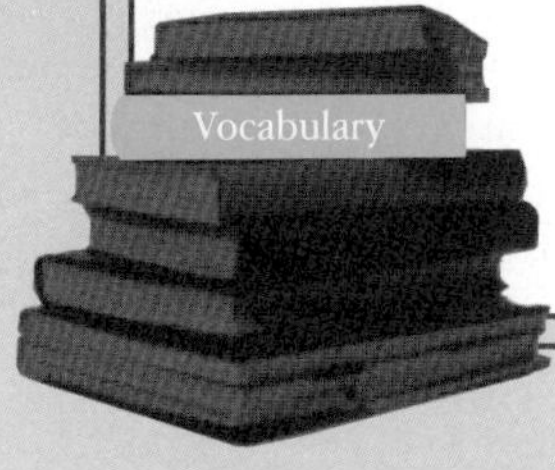

'믿을 수 없는' 것과 '믿지 않는' 것

incredible / incredulous

Q

다음 중 뜻이 다른
단어는 무엇일까요?

ⓐ incrédible ⓑ unbelíevable ⓑ incrédulous

ⓐ incredible과 ⓑ unbelievable은 모두 '믿을 수 없는, 믿기 힘든'이라는 뜻인데, 믿기 힘든 사실은 라틴어에서 유래한 incredible이 unbelievable보다 약 50년 정도 먼저 사용되기 시작했다는 것입니다. ⓒ incredulous는 '믿지 않는, 의심하는 듯한'이라는 뜻이므로

정답은 ⓒ입니다. 어근 cred는 '믿다(belíeve)'를 뜻하는 라틴어 동사(credere)에서 유래하였습니다. cred를 포함하는 단어는 다음과 같습니다.

① credit 신용, creditable 칭찬할 만한, credéntials 자격, 자격 증명서, credence 신빙성, credo 신조, credulous 잘 믿는/속는

credo(신조)는 라틴어로 원래 '나는 믿는다(I belíeve)'라는 뜻입니다. '신조, 신경'을 뜻하는 또 다른 단어인 creed는 라틴어 credo를 영어식으로 철자를 바꾼 것입니다. 교회에서 신앙고백으로 사용되는 '사도 신경'을 영어로는 the Apóstles' Creed라고 하죠. credulous(잘 속는)의 명사형인 credúlity은 ②에서처럼 주로 동사 stretch와 함께 사용됩니다.

② Don't stretch my credulity too far.
나의 쉽게 믿는 경향을 너무 멀리 늘리지 마(=믿기 어려워).

라틴어에서 차용한 접두사 in-은 어근에 '반대'의 의미를 더해 주는 부정접두사입니다. in-은 뒤에 오는 소리에 따라 ③에서처럼 im-, il-, ir-로 형태가 바뀝니다.

③ inévitable 필연적인, imménse 거대한, impróbable 일어날 성싶지 않은, illégible 읽기 어려운, irrátional 비이성적인

improbable에서 in-이 im-으로 바뀐 이유는 p와 m이 모두 입술에서 소리가 나기 때문입니다. immense(거대한)는 '재다, 측정하다(measure)'라는 뜻의 라틴어 동사의 과거분사형(mensus) 앞에 im-이 붙은 것입니다. 따라서 immense는 원래 immeasurable(헤아릴 수 없는, 무한의)과 같은 말입니다. immense와 같은 어근을 포함한 단어는 다음과 같습니다.

④ imménsity 거대, 광대, diménsion 크기, 차원, comménsurate (크기 · 중요도 · 자질 등에) 상응하는

un-은 순수 영어 부정접두사입니다. 〈부록 2〉에서도 볼 수 있듯이 un-은 in-보다 훨씬 많은 단어와 결합할 수 있습니다. ⑤에서처럼 순수 영어(happy)뿐만이 아니고 라틴어에서 유래한 단어(stable)와도 결합하기 때문입니다.

⑤ unháppy 불행한, unstáble 불안정한, ùnassúming 잘난 체하지 않는, unchárted 미지의, 지도에 없는, ùnprofésssional 전문가답지 못한

'없는' 것과 '제거된' 것

nonplus / unleash

Q

다음 단어에 포함된
접두사 non-의 뜻은 무엇일까요?

ⓐ nònproféssional
비전문가의

ⓑ nonplús
당혹하게 하다

profession(전문직)의 형용사인 professional은 부정접두사 un- 또는 non-과 결합할 수 있습니다. un-은 주로 '반대'를 나타내지만, non-은 주로 '없음'을 나타냅니다. 따라서 ⓐ nonprofessional은 '전문직이 없는(=비전문가의)'이라는 뜻이고, unprofessional은 '전문가답지 못한'이라는 뜻이 됩니다. 이 두 단어의 차이점은 ①에 잘 나타납니다.

① The plumber was very unprofessional. He used only tape to fix the leak under the sink.
배관공은 매우 전문가답지 못했다. 그는 싱크대 아래의 누수를 고치기 위해 테이프만을 사용했다.

unprofessional은 정도를 나타내는 수식어(very 또는 more)와 함께 사용될 수 있지만, nonprofessional은 함께 사용될 수 없습니다. non-은 영어의 not과 의미가 같은 라틴어 부사(non)에서 유래한 부정접두사입니다. un-은 주로 형용사와 결합하지만, non-은 명사와도 자주 결합합니다. non-이 포함된 단어는 다음과 같습니다.

② nònchalánt 무관심한, nòntóxic 무독성의, nònfát 지방이 없는, nònstándard 비표준의, nònpártisan 초당파의, 무소속의, nònstóp 직행(의), nònprófit 비영리적인 (단체), nònfíction 논픽션, nònvíolence 비폭력, nònconfórmity 비추종, 비협조

nonchalant(무관심한)는 프랑스어에서 차용하였는데, 프랑스어와 영어 모두 chalant라는 단어는 사용하지 않습니다. 그래서인지 nonchalant는 정도를 나타내는 단어(very 또는 more)와 함께 사용될 수 있습니다.

ⓑ nonplus는 라틴어 구 non plus(=not more)가 합쳐진 단어인데 '더 이상 아무것도 할 수 없는 상황(=당혹)'을 뜻합니다. 처음에는 명사로 시작했지만, 곧 '당혹하게 하다'라는 뜻의 동사로 쓰이기 시작했습니다. 같은 뜻을 가진 동사로는 puzzle, perpléx, confóund가 있습니다.

참고로, ③과 같이 un-이 포함된 동사에서는 un-이 주로 '성질 · 상태의 제거'를 뜻해서, 이런 un-은 결성접두사(privative)라고도 합니다.[18]

③ unléash 속박을 풀다, unlínk 고리를 빼다, unpáck 짐을 풀다, untíe 매듭을 풀다, uncóver 덮개를 벗기다, 폭로하다, undó 원상태로 돌리다

아직 '도덕 관념이 없는' 아기

immoral / amoral

Q

다음 두 단어는 모두 부정접두사와 moral(도덕적인)이 결합한 것입니다.
이 두 단어 뜻은 어떻게 다를까요?

ⓐ immóral ⓑ amóral

ⓐ immoral의 뜻은 moral과 반대되는 '비도덕적인'입니다. 반면에 ⓑ amoral은 '도덕 관념이 없는'이라는 뜻입니다. immoral은 항상 부정적인 뜻으로 사용되지만, amoral은 꼭 그렇지 않습니다. 'amoral teacher(도덕 관념이 없는 선생님)'는 나쁜 사람이지만, amoral baby(도덕 관념이 없는 아기)는 아직 morality(도덕성)가 확립되지 않은 아기입니다. 부정접두사 a-는 주로 '~이 없는'이라는 뜻으로 사용됩니다.

① atónal 무조(無調)의, aséxual 무성(無性)의, apathy 무관심, atheist 무신론자, apnea 무호흡, 질식, asphýxia 질식, 기절

atonal music(무조 음악)은 미국 UCLA 대학의 음대 교수였던 아널드 쇤베르크(Arnold Schoenberg, 1874~1951)가 창안한 음악으로 유명합니다. 악곡의 중심이 되는 장조나 단조가 없고, 조성(調性)을 가진 음악의 특징인 3화음의 화성적인 기능 관계를 해체한 음악이죠. '성이 없는'이라는 뜻의 asexual은 ②에서처럼 사용될 수 있습니다.

② Most bacteria reproduce asexually.
대부분의 박테리아는 무성 생식으로 번식한다.

sleep apnea(수면 무호흡증)는 잠잘 때 많은 사람이 경험하는 증상이라고 합니다. apnea는 '숨이 없음'이라는 뜻이고, asphyxia는 '맥박이 없음'이라는 뜻입니다. ①에서는 a-가 모두 자음으로 시작하는 단어와 결합하였는데, a-의 원형은 사실 an-입니다. 자음 앞에서 an-의 n이 탈락하여 a-가 된 것이죠. an-은 ③에서처럼 모음 또는 h로 시작하는 단어와 결합합니다.

③ anarchy 무정부 상태, anémia 빈혈, ànoréxia 식욕이 없음, 거식증(拒食症), ànesthésia 마취, 무감각, ànalgésic 진통제, anónymous 익명의, ànaeróbic 무산소성의, 무산소 운동인, anhýdrous 무수(無水)의, ànhedónia 쾌감 상실(증)

anhydrous(무수의)의 어근인 hydr(o)는 '물(water)'을 뜻하는 그리스어 명사(hydor)에서 유래하였습니다. 같은 어근을 포함한 단어는 다음과 같습니다.

④ hydrogen 수소(水素), hydrángea 수국(水菊), hydráulic 수력의, 유압의, hydrate 수분을 섭취하다, dehýdrate 탈수 상태가 되다

hydrogen의 gen은 '탄생(birth)'이라는 뜻의 그리스어(genos)에서 유래하였습니다. 따라서 hydrogen은 '물을 탄생시키는 원소(=수소)'라는 뜻인데, 두 개의 수소 원자(atom)가 한 개의 산소 원자와 결합하면 하나의 물(=H_2O) 분자(mólecùle)가 되기 때문입니다.

더 이상 '나눌 수 없는' 원자?

asymmetry / atom

Q

다음 두 단어에서
접두사 a-의 뜻은 무엇일까요?

ⓐ asýmmetry
비대칭

ⓑ atom
원자

ⓐ asymmetry는 '대칭이 없음(lack of symmetry)'이라는 뜻이므로 이 단어의 a-는 '~이 없는'이라는 뜻입니다. anarchy(무정부 상태)의 an-과 뜻이 같죠. 반면에 ⓑ atom의 a-는 '반대'를 뜻하는 부정접두사 in-, un-과 뜻이 같은데, 그 이유는 in-과 un-도 모두 an-에서 유

래하였기 때문입니다.

atom은 '불가분의(indivísible)'라는 뜻의 그리스어(atomos)에서 유래한 단어입니다. 고대 철학자들이 우주의 모든 것은 더 이상 나눌 수 없는 입자(粒子, particle)로 이뤄졌을 것으로 생각했고, 이 입자를 atom(원자)이라고 불렀습니다. 물론 지금은 atom이 nucleus(원자핵)와 eléctron(전자)으로 이루어져 있다는 것을 모두 알고 있죠. a-가 in-, un-처럼 '~이 아닌(not)'의 의미로 쓰인 단어는 다음과 같습니다.

① atýpical 전형적이 아닌, apolítcal 비정치적인, 정치에 관심 없는, agnóstic 불가지론자(不可知論者)

'자르다(cut)'를 뜻하는 어근 tom을 포함한 다른 단어는 다음과 같습니다.

② anátomy 해부학, dichótomy 양분(兩分), epítome 전형, 줄거리, èntomólogy 곤충학

epitome/əpítəmi:/가 16세기에 처음 사용되었을 때는 '줄거리'라는 뜻이었습니다.[19] 줄거리를 말하려면 중요하지 않은 부분은 '자르고' 말해야 하기 때문이죠. 줄거리는 결국 한 작품의 핵심이 되는 본보기이므로 현대영어에서 epitome는 ③에서처럼 '전형, 화신'의 뜻으로

사용됩니다.

③ **Evidently, the ballerina was the epitome of beauty and grace on the stage.**
분명히 그 발레리나는 무대 위에서 아름다움과 우아함의 전형이었다.

'곤충'은 insect인데 그럼 '곤충학'은 insectólogy가 아닐까요? 네, insectology도 '곤충학' 맞습니다. 하지만 insectology보다는 entomology가 훨씬 더 자주 사용됩니다. insect는 라틴어(insectum)에서 유래하였는데, insectum은 '곤충'을 뜻하는 그리스어(entomon)를 직역해서 만든 단어입니다. insect의 어근 sec는 '자르다'를 뜻하는 라틴어 동사(secare)에서 유래하였습니다. 같은 어간을 포함한 bisect는 '이등분하다'라는 뜻입니다.

'신'은 없는 것일까, 알 수 없는 것일까?

atheist / agnostic

Q

다음 두 단어의 의미는
어떤 차이가 있을까요?

ⓐ atheist ⓑ agnóstic

ⓐ atheist와 ⓑ agnostic은 모두 신의 존재에 관해 특정한 의견을 가지고 있는 사람입니다. atheist는 '신이 없다고 생각하는 사람'이고, 반면에 agnostic은 '신의 존재는 알 수 없다고 생각하는 사람'이죠. 전자는 '무신론자'라고 하고 후자는 '불가지론자(不可知論者)'라고 합니

다. 한국어에서는 '불가지론자'가 잘 사용되지 않지만, agnostic은 ①과 같은 문장에 자주 사용됩니다.

① I'm ultimately an agnostic, not an atheist.
나는 궁극적으로 불가지론자지 무신론자는 아니야.

ⓐ atheist의 어근인 the(o)는 '신(god)'이란 뜻의 그리스어(theos)에서 유래하였습니다. 이 어근이 '~이 없는'이란 뜻의 a-와 합쳐져 신이 없다고 믿는 '무신론자'가 된 것입니다. 같은 어근을 가진 단어는 다음과 같습니다.

② mónotheìsm 일신교, pólytheìsm 다신교, apòtheósis 신격화, theólogy 신학, theógony 신들의 계보(系譜), theócracy 신정(神政), 제정일치제(祭政一致制)

theocracy의 두 번째 어근인 crac은 '힘(power), 통치(rule)'를 뜻하는 그리스어(kratos)에서 유래하였습니다. 같은 어근을 포함한 다른 단어는 다음과 같습니다.

③ demócracy 민주주의, autócracy 독재 정치, mèritócracy 실력주의, àristócracy 귀족 정치, 귀족 사회, buréaucracy 관료주의, 관료적인 번잡한 절차, plutócracy 금권(金權=재력으로 인해서 생기는 권세) 정치

plutocracy의 첫 번째 어근인 pluto는 '부(富, wealth)'를 뜻하는 그리스어(ploutos)에서 유래하였습니다. 명왕성의 영어 이름인 Pluto는 그리스 · 로마 신화에 나오는 저승의 신인데 지구의 '풍부한' 광물이 지하에 있어서 붙여진 이름입니다.

ⓑ agnostic의 어근인 gnos는 '알려진(known)'이란 뜻의 그리스어(gnostos)에서 유래하였습니다. agnostic에서 a-는 atypical(전형적이 아닌)의 a-처럼 '~이 아닌'이란 뜻입니다. 따라서 agnostic의 본래 의미는 '알려지지 않은(unknówn), 알 수 없는(unknówable)'이라는 뜻인데, 이 뜻이 확장되어 '불가지론자'라는 뜻으로 사용되는 것입니다.

'알다'라는 어근은 ④에서처럼 gni, gno(s)로 나타납니다. 고대영어 때부터 사용된 know(알다)도 원래는 그리스어 어근 gno의 g가 k로 변해서 만들어진 단어입니다.

④ **cognítion** 인지, 지각, **ìncognító** 신분을 숨기고, 익명으로, **récognìze** 알아보다, 인정하다, **dìagnósis** 진단, **prognósis** 예후, 예측, **ignorance** 무지, 무식, **ìgnorámus** 무식한 사람

ignorant에서 r이 나타난 이유는 'justice－juror'에서처럼 s가 모음 사이에 오며 r로 바뀐 것입니다.(279쪽 참고)

사람은 두 종류로 나뉠 수 있습니다. believer(믿는 사람)와 non-believer(믿지 않는 사람). 보통은 atheist와 agnostic을 non-believer라고 하는데, atheist도 believer입니다. 신의 존재는 논리적으로 증명할 수 없습니다. 믿음으로만 판단할 수 있는 신의 존재를 부정하는 atheist도 신의 존재가 없다고 '믿는' 사람 아닐까요?

반대와 비정상

disorder / dysfunction

Q

**다음 두 단어에 각각 포함된
접두사의 의미는 무엇일까요?**

ⓐ disórder
병, 무질서

ⓑ dysfúnction
기능 장애

ⓐ disorder(병, 무질서)의 dis-는 '반대 · 부정'을 나타내는 라틴어 접두사입니다. ①은 같은 접두사를 포함한 형용사, ②는 명사와 동사입니다.

① dishónest 부정직한, dìspropórtionate 불균형의, disinclíned 내키지 않는, disárming (심리적으로) 상대방을 무장해제시키는

② distáste 싫음, 혐오, dìsabílity 장애, disdáin 무시(하다), disgúst 혐오감(을 유발하다), dislíke 싫어하다, disobéy 불복종하다, disówn 의절하다, dìsenáble 무력화하다

distaste와 disgust는 사실 같은 단어입니다. gust가 '맛, 미각(taste)'을 뜻하는 라틴어 명사(gustus)에서 유래하였기 때문입니다. (taste는 '만지다, 시도하다'라는 뜻의 고대 프랑스어에서 유래하였습니다.) 현대 영어에서 gust는 '맛'을 뜻하지 않고 '돌풍, 질풍'을 뜻하는데, 이 단어는 16세기에 고대 북유럽어(Old Norse)에서 유래하였습니다.

'돌풍, 질풍'을 뜻하는 동음이의어 gust가 생기면서 '맛'을 뜻하는 gust는 영어에서 사라졌습니다. 대신 같은 라틴어 단어에서 유래한 이탈리아어 gusto가 영어에서 사용되기 시작했죠.[20] gusto는 '맛'이라는 뜻도 있지만 요즘은 ③에서처럼 '열정, 풍미, 애호'라는 의미로 사용됩니다.

③ Jaden was tired; nevertheless, he played the drums with gusto.
제이든은 피곤했음에도 불구하고 열정적으로 드럼을 연주했다.

ⓑ dysfunction(기능 장애)의 dys-는 dis-와 발음은 같지만, 뜻과 어원이 다릅니다. dys-는 '나쁜(bad), 비정상적인(abnórmal)'이라는 뜻의 그리스어 접두사입니다. 결손가정 또는 문제가 많은 가족을 영어로는 dysfúnctional family라고 하죠. dys-를 포함하는 단어는 다음과 같습니다.

④ dyspéptic 소화 불량의, 성질이 나쁜, dysfúnctional 고장 난, dysléxia 난독증, dystópia 디스토피아

dyspeptic의 어근인 pep은 '소화하다(digést), 요리하다(cook)'라는 뜻의 그리스어(peptein)에서 유래하였습니다. 미국에서 흔히 볼 수 있는 소화제인 Pepto-Bismol과 Pepcid에도 어근 pep이 포함되어있죠. dyspepsia는 '소화 불량'이라는 뜻인데 보통은 ìndigéstion이라는 단어를 사용합니다.

dystopia는 utópia(유토피아, 이상적인 나라)의 반의어인데, utopia는 그리스어 ou(없는)와 topos(장소)가 합쳐진 말입니다. utopia는 영국의 정치인이자 작가인 토마스 모어(Thomas More)의 1516년 저서 〈유토피아(Utopia)〉에 처음 사용되었습니다.

'뿔뿔이, 떨어져'
부정을 뜻하는 dis-

displace / dismantle

다음 두 단어 중 사전에 등재되지 않은 단어는 무엇일까요?

ⓐ displacement　　ⓑ dismantilization

ⓐ displacement(이동, 대체)는 동사 displace의 명사형이므로 사전에 등재되어 있습니다. dis-는 disorder(병, 무질서), disinclined(내키지 않는)에서처럼 주로 '반대 · 부정'을 나타내는데, dis-의 본래 의미는 '뿔뿔이(apart), 떨어져(away)'입니다. dis-가 본래 의미로 사용된 단

어는 다음과 같습니다.

① displáce 대신/대체하다, 쫓아내다, dismántle 해체하다, distríbute 분배하다, díslocàte 탈구시키다, dispóse 배치하다, ~의 경향을 갖게 하다, discárd 버리다, disséct 해부하다

dissect(해부하다)는 발음에 특히 유의해야 합니다. dissect에서는 dis-가 '디' 또는 '다이'로 발음됩니다. '숫자 2'를 나타내는 그리스어 접두사 di-와 발음이 같죠. 그래서 dissect의 의미를 '두 개로 자르다(cut in two)'로 잘못 알고 있는 경우가 많습니다. 다음 단어들은 모두 di-를 포함하고 있는데, 여기서도 di-는 '숫자 2'를 뜻하지 않습니다. 자음 g와 v 앞에서 dis-의 s가 삭제된 것이기 때문입니다.

② digést 소화하다, divíde 나누다, divért 방향을 바꾸게 하다, divérge 갈라지다

ⓑ dismantilization은 미국 프로농구 NBA의 전설적인 센터 샤킬 오닐(Shaquille O'Neal)이 2023년 4월에 TV에서 사용한 단어입니다. 후반전에 갑자기 망가진 한 농구팀을 분석하면서 사전에 없는 단어를 사용해 웃음을 자아냈죠. 동사 dismantle(해체하다)의 명사형은 dismántlement입니다.

mantle은 명사로는 '덮개, 망토', 동사로는 '감추다, 덮다'라는 뜻입니다. 그래서 dismantle은 원래 '(덮개 따위)를 벗기다'라는 뜻인데 요즘은 '(기계 · 제도 등)을 해체하다, 분해하다'라는 뜻으로 사용됩니다. mantle의 동음이의어인 mantel은 '벽난로 선반'이라는 뜻입니다. mantelshelf 또는 mantelpiece라고도 하죠.

③ **This fireplace features a large mantel made from rigid and durable material.**
이 벽난로는 견고하고 내구성이 뛰어난 소재로 제작된 대형 벽난로 선반이 특징이다.

그런데 mantle도 '벽난로 선반'이라는 뜻으로 사용되는데, 그 이유는 mantle과 mantel 모두 '망토(cloak), 손수건(hand towel)'을 뜻하는 라틴어 단어(mantellum)에서 유래하였기 때문입니다. mantel의 본래 의미는 '벽난로의 주위를 둘러싼 장식'입니다. 그런데 주위를 둘러싼 벽난로의 장식 중 선반만(크리스마스 선물을 놓는 등) 자주 사용되기 때문에 '벽난로 선반'의 의미로 사용되는 것입니다.

'아래로' 향해 부정을 뜻하는 de-

desecrate / denounce

Q

다음 중 부정의 접두사를
포함하지 않은 단어는 무엇일까요?

ⓐ désecràte
훼손하다

ⓑ distúrb
방해하다

ⓐ desecrate((신성한 것을) 훼손하다)은 어근인 secr(신성한)에 부정접두사 de-가 결합한 단어입니다. 부정접두사 de-가 포함된 단어는 다음과 같습니다.

① demérit 단점, dèhumídifier 제습기, deránged 미친, 정상이 아닌, decóde 해독하다, deáctivàte 비활성화시키다, dècompóse 분해시키다, 부패시키다, dethróne 퇴위시키다, defúse (긴장 · 위험 등을) 진정시키다, 완화하다

defuse는 본래 폭탄의 fuse(도화선, 신관)를 제거한다는 뜻입니다. 이 뜻이 은유적으로 사용되어 위험 등을 완화한다는 의미가 된 것이죠. 긴장을 악화시킨다는 뜻으로는 지하철역에서 자주 보는 éscalàtor(에스컬레이터)의 동사형인 escalate를 사용합니다. fuse가 동사로 사용될 때는 '녹이다(melt), 융합하다(combíne)'라는 뜻이 됩니다. 그래서 여러 나라 요리를 융합해 만든 음식을 fusion cuisíne(퓨전 요리)이라고 하죠.

접두사 de-는 본래 '아래로(down)'라는 의미입니다. de-가 본래 의미로 사용된 단어는 다음과 같습니다.

② depréss 우울하게 만들다, degráde 비하하다, declíne 감소(하다), denóunce 비난하다, deválue 평가 절하하다, detráct 가치 · 평판 따위를 떨어뜨리다, deríve 끌어내다, 유래하다, desígn 디자인(하다)

ⓑ disturb(방해하다, 혼란하게 하다)에서 접두사 dis-는 '강조'를 나타냅니다. 어근인 turb가 disturb와 똑같이 '혼란하게 하다(throw into disorder)'를 뜻하기 때문입니다. 같은 어근을 가진 단어는 다음과 같습니다.

③ turbid 탁한, 흐린, turbulent 격동의, 난기류의, turbine 터빈(회전하는 원동기), pertúrb 동요하게 하다

turbulent의 명사형인 turbulence는 ④에서처럼 비행기에서 기장이 승객들에게 자주 사용하는 단어입니다.

④ **We're experiencing some turbulence, so please buckle up.**
난기류로 인해 비행기가 흔들릴 수 있으니 좌석벨트를 매 주시기 바랍니다.

ⓐ desecrate의 반의어는 cónsecràte입니다. 그럼 consecrate의 뜻은 무엇일까요? 두 단어의 공통적인 어근인 secr의 뜻이 '신성한'이라는 것을 기억하면 consecrate의 뜻은 '신성하게 하다'라는 것을 쉽게 유추할 수 있습니다. 그런데 어근의 뜻을 이해하지 못하고 desecrate를 '훼손하다'라고 외우면 consecrate는 '보존하다'라고 잘못 생각할 수 있습니다. 고등학생이었던 딸아이에게 consecrate의 뜻을 물어보니 그렇게 대답하더군요. 어근의 의미를 아는 것이 왜 중요한지 잘 보여주는 대목입니다.

CHAPTER 3

나머지 접두사

강조하는 접두사가 왜 이리 많아?

delineate / unloose

Q

다음 두 단어에 포함된 접두사 de-의 뜻은 무엇일까요?

ⓐ dedúce
추론하다

ⓑ delíneàte
묘사하다

ⓐ deduce(추론하다)에서 de-는 본래 의미인 '아래로(down)'의 뜻으로 사용되었습니다. 어근 duc(t)은 '이끌다, 유도하다(lead)'라는 뜻의 라틴어 동사(ducere)에서 유래하였으므로 deduce는 원래 '아래로 이끌다'라는 뜻입니다.

논리적 추론은 두 가지로 나눌 수 있습니다. dedúctive reasoning(연역적 추론)과 indúctive reasoning(귀납적 추론). 따라서 deduce는 정확히 말하면 '연역적으로 추론하다'라는 뜻입니다. indúce는 '귀납적으로 추론하다'라는 뜻인데, 논리적 추론을 논하는 상황이 아닐 때는 '권유하다, 유도하다'라는 뜻이 됩니다. 어근 duc(t)는 de-와 in-외에도 ①에서처럼 많은 라틴어 접두사와 결합합니다.

① abdúct 유괴하다, addúce (증거 · 이유 등을) 제시하다, condúct 행동(하다), 지휘하다, 안내하다, éducàte 교육하다, prodúce 생산하다, redúce 줄이다, 축소하다, sedúce 유혹하다

duct는 명사로는 '(물 · 가스 · 전선 등의) 배관'이라는 뜻입니다. áquedùct(수로)는 라틴어 명사 aqua(물)의 소유격(또는 속격)인 aquae와 duct가 합쳐진 단어입니다. 라틴어 aquaeductus가 영어로 들어오면서 어미 -us가 삭제되고 aquae의 모음 ae가 e로 변한 것이죠.(123쪽 prae 참고)

라틴어에서는 소유격에 어근이 나타납니다. rational(이성적인, 합리적인)도 ration(배급량)에 접미사 -al이 붙은 것이 아니고 ratio(비율)의 라틴어 소유격(rationis)의 어근 ration에 -al이 붙은 것입니다. 라틴어에서 ratio는 원래 '계산, 셈'을 뜻합니다. ration(배급량)도 이 단어에서 유래해서 처음에는 '이성, 비율'의 뜻으로 사용되었는데, 이 뜻은

사라지고 '계산, 비율에 맞춰 나눠 주는 배급량'의 뜻이 되었습니다.

ⓑ delineate(묘사하다)에서 de-는 강조의 뜻으로 사용되었습니다. de-와 결합한 lineate가 '선이 있는, 줄무늬가 있는'이라는 뜻의 형용사이고, delineate의 본래 의미도 '선으로 그리다, 윤곽을 그리다'이기 때문입니다. ②는 모두 de-가 강조의 의미로 사용된 단어입니다.

② deluge 대홍수, desolate 황폐한, 고독한, debáte 토론(하다), depíct 묘사하다, descríbe 서술하다, defíne 정의를 내리다, denóte 의미하다, decláre 선언하다, detérmine 결심하다, 확정하다, devóte/dédicàte 바치다, 헌신하다

devote와 dedicate는 동의어인데 devote는 좀 더 종교적인 상황에 자주 사용됩니다. devote와 같은 어근을 포함한 형용사 devoút(독실한)과 devótional(신앙의, 종교적인)은 모두 ③과 같이 종교적인 맥락에 잘 어울리는 단어입니다.

③ This amazing individual is a devout Christian who leads a devotional life.
이 놀라운 사람은 신앙의 삶을 사는 독실한 기독교인이다.

④는 모두 접두사가 강조를 나타내는 단어들인데, 다양한 접두사가 강조의 의미로 사용된다는 것을 알 수 있습니다.

④ ashámed 수치스러워하는, distórt 비틀다, 왜곡하다, disgrúntled 불만인, 심술한, désiccàte 건조시키다, depráved 타락한, obtáin 얻다, óbfuscàte 혼란시키다, respléndent 휘황찬란한, reticent 과묵한, unlóose 느슨하게 하다

inflammable이 왜 '불붙기 쉬운'이지?

inherent / incarcerate

Q

다음 두 단어에 포함된
접두사 in-의 뜻은 무엇일까요?

ⓐ inhérent
타고난, 내재하는

ⓑ inflámmable
불붙기 쉬운

ⓐ inherent(타고난, 내재하는)에서 in-은 '에, 안에, 위에'를 뜻합니다. ①은 in-을 포함한 명사와 형용사, ②는 동사입니다.

① ínpùt 입력, ínsìght 통찰력, íncòme 소득, 수입, instance 사례,

incéntive 장려(금), intérnal 내부의, inítial 처음의, ínnovàtive 혁신적인

② instrúct 지시하다, 가르치다, insért 삽입하다, inítiàte 시작하다, inhíbit 억제하다, infér 추론하다, índicàte 가리키다, invóke 연상시키다, invéstigàte 조사하다, invést 투자하다

③은 in-의 변형된 형태를 포함하고 있습니다.

③ implícit 암시된, implý 암시하다, impact 충격(을 주다), impóse 부과하다, ímplemènt 시행하다, ímplicàte 연루시키다, ímmigràte 이주해 오다, íllustràte 삽화를 넣다, 설명하다

접두사 in-은 infláme(불을 붙이다), incárceràte(감금하다)에서처럼 단순히 명사를 동사로 바꾸기도 합니다. flame은 '불'을 뜻하는 라틴어 명사(flamma)에서 유래하였고, incarcerate의 어근인 carcer는 '감옥(prison)'을 뜻하는 라틴어 명사입니다. carcer는 영어에 사용되지 않지만 carceral(교도소의)라는 형용사는 사용됩니다.

ⓑ inflammable(불붙기 쉬운)은 inflame(불을 붙이다)의 형용사형입니다. 그런데 inflammable의 in-을 부정접두사로 착각하는 원어민들이 많았습니다. 그럼 뜻이 정반대인 '불붙지 않는'이 되죠. 그래서 혼란을 없애려고 19세기부터 flammable(불붙기 쉬운)이라는 단어를

사용하기 시작했습니다.

④ **Many people filed a complaint saying that the label "Inflammable" was confusing.**
많은 사람이 "Inflammable"이라는 라벨이 혼란스럽다며 불만을 제기했다.

부정접두사 in-은 원래 인도 · 유럽 조어(Proto-Indo-European)의 ne에서 유래하였고, '안에'를 뜻하는 접두사 in-은 인도 · 유럽 조어의 en에서 유래하였는데 두 형태가 모두 in-으로 같아진 것입니다. 그래서 ⑤의 in-은 모두 부정접두사인데 '안에'라고 잘못 생각하는 경우가 많습니다.

⑤ integer 정수(整數), integral 필수적인, 완전체의, injure 부상을 입다

integer의 어근인 teg는 '만지다(touch)'를 뜻하는 라틴어 동사(tangere)에서 유래하였습니다. intáct(손대지 않는, 온전한)에도 같은 어근의 이형태가 포함되어 있죠. 따라서 integer는 원래 fraction(분수)의 반대 개념인 '손대지 않은 완전한 숫자'라는 뜻입니다.

integral은 integer의 형용사형이므로 원래는 '완전체의'라는 뜻인데 주로 '필수적인'이라는 뜻으로 사용됩니다. injure의 어근은 '공정한(just)'을 뜻하는 라틴어 형용사(justus)에서 유래하였습니다. 따라서 injure는 '공정하지 않게 부상을 입다'라는 뜻입니다.

'안에' 또는 '밖에'

intramural / extrinsic

Q

다음 두 단어에 각각 포함된 접두사의 뜻은 무엇일까요?

ⓐ intrínsic
내적인, 본질적인

ⓑ extrínsic
외적인, 비본질적인

ⓐ intrinsic(내적인, 본질적인)은 inherent의 동의어입니다. intrinsic에 포함된 접두사는 '안에(within), 안으로(into)'을 뜻하는 intra-입니다. 같은 접두사를 포함한 단어는 다음과 같습니다.

① ìntramúral 교내의, ìntracíty 시내의, ìntranátional 국내에 있는, ìntravénous 정맥 주사(의)

학교 대표팀끼리 시합하지 않고 교내 학생들끼리 시합하는 경기를 미국에서는 intramural sports라고 합니다. mural은 주로 '벽화'라는 뜻의 명사로 사용되지만, 원래는 '벽의'라는 뜻의 형용사입니다. mural은 '벽(wall)'을 뜻하는 라틴어 명사(murus)의 형용사형(muralis)에서 유래한 단어이기 때문입니다.

미국에서 가장 인기 있는 야구팀 중 하나는 뉴욕 양키스(NY Yankees)입니다. 뉴욕은 워낙 대도시라 뉴욕 메츠(NY Mets)라는 야구팀이 또 하나 있죠. 이 두 팀을 intracity rivals(시내 라이벌)라고 합니다. intravenous는 원래 '정맥(vein) 내의'라는 뜻인데 주로 ②에서처럼 IV로 줄여서 '정맥 주사'를 뜻하는 명사로 사용됩니다.

② **Amber had been hooked up to an IV, and fluid was dripping down the line into the vein at her wrist.** (COCA:2017:FIC)
앰버는 정맥 주사에 연결되어 있었고 수액이 선을 따라 손목의 정맥으로 흘러가고 있었다.

'안에, 안으로'를 뜻하는 또 다른 라틴어 접두사는 intro-입니다. intro-를 포함한 단어는 다음과 같습니다.

③ íntrovèrt 내향적인 사람, ìntrospéction 자기 성찰, ìntrodúce 소개하다

intrinsic의 반의어인 ⓑ extrinsic(외적인)에 포함된 접두사는 '밖에(outside), 넘어(beyónd)'를 뜻하는 extra-입니다. 같은 접두사를 포함한 단어는 다음과 같습니다.

④ extráneous 관련 없는, extráordinàry 비범한, 비상한, extrávagant 사치스러운, èxtrajudícial 비합법적인, èxtracurrícular 과외의, éxtrovèrt 외향적인 사람

한국 고등학교와 미국 고등학교의 차이점 중 하나는 미국 고등학교에는 각종 스포츠를 포함한 extracurricular actívities(과외 활동)가 많다는 것입니다. introvert의 반의어인 extrovert(외향적인 사람)에 포함된 접두사도 원래는 extra-입니다. intro-와 달리 extro-라는 접두사는 없기 때문입니다.

'밖으로(ex-)'의 변신

eradicate / eclectic

Q

다음 두 단어에 포함된
접두사의 뜻은 무엇일까요?

ⓐ extérminàte
몰살하다

ⓑ erádicàte
근절하다

ⓐ exterminate(몰살하다)의 어근인 term은 '경계(boundary), 끝(end)'을 뜻하는 라틴어(terminus)에서 유래하였습니다. 접두사 ex-는 '밖으로(out)'라는 뜻이니 exterminate는 본래 '경계 밖으로 몰아내다'라는 뜻입니다. 같은 어근을 포함한 terminal은 '끝의, 불치의'라는 뜻

이고 terminal diséase는 '불치병'이라는 뜻입니다. 접두사 ex-를 포함한 다른 단어는 다음과 같습니다.

① exit 출구, 퇴장, expert 전문가, exigent 긴급한(urgent), extérnal 외부의, explícit 명시적인, exhíbit 전시하다, 전시품, expánd 확장하다, expórt 수출(하다), excéed 초과하다, extráct 뽑아내다, 추출하다

ex-는 ②에서처럼 '이전의(former)'라는 뜻으로도 사용됩니다.

② There was no bond between me and my ex-girlfriend.
나와 내 전 여자친구 사이에는 유대감이 없었다.

접두사 ex-는 ⓑ eradicate(근절하다)에서처럼 유성 자음 앞에서 e-로 변합니다. eradicate의 어근인 radic은 '뿌리(root)'라는 뜻의 라틴어(radix)에서 유래하였습니다. 따라서 eradicate는 말 그대로 '뿌리를 뽑다(=근절하다)'라는 뜻입니다. 같은 어근을 포함하는 단어로는 radish(무)와 radical(근본적인, 급진적인)이 있습니다. e-를 포함한 다른 단어는 다음과 같습니다.

③ enórmous 거대한, eráse 지우다, eróde (바닷물 · 바람 등이) 침식하다, edit 수정하다, 편집하다, emít/émanàte (빛 · 열 · 가스 · 소리 등을)

내뿜다, émigràte 이민을 가다, 이주하다, eléct 선출하다, elíminàte 제거하다

enormous의 어근인 norm은 '표준, 기준'이라는 뜻입니다. 따라서 enormous는 '표준에서 벗어나는(=거대한)'이라는 뜻이 됩니다. enormous의 유의어로는 vast, immense, gigantic이 있습니다. emigrate(이민을 가다, 이주하다)의 반의어는 ímmigràte(이주해 오다)입니다. 동사 migrate 자체가 '이주하다'라는 뜻이므로 사실 migrate와 emigrate는 같은 뜻입니다.

eliminate(제거하다)의 어간 limin은 '문지방(threshold)'을 뜻하는 라틴어 명사(limen)에서 유래하였습니다. 따라서 eliminate는 '문지방에서 내보내다(=제거하다)'라는 뜻입니다. limen의 형용사형인 liminal은 liminal state(과도기)에서처럼 '과도기의(transítional)'라는 뜻으로 사용됩니다.

라틴어 접두사 ex-에 대응하는 그리스어 접두사는 ec-입니다. ec-를 포함하는 단어는 다음과 같습니다.

④ eccéntric 별난, 괴짜인, ecléctic 취사선택하는, 절충적인, eclípse (해 · 달의) 식(蝕), ecstasy 황홀감

라틴어가 프랑스어를 거쳐 영어가 되면

avant-garde / abstinence

Q

다음 두 단어에 공통으로 포함된
접두사는 무엇일까요?

ⓐ advánce
전진, 발전

ⓑ advántage
이점, 장점

이 문제에는 쉬운 정답과 어려운 정답이 있습니다. 쉬운 정답은 '~쪽으로(to)'를 뜻하는 ad-이고, 어려운 정답은 '~로부터 떨어져서(away from)'를 뜻하는 ab(s)-입니다. ⓐ advance와 ⓑ advantage에 원래 사용된 접두사는 ab-였기 때문입니다.

advance와 advantage는 각각 프랑스 단어 avance와 avantage를 차용한 것입니다. 이 프랑스 단어는 모두 '앞에(in front of)'를 뜻하는 라틴어 전치사(abante)에서 유래하였는데 abante는 ab(~로부터 떨어져서)와 ante(~앞에)가 합쳐진 것입니다. 이 단어가 프랑스어로 들어오면서 b가 v로 바뀌어 avant가 된 것이죠. 프랑스어 avant-garde(아방가르드)는 영어에서도 ①과 같은 문장에 자주 사용됩니다.

① **In 1992, the avant-garde composer John Cage died in Manhattan at age 79.**
아방가르드 작곡가 존 케이지는 1992년에 (뉴욕의) 맨해튼에서 79세의 나이로 사망했다.

avant-garde는 본래 군대의 '전위대(前衛隊)'를 뜻하는데 단어인데 비유적으로 선구적이고 실험적인 창작을 시도하는 사람을 일컫는 말입니다. 4분 33초 동안 아무 연주도 하지 않는 피아노 음악 〈4분 33초〉를 작곡한 존 케이지에 잘 어울리는 단어죠. 접두사 ab-(~로부터 떨어져서)가 포함된 영어 단어는 다음과 같습니다.

② àbnormálity 비정상, 기형, abólish 폐지하다, ábdicàte 왕위에서 물러나다, abscónd 도주하다, 무단이탈하다, abjúre 포기하다, 맹세하고 버리다, absólve 사면하다, 무죄를 선고하다, ábsolùte 절대적인

ab-의 이형태인 abs-가 포함된 단어는 다음과 같습니다.

③ abstáin (투표에서) 기권하다, 절제하다, abstinence 절제, 금욕, abstract 추상적인, abstémious 자제하는, 금욕하는, abstrúse 난해한, 심오한

abstinence(금욕)은 abstain(투표에서 기권하다)의 명사형입니다. absolute(절대적인)은 원래 absolve(사면하다)의 과거분사형입니다. '사면된, 무죄를 선고받은'이라는 뜻이 '자유로운(free), 제한받지 않은(ùnrestrícted), 무조건의(ùncontíonal)'로 발전하여 '절대적인'이라는 뜻이 된 것이죠.

④와 ⑤는 ad-가 포함된 단어의 예인데, ad-의 d는 ⑤에서처럼 결합하는 어근의 첫소리와 똑같이 변하는 경우가 많습니다.

④ adjácent 인접한, adápt 적응하다, adjúst 조절하다
⑤ acquíre 습득하다, accúmulàte 축적하다, állocàte 할당하다, appróximàte 대략의, ~에 가까워지다, àscertáin 알아내다, assúre 장담하다, assíst 돕다, asséss 평가하다, attríbute (결과를) ~에 돌리다

또한 고대 프랑스어에서는 v와 m처럼 입술로 내는 소리 앞에서는 ad-가 a-로 바뀌는 규칙이 있었습니다.[21] amèliorátion(개량, 개

선)도 ad-와 melioration이 합쳐진 것인데 m앞에서 d가 빠지면서 amelioration이 된 것이죠. 그래서 프랑스어인 avance와 avantage에도 v 앞에 d가 빠진 것으로 잘못 알고 d를 넣어 advance와 advantage를 만든 것입니다. 프랑스어보다 고급스러운 라틴어처럼 보이려고 한 것이 관계없는 d를 추가하여 오히려 족보가 없는 단어가 되어 버리고 말았죠.

뜻이 명확하지 않은 ob-

obviate / obsequious

Q

다음 두 단어에 공통으로 포함된
접두사 ob-의 뜻은 무엇일까요?

ⓐ óbviàte
미리 방지하다, 배제하다

ⓑ obséquious
아부하는

ob-는 '향하여(toward), 앞에(in front of), ~에 맞서(agáinst)'를 뜻하는 라틴어 접두사입니다. 접두사 ob-이 포함된 단어는 ①과 같습니다.

① objéct 반대하다, 물건, 목적, obstacle 장애(물), obstétrics 산과학(產

科學), obdurate 완고한, 고집 센, oblong 길쭉한, òbsoléte 쓸모없게 된, obtúse 둔한, obvious 분명한

산부인과 의사는 ob-gyn이라고 하는데, ob-gyn은 òbstetrícian(산과 의사)과 gỳnecólogist(부인과 의사)의 앞부분만 합친 단어입니다.

obvious가 유래한 라틴어 형용사(obvius)는 '지나는 길에 만나게 되는, 쉽게 만날 수 있는'이라는 뜻입니다. 어근 vi(a)가 '길'이라는 뜻이기 때문이죠. 이 뜻이 발전해서 obvious는 '분명한(evident)'이라는 뜻이 된 것인데, 같은 어근을 포함한 ⓐ obviate가 왜 '미리 방지하다, 배제하다'를 뜻하는지는 전혀 obvious하지 않습니다.

② This new communication technology will obviate the need for commuting to work.
이 새로운 통신 기술은 출퇴근의 필요성을 미리 방지할 것이다.

ob-은 다른 접두사들에 비해 단어에서 어떤 뜻으로 사용되었는지 명확하지 않은 경우가 많습니다. ob은 원래 라틴어 전치사로 '향하여, 앞에'라는 뜻인데 영어에서 접두사로는 toward, against, before, near, across, down과 같은 다양한 뜻으로 사용되기 때문입니다.[22]

ⓑ obsequious(아부하는)의 어근인 sequ는 '따라가다(follow)'를 뜻하는 라틴어 동사(sequi)에서 유래하였습니다. 같은 어간을 포함한 단

어는 다음과 같습니다.

③ sequéster 격리시키다, sequel 속편, sequence 연속, 순서, consequence 결과, súbsequent 다음의

sequester의 뜻은 누구를 '따라가' 특정한 장소에서 격리되는 상황을 떠올리면 됩니다. 미국에서는 세간의 이목을 끄는 재판의 배심원단(jury)을 격리하곤 하죠.

④ The jury was sequestered for five months.
배심원단은 5개월 동안 격리되었다.

1999년, 2002년, 2005년에 미국에서 개봉한 영화 〈스타워즈 I, II, III(Star Wars: Episodes I, II, III)〉은 '전편 3부작(prequel trilogy)'으로 잘 알려져 있습니다. 1977년, 1980년, 1983년에 개봉한 원작 3부작이 IV, V, VI 편이었기 때문입니다. prequel(전편=이전의 일들을 다룬 속편)은 '전에(befóre)'를 뜻하는 접두사 pre-와 quel이 합쳐진 단어인데, quel은 진짜 어근이 아닙니다. sequel(속편)을 se-와 quel이 합쳐진 단어로 잘못 분석해서 se- 대신 pre-를 사용해 prequel을 만든 것이죠.

마찬가지로, bikíni(비키니 수영복)도 '숫자 2'를 뜻하는 라틴어 접두사 bi-와는 아무 관련이 없는데, 1960년대에는 '숫자 1'을 뜻하는 그

리스어 접두사 mono-와 kini가 합쳐진 mònokíni라는 단어가 생겼습니다. bikini의 유래는 마셜 제도(the Marshall Islands)에 있는 비키니 환초(Bikini Atoll)입니다. 환초(環礁)는 '고리 모양으로 배열된 산호초'인데 바깥쪽은 큰 바다와 닿아 있고 안쪽에는 얕은 바닷물이 있는 섬입니다. 1946년에 미국이 이 섬에서 핵폭탄을 실험해서 유명해졌죠. bikini라는 이름은 비키니 수영복이 핵폭탄처럼 폭발적인 인기를 끌기 바라는 마음에 지어졌다고 합니다.[23]

'빵을 함께 먹어야' 동반자라고?

companion / context

Q

다음 두 단어에 포함된
접두사의 뜻은 무엇일까요?

ⓐ compánion
동반자

ⓑ cóntèxt
맥락, 문맥

com-과 con-은 '와 함께(togéther with)'를 뜻하는 라틴어 접두사입니다. ⓐ companion(동반자)의 어근인 pan은 '빵(bread)'을 뜻하는 라틴어 명사(panis)에서 유래하였으므로 companion은 원래 '빵을 함께 먹는 사람'이라는 뜻입니다. ①은 com-을 포함하는 명사와 형용사,

②는 동사입니다.

① commódity 상품, comment 의견, 논평(하다), combústion 연소(燃燒), compónent 요소, 부품, compound 혼합물, 혼합하다, compléx 복잡한

② comménce 시작하다, combíne 결합하다, compíle (자료를) 모으다, 집계하다, cómplemènt 보완하다, compríse 구성되다, cómpensàte 보상하다

ⓑ context(맥락)의 어근인 text(본문, 지문)는 '짜다(weave)'를 뜻하는 라틴어 동사(texere)에서 유래하였습니다. textile(직물, 옷감)도 같은 라틴어에서 유래하였습니다. ③은 con-을 포함한 명사와 형용사, ④는 동사입니다.

③ confórmity (규칙 · 법 등에) 따름, conference 학회, consént 동의(하다), contract 계약(하다), 수축시키다, cónstant 끊임없는

④ cóncentràte 집중하다, confírm 확인하다, confér 상의하다, 수여하다, consúme 소비하다, consúlt 상담하다, construct 건설하다, cónstitùte 구성하다, consíst ~로 이루어져 있다, contríbùte 기부하다, 기여하다, convérge 모이다, convérse 대화를 나누다

접두사 com-과 con-은 '~와 함께'를 뜻하는 라틴어 전치사(cum)에서 유래하였습니다. 따라서 com-이 원형이라고 할 수 있는데, con-과 결합한 단어의 수가 월등히 많아 접두사는 con-이 원형이라고 합니다. con-이 뒤에 나오는 알파벳에 따라 com-, col-, cor-, 또는 co-로 바뀌는 것이라고 설명하죠.

⑤ collóquium 토론회, collάboràte 합작하다, corróboràte (소신 · 진술 등을) 보강하다, corróde 부식하다, 좀먹다, còrrespónd 일치하다, 부합하다, còincíde 동시에 일어나다, coórdinàte 조직화하다, 좌표, coóperàte 협력하다

collaborate(합작하다)의 어근은 '노동(하다)'를 뜻하는 labor이고 corroborate(보강하다)의 어근인 robor은 '힘(strength)'를 뜻하는 라틴어에서 유래하였습니다. ⑥에 사용된 형용사 robust(건장한, 튼튼한, 강력한)도 같은 라틴어(robor)에서 유래하였습니다.

⑥ The most robust finding across these studies was the disproportionate use of exclusionary discipline with Black students. (COCA:2013:ACAD)
이 연구들에서 가장 강력한 발견은 흑인 학생들에게 배제적 규율을 불균형하게 사용한다는 것이다.

corrode의 어근 rod는 '갉아먹다, 부식하다(gnaw)'를 뜻하는 라틴어 동사(rodere)에서 유래하였습니다. rodent(쥐 · 다람쥐 등의 설치 동물)와 erode(바닷물 · 바람 등이 침식하다)도 같은 어근을 포함하고 있습니다. 따라서 corrode(부식하다, 좀먹다)에서 cor-는 '~와 함께'라는 의미는 없고 '강조'의 의미로 사용되었습니다.

시간과 '함께' 하거나 시간을 '통해' 가거나

synchronic / diachronic

다음 두 단어에 각각 포함된
접두사 syn-과 dia-의 뜻은 무엇일까요?

ⓐ synchrónic
공시적(共時的)인

ⓑ dìachrónic
통시적(通時的)인

synchronic과 diachronic에 공통으로 포함되어 있는 어근 chron(o)는 '시간(time)'을 뜻하는 그리스어 명사(chronos)에서 유래하였습니다. 같은 어근을 포함한 단어는 다음과 같습니다.

① chronic 만성의, 장기간에 걸친, chronómeter 시계, chronólogy 연대순 배열, chronicle 연대기, 기록, anáchronìsm 시대착오

ⓐ synchronic(공시의)의 syn-은 '와 함께(together with)'라는 뜻의 그리스어 접두사입니다. 라틴어 접두사 con-과 뜻이 같죠. 접두사 syn-을 포함한 단어는 다음과 같습니다.

② sýnonỳm 동의어, synthesis 종합, 합성, synópsis 줄거리, 개요, synergy 협력 작용, 시너지, sýnchronìze 동시에 발생하다, sýndicate 기업 조합, (기사 · 논설 등)을 동시에 각종 신문 · 잡지에 배급하다

con-과 마찬가지로 syn-도 뒤에 나오는 알파벳에 따라 sym- 또는 syl-로 바뀝니다.

③ sỳmbiósis 공생, sympathy 동정, 연민, symphony 교향곡, symptom 증상, sympósium 토론회, syllable 음절, syllabus 교수요목, sýllogìsm 삼단 논법

ⓑ diachronic(통시적인)의 dia-는 '~을 통해(through), 사이에(betwéen)'를 뜻하는 그리스어 접두사입니다. dia-를 포함하는 단어는 다음과 같습니다.

③ diágonal 대각선(의), diámeter 지름, dìagnósis 진단, díalèct 방언, díalògue 대화, dìabétes 당뇨병, diaper 기저귀, díagràm 도형, 도표

20세기에 인문학과 사회 과학에 혁명을 일으킨 구조주의(Strúcturalìsm)의 창시자인 페르디낭 드 소쉬르(Ferdinand de Saussure, 1857~1913)는 언어를 연구하는 방법을 diachronic analysis(통시적 분석)와 synchronic analysis(공시적 분석)로 구분하였습니다.

인도 · 유럽 조어가 역사적으로 어떤 변화를 거쳐 여러 개의 언어로 발전하였는지를 분석하는 것이 diachronic(통시적인) 분석이고, 현재 사용되는 언어의 구조를 현재 시점에서 체계적으로 분석하는 것이 synchronic(공시적인) 분석입니다. 따라서 diachronic이 synchronic의 반의어인데 ④에서처럼 históric al(역사적)을 synchronic의 반의어로 사용할 수도 있습니다.

④ **A synchronic analysis of signs need not obviate a historical analysis of them.** (COCA:1991:ACAD)
기호의 공시적 분석이 기호의 역사적 분석을 배제할 필요는 없다.

소쉬르는 synchronic(공시적인) 분석이 진정한 언어학이라고 주장했습니다. 체스 게임에서 이기려면 각 말이 언제 어떻게 움직인 것은 중요하지 않고, 현재 각 말의 위치를 이해하는 것이 중요한 것과 마찬가지라고 설명했죠.

장점과 단점

project / contradict

Q

다음 두 단어에 각각 포함된
접두사 pro-와 contra-의 뜻은 무엇일까요?

ⓐ projéct
계획(하다), 발사하다

ⓑ còntradíct
반박하다, 모순되다

pro-는 '앞쪽으로(forward)'라는 뜻의 라틴어 접두사입니다. pur-도 같은 의미의 접두사인데, 그 이유는 pro-가 프랑스어에서는 pur-로 바뀌었기 때문입니다. pro- 또는 pur-를 포함하는 단어는 다음과 같습니다.

① prócess 과정, procéed 진행하다, 나아가다, promóte 홍보하다, 승진시키다, prohíbit 금하다, purchase 구입(하다), pursúe 추구하다, purpórt 주장하다

ⓐ project(계획, 발사하다)의 어근인 ject는 '던지다(throw)'를 뜻하는 라틴어 동사(jacere)에서 유래하였습니다. 어근의 모음이 a에서 e로 변한 이유는 apt(적절한)의 모음이 inépt(부적절한)에서 e로 바뀐 이유와 같습니다.(200쪽 참고) 어근 ject를 포함한 단어는 다음과 같습니다.

② dejécted 낙심한, projéctile (총알 같은) 발사체, trajéctory 탄도, 궤도, conjécture 추측(하다), ejéct 쫓아내다, 긴급 탈출하다, rejéct 거절하다

③에서 pro-는 '찬성하는, 지지하는(in favor of)'이라는 의미로 사용되었습니다.

③ prochóice (임신 중절을 할 수 있는) 선택 찬성파, prolífe 생명 찬성파(=낙태 반대파), procápitalist 자본주의 옹호자, procómmunist 공산주의 옹호자, proslávery 노예 제도 지지

pro-가 영어에서 두 가지 의미로 사용되는 이유는 라틴어 전치사인 pro가 원래 '앞으로' 외에 '위해(for), 대신에(on behálf of)'의 뜻으로도 사용되기 때문입니다. 예를 들어, propórtion(비율, 균형, 비례)은 '위

해'를 뜻하는 pro와 portion(일부, 부분)이 합쳐진 단어고, pronoun(대명사)은 '대신에'를 뜻하는 pro와 noun(명사)이 합쳐진 단어입니다.

contra-는 '~에 반대하여(against, in òpposítion)'를 뜻하는 라틴어 접두사입니다. contra-를 포함하는 단어는 다음과 같습니다.

④ contrary 반대되는, còntracéptive 피임약(의), contrast 대조, 대비, cóntrabànd 수출입 금제품(禁制品), 밀수품, còntravéne 위반하다

ⓑ contradict(반박하다, 모순되다)의 어근 dict는 '말하다(speak)'라는 뜻의 라틴어 동사(dicere)에서 유래하였습니다. 같은 어근을 가진 단어는 다음과 같습니다.

⑤ dictionary 사전, díction 용어 선택, 어법, 발음, dictátion 받아쓰기, 지시, edict 칙령, 명령, verdict (배심원단의) 평결, còntradíction 모순, ìnterdíction 금지, 차단

⑥과 같은 문장에 자주 사용되는 표현인 pro and con은 '장점과 단점'이라는 뜻인데, 여기서 con은 contra의 줄임말입니다.

⑥ We should discuss the pros and cons of his proposal before rejecting it.
거절하기 전에 우리는 그의 제안의 장단점(찬반양론)을 논의해야 한다.

'반대'의 anti-, '앞'의 ante-

antarctic / antepenultimate

Q

다음 두 단어에 각각 포함된
접두사 ant(i)-와 ante-의 뜻은 무엇일까요?

ⓐ antárctic
남극의

ⓑ àntepenúltimate
끝에서 세 번째의

anti-는 '~에 반대하여(against, in opposition)'를 뜻하는 그리스어 접두사입니다. 라틴어 접두사 contra-와 뜻이 같죠. arctic은 '북극의'라는 뜻이므로 ⓐ antarctic은 '북극 반대의(=남극의)'라는 뜻입니다. anti-가 모음 앞에서는 ant-가 되죠. ant(i)-를 포함한 단어는 다음과 같습니다.

① àntisócial 비사교적인, ànticlimáctic 용두사미의, 김빠지는, antácid 산(酸)을 중화하는, àntisémitism 반유태주의, àntibiótic 항생제, antípathy 반감, ántidòte 해독제, antíthesis 대조, 정반대, ántonỳm 반의어, antágonist 적, 경쟁자

antagonist(적, 경쟁자)의 반의어는 소설, 영화, 또는 연극에서 '주인공'을 뜻하는 protagonist입니다. 이 두 단어의 어근 agon은 '투쟁(struggle), 대회(cóntèst)'라는 뜻의 그리스어(agonia)에서 유래하였습니다. agony(심한 고통, 고뇌)에도 같은 어근이 포함되어 있습니다. proto-는 그리스어로 '제1의(first)'라는 뜻이니 protágonist는 원래 '제일 먼저 투쟁하는 사람'이라는 뜻입니다.

ante-는 '앞에, 이전에(before)'라는 뜻의 라틴어 접두사입니다. ante-가 포함된 단어는 다음과 같습니다.

② àntecédent 선행사, àntebéllum (특히 미국 남북) 전쟁 전의, ántechàmber (큰 방으로 통하는) 앞방, 대기실, antérior 앞의, 전방의, àntenúptial 결혼 전의

ⓑ antepenultimate는 '끝에서 세 번째의'라는 뜻이므로 penultimate는 '끝에서 두 번째의'라는 뜻이 됩니다. ultimate은 '최후의(last), 궁극적인(final)'이라는 뜻이고 pen(e)-은 '거의(almost)'라

는 뜻의 라틴어 접두사이므로 penultimate는 원래 '거의 최후의'라는 의미죠.

③ As the occasionally wise and frequently wicked Cersei Lannister once famously said: "When you play the game of thrones, you win or you die; there is no middle ground." Throughout the final season, the longtime King's Landing resident has put her philosophy to the test, especially as it pertains to Daenerys Targaryen, the Mother of Dragons—or dragon, singular, after the death of Rhaegal in the antepenultimate episode of *Game of Thrones*, "The Last of the Starks." (COCA:2019:MAG)
가끔은 현명하고 종종 사악한 Cersei Lannister는 다음과 같이 유명하게 말했다. "왕좌의 게임을 할 때는 이기거나 죽지, 중간 지점은 없다." 마지막 시즌 내내, 오랫동안 King's Landing에 거주했던 그녀는 특히 〈왕좌의 게임〉의 끝에서 세 번째 에피소드인 'The Last of the Starks'에서 Rhaegal이 죽은 후 용 한 마리의 어머니가 된 Daenerys Targaryen과 관련하여 자신의 철학을 시험했다.

접두사 pene-이 포함된 단어로는 plain(평원)과 결합한 péneplàin(준평원)이 있고, '그림자(shadow)'를 뜻하는 라틴어 명사 umbra와 결합한 penúmbra(반그림자, 경계 영역)가 있습니다. 어근 umbra를 포함하는 다른 단어는 다음과 같습니다.

④ umbrélla 우산, umbrage 불쾌, 노여움, umber 암갈색 천연 안료, 적갈색, ádumbràte 개략적으로 알려 주다

결혼 '전에' 계약을 한다고?

preliminary / prenuptial

Q

다음 두 단어는 모두 '(날짜가) ~보다 앞서다'라는 뜻인데,
이 두 단어 중 현재 더 자주 사용되는 단어는 무엇일까요?

ⓐ ántedàte ⓑ prédàte

2024년 3월 17일 기준으로 Google Books Ngram Viewer에 의하면 1970년대 초반까지는 antedate이 predate보다 더 자주 사용되었지만 80년대부터는 predate이 antedate보다 더 자주 사용되고 있습니다. 따라서 정답은 ⓑ입니다.

pre-는 '앞에, 이전에'를 뜻하는 또 하나의 라틴어 접두사입니다. 라틴어 prae에서 a를 뺀 것인데, 영어에서 라틴어의 ae를 e로 줄인 것은 다른 단어에서도 찾아볼 수 있습니다. àrchaeólogy(고고학)는 라틴어 archaeologia에서 유래하였는데 a를 뺀 archeology도 함께 사용됩니다. '미학(美學)'을 뜻하는 단어도 aesthétics와 esthetics 모두 사용되죠. pre-가 포함된 단어는 다음과 같습니다.

① presúme 추정하다, prejudice 선입견, 편견, prèposítion 전치사, preface 머리말, prèhístory 선사 시대, prelíminàry 예비적인, previous 이전의, prènátal 출생 전의, prènúptial 결혼 전의, predóminant 우세한, 지배적인

preliminary(예비적인)의 어근은 eliminate(제거하다)의 어근과 같은 limen(문지방, 문턱)입니다. 문턱 앞에 있으니 아직 본격적으로 시작하기 전이라는 뜻이죠. prenuptial은 ②에서처럼 prenuptial agreement(혼전 계약)이라는 표현으로 주로 사용됩니다.

② **Melania Trump renegotiated her prenuptial agreement with President Donald Trump before she moved to the White House in 2017.**
멜라니아 트럼프는 2017년 백악관으로 이사하기 전에 도널드 트럼프 대통령과 혼전 계약을 재협상했다.

한국 문화에서는 잘 이해가 되지 않지만 부유한 미국인들은 결혼

하기 전에 사생활, 재산 등에 관한 계약서를 작성하곤 합니다. 1980년대까지만 해도 antenuptial agreement라는 표현이 더 자주 사용되었지만 1990년 중반 이후부터는 prenuptial agreement가 훨씬 자주 사용되고 있습니다.

prenuptial(결혼 전의)의 어근인 nub-/nup-는 '결혼하다'라는 뜻인데 이 어근이 포함된 영어 단어는 많지도 않고 자주 사용되지도 않습니다. nubile((여성이) 결혼 적령기의, 묘령(妙齡)의)과 connubial(부부의, 결혼 생활의)에서 이 어근을 찾아볼 수 있죠.

predominant(우세한, 지배적인)는 사실 dominate(지배하다)의 형용사형인 dominant와 같은 뜻입니다. 따라서 predominant에서 pre-가 정말 '앞에, 이전에'를 뜻하는지 명확하지 않습니다. 거의 대다수의 부정접두사가 강조의 의미로 사용될 수 있는 것처럼 pre-도 predominant에서 강조를 나타낸다고 할 수도 있고, 단지 어감이 다른 새로운 단어를 만들기 위해 pre-가 사용되었을 수도 있습니다.

dominate의 어근인 dom은 '주인(master, lord)'를 뜻하는 라틴어 명사(dominus) 또는 '집(house)'를 뜻하는 라틴어 명사(domus)에서 유래하였습니다. 어근 dom을 포함하는 단어는 다음과 같습니다.

③ **doméstic** 가정의, 국내의, **dómicile** 거주지, **domáin** 영역, 영토, **domínion** 지배, 영토, **dòminéer** 권력을 휘두르다

사후 출판과 죽을 때까지 갚는 대출

postmortem / posthumous

Q

다음 세 단어의
공통점은 무엇일까요?

ⓐ postérity
후세, 후대

ⓑ postérior
뒤의, 후부의

ⓒ posthumous
사후(死後)의

위 세 단어는 두 개의 공통점이 있습니다. 첫째는 모두 같은 접두사 post-(~후에)를 포함하는 것이고, 둘째는 모두 같은 단어에서 파생되었다는 것입니다. 접두사 post-가 포함된 단어는 다음과 같습니다.

① pòstpóne 연기하다, 미루다, póstscrìpt 추신(追伸=P.S.),
pòstnátal 출생 후의, pòstpártum 산후의, 분만 후의,
pòstmórtem 사후(死後)의

ⓑ posterior(뒤의, 후부의)와 ⓒ posthumous(사후의)는 각각 라틴어 형용사 posterus(뒤에 오는)의 비교급과 최상급에서 유래하였습니다. posthumous/pástʃəməs/의 발음은 특히 유의해야 합니다. ⓐ posterity(후세, 후대)는 posterior의 명사형이므로 세 단어 모두 같은 단어에서 파생한 단어가 되는 것이죠.

라틴어 posterus의 최상급(postumus)에는 원래 h가 없었습니다. 그런데 posthumous가 라틴어 명사 humus(땅, 흙)와 post가 결합한 단어로 착각하여 h를 넣었다고 합니다. posthumous는 '뒤에 오는'의 최상급이니 본래 '마지막에 오는'이라는 뜻입니다. 이 뜻이 발전하여 '아버지가 죽은 후 태어난 마지막 자녀'라는 뜻이 되었고, 죽은 아버지가 땅(humus)으로 돌아갔으니 post와 humus가 합쳐진 단어라고 생각한 것이죠.[24]

humus/hjúːməs/는 영어에서는 '부식토, 부엽토'라는 뜻으로 사용됩니다. 철자가 비슷한 중동 지방 음식인 hummus/hʌ́məs/(삶은 병아리콩, 오일, 마늘을 섞어 빵을 찍어 먹는 음식)는 '병아리콩(chickpeas)'을 뜻하는 아랍어에서 유래한 단어입니다.

posthumous는 ②에서처럼 부사형으로 '저자 사후에 출판되어'라는 뜻으로 자주 사용됩니다.

② Copernicus's revolutionary book, *De Revolutionibus Orbium Coelestium (=On the Revolutions of the Heavenly Spheres)*, was published posthumously in 1543.
코페르니쿠스의 혁명적인 책인 〈천체의 회전에 관하여〉는 1543년에 유작으로 출판되었다.

revolution은 원래 '회전'이라는 뜻밖에 없었는데, 지동설을 주장한 코페르니쿠스의 책 제목에 revolution이 사용된 후부터 이 단어가 '혁명'이라는 뜻으로 사용되기 시작했다고 합니다.

posthumous와 동의어인 postmortem(사후의)은 라틴어 전치사구 post mortem(=after death)을 한 단어로 붙인 것입니다. '죽음(death)'을 뜻하는 어근 mort를 포함한 단어는 다음과 같습니다.

③ mórtifỳ (죽고 싶을 정도의) 굴욕감을 주다, mortal 죽어야 할 운명의, 치명적인, 인간의, mortálity 사망, 사망률, 사망자 수, mortícian 장의사, mórtuàry 장례식장, mortgage 대출, 저당

mortgage는 보통 '주택 담보 대출'을 뜻하는데, 30년 대출이 가장

흔합니다. 말 그대로 '죽을 때까지 갚는 대출'이죠. 어근 mori와 mor도 모두 '죽음'을 뜻합니다.

④ moribund 다 죽어가는, 빈사(瀕死) 상태의, morgue 시체 안치소

라틴어로 mori는 '죽다'를 뜻하는 동사이고 morgue는 프랑스어에서 차용한 단어입니다. 신원불명의 시체를 확인하는 곳을 morgue라고 하죠.

'위에', '아래에', 그리고 '사이에'

supra / infra / inter

Q

다음 중 반의어 두 쌍에 포함되지 않는
접두사는 무엇일까요?

ⓐ super-　ⓑ supra-　ⓒ sub-　ⓓ infra-　ⓔ inter-

위 접두사는 모두 라틴어에서 차용한 것인데, ⓐ super-와 ⓑ supra-는 '위에(over, abóve)', ⓒ sub-와 ⓓ infra-는 '아래에(under, belów)'라는 뜻입니다. 이 네 접두사를 반의어로 묶으면 super ↔ sub와 supra ↔ infra가 됩니다. 따라서 정답은 '사이에(between)'를 뜻하는 ⓔ inter-입니다. inter-가 포함된 단어는 다음과 같습니다.

① interval 간격, 휴지(休止), ìnterséction 교차로, ìntermédiate 중간의, 중급자, ìnteráct 교류하다, 상호 작용하다, intérrogàte 심문하다

라틴어에서 super와 sub는 전치사로만 사용되지만, supra와 infra는 전치사 외에 부사로도 사용될 수 있습니다. 영어에서는 네 단어 모두 접두사로 주로 사용되는데, supra와 infra는 ②와 ③에서처럼 부사로도 사용됩니다. (super는 주로 비격식 구어체에서 a super disáster(엄청난 재난), super fun(아주 재밌는)과 같이 형용사 또는 부사로도 쓰일 수 있습니다.)

② Thus, the sole issue, as stated supra, is whether the Court of Claims is limited to the administrative record with respect to that controversy.[25]
따라서 위에 기재한 바와 같이 유일한 문제는 청구 법원이 해당 논란과 관련된 행정 기록에만 국한되는지 여부이다.

③ As stated infra, the Veteran's contentions are correct, and service connection for PTSD[post-traumatic stress disorder] is granted.[26]
아래에 기재한 바와 같이 참전 용사의 주장이 정확하며 PTSD(심리적 외상 후 스트레스 장애)에 대한 서비스 연결이 허용된다.

위 두 예문에서 볼 수 있듯이 supra와 infra가 부사로 사용되는 경우는 주로 법률에 관련된 상황입니다. 접두사 supra-가 포함된 단어는 다음과 같습니다.

④ sùpranátional 초국가적인, sùprasegméntal 초분절적인, sùprarénal 신장(腎臟) 위의, 부신(副腎)의, sùpraórbital 안와(眼窩, eye socket) 위의

segmental(분절의)은 자음과 모음을 뜻하고, suprasegmental은 '자음 · 모음의 위'라는 뜻이므로 강세, 억양, 성조 등을 뜻합니다.

renal은 '신장(kidney)의'라는 뜻입니다. 흥분했을 때 나오는 호르몬인 adrénalin(아드레날린)은 신장 '위에' 있는 부신에서 분비됩니다. 부신은 adrenal gland 또는 suprarenal gland라고 하는데, ad-는 '~쪽으로'라는 뜻이고 supra는 '위에'라는 뜻이니 suprarenal gland가 좀 더 명확한 명칭이라고 할 수 있습니다.

접두사 infra-가 포함된 단어는 다음과 같습니다.

⑤ ínfrastrùcture 사회 기반 시설, 하부 조직, 토대, ìnfraréd 적외선의, ìnfrasónic 가청(可聽) 이하의, 초저주파의, ìnfraspecífic 종내(種內)의, 종 이하의

specific은 보통 '구체적인, 명확한'이라는 뜻으로 사용되는데, 원래는 species(종, 種)의 형용사형입니다. infraspecific(종내의, 종 이하의)에서는 species의 형용사로 사용되었죠.

super-가 부정적일 수가 있다고?

superfluous / superficial

Q

다음 두 단어의
공통점은 무엇일까요?

ⓐ supérfluous
과잉의, 불필요한

ⓑ sùperfícial
깊이 없는, 피상적인

접두사 super-는 '위에'라는 뜻이므로 원래 부정적인 의미는 없습니다. super fun(아주 재밌는)에서처럼 super가 한 단어로 사용될 때는 항상 좋은 뜻이죠. 그런데, super-가 포함된 단어는 ⓐ superfluous(과잉의, 불필요한)와 ⓑ superficial(깊이 없는, 피상적인)처럼 부정적인 의미로 사용되는 경우가 많습니다. ①의 단어도 모두 부정적인 의미를 지닙니다.

① sùpererógatory 의무 이상의 일을 하는, sùperánnuated 너무 노쇠한, sùpercílious 거만한

superfluous(과잉의, 불필요한)는 사실 overflowing(넘쳐흐르는)과 같은 단어인데, 전자는 라틴어, 후자는 고대영어에서 유래하였다는 차이점이 있습니다. superficial(깊이 없는, 피상적인)의 어근은 '얼굴(face)'을 뜻하는 라틴어 명사(facies)입니다. super-와 결합하면서 facies의 a가 i로 바뀐 것이죠.(206쪽 참고) superficial의 명사형은 sùperfícies(표면)인데, '표면'을 뜻하는 단어로는 프랑스어에서 차용된 surface가 훨씬 자주 사용됩니다.

supererogatory는 super-와 어근 rog(요구하다, 제안하다)의 사이에 또 하나의 접두사 e-(밖으로, ~로부터)를 포함하고 있습니다. supererogatory는 원래 '의무감으로부터 요구되는 것 이상의 행동(supererogatory act)'을 논의할 때 사용되는 윤리학(ethics) 전문 용어인데 비전문 용어로는 superfluous와 같은 '불필요한'이라는 뜻으로 사용됩니다.

superannuated(너무 노쇠한)의 어근은 '해(ann)'이고, supercilious

(거만한)는 '눈썹(eyebrow)'을 뜻하는 라틴어 명사(supercilium)에서 유래한 단어입니다. 눈썹을 올리는 표정이 거만함을 상기시켜서 supercilious가 '거만한'이라는 뜻이 된 것입니다. ①과 달리 ②의 단어들에는 부정적인 의미가 없습니다.

② **sùperinténdent** 교육감, 지배인, 관리인, **súpervìse** 감독하다,
sùperimpóse 겹쳐 놓다, **sùperséde** 대체하다, 지위를 빼앗다

superintendent(교육감, 지배인, 관리인)는 superintend의 명사형입니다. superintend는 supervise(감독하다)와 뜻이 같은데 거의 사용되지 않는 단어입니다. superintend와 supervise가 같은 뜻이므로 superintendent와 supervisor도 사실상 같은 뜻인데, 직장에서 자기를 관리하는 상사는 보통 ③에서처럼 supervisor라고 합니다.

③ **My supervisor is so supercilious he makes me sick.**
내 상사는 너무 거만해서 나를 역겹게 해.

그런데 일상 대화에서 supercilious(거만한)와 같이 어려운 단어를 사용하면 아무도 대화하지 않으려고 할 수 있으니 유의해야 합니다.

문지방 아래가 고귀하다고?

subliminal / sublime

Q

다음 세 단어 중
뜻이 비슷한 두 단어는 무엇일까요?

ⓐ subcónscious ⓑ sublíminal ⓒ sublíme

ⓐ subconscious는 접두사 sub-(아래에)와 형용사 conscious(의식하고 있는)가 합쳐진 단어이므로 '잠재의식의(=의식 아래의)'라는 뜻입니다. ⓑ subliminal의 어간인 limin은 '문지방'을 뜻하는 라틴어 limen에서 유래하였는데, 영어에서는 limen이 '의식의 경계/한계(=

식역)'라는 뜻의 심리학 전문 용어로 사용됩니다. 따라서 subliminal은 '식역하의, 부지불식(不知不識)간에 영향을 미치는'이라는 뜻이 됩니다.

① **Subliminal advertising tries to trick you into buying things you don't need.**
식역하 광고(=잠재의식에 남도록 되풀이하는 광고)는 당신이 필요하지 않은 물건을 구매하도록 속이려고 한다.

①에서 볼 수 있듯이 subliminal(식역하의)과 subconscious(잠재의식의)는 뜻이 비슷합니다. subliminal은 ⓒ sublime에 접미사 -al를 붙여서 만든 단어이므로 sublime도 subliminal과 뜻이 비슷할 것 같은데, sublime은 '고귀한(lofty, exálted)'이라는 전혀 다른 뜻입니다. 그 이유는 sublime이 유래한 라틴어 형용사(sublimis)의 뜻이 '고귀한, 높은'이기 때문입니다. 그런데 '문지방 아래에'라는 단어가 왜 '높은'을 뜻하는지는 명확하지 않습니다.

접두사 sub-을 포함하는 다른 단어는 다음과 같습니다.

② **súbmarìne** 잠수함, **submérsion** 잠수, **subórdinate** 부하, 종속된, **súbstitùte** 대리인, **subsérvient** 복종하는, 비굴한, **súbjugàte** 지배하에 두다, **subdúe** 진압하다, 억누르다, **subscríbe** 구독하다, **subvért** 체제를 전복시키다

submarine(잠수함)은 sub-와 maríne(바다의)이 결합한 단어입니다. marine의 어근은 '바다'를 뜻하는 라틴어 명사 mare입니다. 〈Il Mare(일 마레)〉는 이정재, 전지현 주연의 2000년 영화 〈시월애(時越愛)〉의 외국 수출 제목입니다. (il mare는 이탈리아어로 the sea라는 뜻입니다.) 2006년에 〈레이크 하우스(The Lake House)〉라는 제목의 할리우드 영화로 리메이크되기도 하였죠. marine과 같은 어근을 포함한 단어는 다음과 같습니다.

③ máritìme 바다의, 해상 무역의, marína (요트 · 모터 보트의) 정박지, mariner 선원, 뱃사람, màrinára 마리나라(=토마토 · 양파 · 마늘 · 향신료로 만든 이탈리아 소스), àquamaríne 남옥(藍玉), 엷은 청록색

marinara는 이탈리아어로 '항해의, 선원의(seafaring)'라는 뜻의 형용사입니다. 미국 슈퍼마켓에서 파는 병에 든 파스타 토마토소스는 거의 모두 marinara sauce입니다. aquamarine은 aqua(물)와 marine이 합쳐진 단어인데, 청록색 빛이 나는 보석입니다.

submersion의 동사형은 submerge(잠수하다)입니다. merge는 '합치다, 합병하다'는 뜻인데 본래 라틴어에서는 '물에 담그다'라는 뜻이었습니다. 외국어 몰입 교육을 지칭할 때 사용하는 immersion(담금, 몰입)의 동사형은 immerse입니다. immerse는 사실 immerge의 라틴어 과거분사형에서 유래하였기 때문에 immerge가 동사로 쓰이는

것이 맞지만 emerge(나오다, 나타나다)와 발음이 똑같아서 자주 사용되지 않는 것 같습니다.

뒤에 오는
자음에 따라 바뀌는 sub-

surrealism / surrogate

Q

다음 중 접두사 sub-(아래의)의
변형된 형태를 포함한 단어는 무엇일까요?

ⓐ surréalism
초현실주의

ⓑ surrogate
대리인, 대리모

surrealism과 surrogate는 모두 접두사 sur-로 시작하는데, 두 접두사의 뜻은 완전히 반대입니다. ⓐ surrealism(초현실주의)의 sur-는 '위에'라는 뜻입니다. 라틴어 전치사 super가 프랑스어를 통해 영어로 들어오면서 sur-로 바뀐 것이죠. ①은 모두 프랑스어에서 유래한 단어들이고, 여기서 sur-는 모두 '위에'를 뜻합니다.

① surréal 초현실적인, 환상적인, súrchàrge 추가 요금, súrtax 부가세, súrnàme 성(姓), 별명, surface 표면, surfeit 과다, 과식, survéillance 감시, survéy 설문 조사, 살피다, 점검하다, survíve 살아남다, surpáss 능가하다, 뛰어넘다

ⓑ surrogate(대리인, 대리모)의 어근 rog는 '요구하다(ask), 제안하다(propóse)'라는 라틴어 동사(rogare)에서 유래하였습니다. 같은 어간을 포함한 단어는 다음과 같습니다.

② prerógative 특권, 특혜, derógatory (권위 · 평판 따위를) 떨어뜨리는, 경멸적인, arrogant 오만한, árrogàte (권리를) 가로채다, (칭호를) 사칭하다, ábrogàte 폐기하다, 폐지하다, intérrogàte 심문하다, súbrogàte 대리하다, 대신하다

prerogative(특권)는 고대 로마 시대에 먼저(pre-) 투표를 할 수 있는 특권을 가진 사람들을 지칭했던 단어에서 유래하였습니다.[27] arrogant(오만한)는 arrogate(사칭하다, 가로채다)의 형용사형입니다. 남의 권리를 가로챌 정도로 오만하다는 뜻이죠. abrogate(폐지하다)의 유의어로는 abólish가 있습니다.

subrogate(대신하다)와 ⓑ surrogate는 사실 같은 단어입니다. 접두사 sub-가 어근 rog 앞에서 sur-로 바뀐 것이기 때문입니다. (라

틴어에서는 subrogare와 surrogare가 모두 '대신하다'라는 뜻으로 사용됩니다.) arrogant(오만한)의 ar-도 ad-(~쪽으로)가 rog 앞에서 ar-로 바뀐 것입니다. subrogate는 법률 전문 용어로만 사용되는 반면 surrogate는 ③과 같은 문장에 자주 사용됩니다.

③ The couple used a surrogate mother to carry their twin sons. (COCA:2001:NEWS)
부부는 쌍둥이 아들을 낳기 위해 대리모를 고용했다.

sub-은 ④에서처럼 뒤에 나오는 자음에 의해 변하거나 동화되는 경우가 많습니다.

④ sùrreptítious 은밀한, suscéptible 민감한, sustenance 생계, 생명을 유지해 주는 것, sustáin 살아가게 하다, 지속시키다, suffúse 퍼지다, 뒤덮다, suffer 고통받다, succéed 성공하다, suppórt 지지하다, súpplemènt 보충하다

sustenance(생명을 유지해 주는 것)는 sustain(살아가게 하다)에 명사형 접미사 -ance가 결합한 것입니다. 동사와 -ance가 결합한 다른 예로는 appéarance(모습)가 있습니다. -ance는 brilliance(광채, 탁월), diligence(근면, 성실)에서처럼 형용사(brilliant(눈부신, 훌륭한), diligent (부지런한))와 결합할 수도 있습니다.

super-와 똑같은 hyper-

hypertension / hyperbole

Q

다음 두 단어에 포함된
접두사 hyper-의 뜻은 무엇일까요?

ⓐ hỳperténsion
고혈압

ⓑ hypérbole
과장법

hyper-는 '위에(over, above)'를 뜻하는 그리스 접두사입니다. 라틴어 접두사 super-와 같은 뜻이죠. '긴장 상태'를 뜻하는 tension은 사실 '혈압(blood pressure)'과는 아무 관계가 없는데 ⓐ hypertension은 '고혈압'이라는 뜻으로 사용됩니다. hyper-를 포함한 단어는 다음과 같습니다.

① hỳperáctive 활동 과잉의, hỳpersénsitive 과민함, hýpernỳm 상위어, hypérbatòn 전치법(轉置法), hỳpervéntilate 과호흡하다

hyperbaton(전치법)은 "That I don't know!(그건 나도 몰라!)"에서처럼 강조를 위해 어순을 바꾸는 것을 뜻합니다. invérsion(도치)과 같은 현상을 나타내는 단어인데 hyperbaton은 그리스어, inversion은 라틴어에서 유래했다는 차이가 있습니다.

ⓑ hyperbole(과장법)와 hyperbaton은 모두 수사학(rhetoric) 전문용어인데 hyperbole는 ②에서처럼 일상 대화에서도 사용됩니다. 물론 hyperbole 대신 exàggerátion을 사용해도 되죠.

② Calling my phone "superannuated" is a complete hyperbole; it's only five years old.
내 휴대전화기를 "노쇠한"이라고 부르는 것은 완전 과장법이야. 5년밖에 안 됐거든.

hyperbole와 hyperbaton은 특히 발음에 유의해야 합니다. 모두 두 번째 음절에 강세가 있습니다. hyperbole/haipə́rbəlìː/의 반대는 hypobole가 아니고 litotes/láitətìːz/(곡언법, 曲言法)입니다. 칭찬할 때 "Not bad!(나쁘지 않아!)"라고 하든지, 추락하는 비행기를 강에 무사히 착륙시켜 모든 승객을 구하고 난 후 "I was just doing my job.(난 내 일을 했을 뿐이야.)"이라고 말하는 것이 모두 litotes의 예시입니다.[28]

hyperventilate(과호흡하다)는 극심한 흥분 상태에서 호흡이 빨라지는 현상을 나타내는데, 이 단어의 어근인 vent는 '바람(wind)'를 뜻하는 라틴어 명사(ventus)에서 유래하였습니다. 같은 어근을 포함하는 단어는 다음과 같습니다.

③ véntilàte 환기하다, vent 통풍구, 환기구, (감정 · 분통을) 터뜨리다, ventage 분출구, (관악기의) 손가락 구멍, véntifàct (풍화 작용으로 깎인) 조약돌, 자갈

ventifact는 20세기 초 신조어인데, ventus(바람)와 ártifàct(인공물, 공예품)를 합쳐서 만든 단어입니다.

sub-와 똑같은 hypo-

hypodermic / hypothermia

Q

다음 두 단어에 포함된
접두사 hypo-의 뜻은 무엇일까요?

ⓐ hỳpodérmic
피하(皮下)의

ⓑ hỳpothérmia
저체온증

hypo-는 '아래에(under, below)'를 뜻하는 그리스어 접두사입니다. 따라서, hyper-는 super-의 동의어이고, hypo-는 sub-의 동의어입니다. '반(half)'을 뜻하는 접두사 hemi-는 그리스어, semi-는 라틴어에서 유래한 것처럼 h로 시작하는 hyper-, hypo-는 그리스어, s로 시작하는 super-, sub-은 라틴어에서 유래하였습니다. hypo-를 포함한 단어는 다음과 같습니다.

① hỳpoténsion 저혈압, hýponỳm 하의어, hỳpoglycémia 저혈당증, hypócrisy 위선, hypóthesis 가설, hỳpochóndriac 건강 염려증 환자, hỳpotáxis 종속 (구문), hỳpoglóssal 혀 밑의

hypotension(저혈압)과 hyponym(하의어)의 반의어는 각각 hypertension(고혈압)과 hypernym(상의어)입니다. hypernym과 hyponym의 예는 pasta(파스타)와 spaghétti(스파게티)입니다. spaghetti를 포함한 màcaróni(마카로니), ràvióli(라비올리), fèttucíni(페투치니), laságna(라자냐)는 모두 pasta의 종류이기 때문입니다.

ⓐ hypodermic(피하의)의 어근인 derm은 '피부(skin)'를 뜻하는 그리스어 명사(derma)에서 유래하였습니다. 같은 어근을 포함한 단어는 다음과 같습니다.

② dermis 피부, èpidérmis 표피, 상피, dèrmatólogist 피부과 전문의

ⓑ hypothermia(저체온증)의 어근 therm은 '열(heat)'을 뜻하는 그

리스어 명사(therme)에서 유래하였습니다. 같은 어근을 포함한 단어는 다음과 같습니다.

③ thermal 열의, thermals 내복, thermos 보온병,
thermómeter 온도계, thérmostàt 자동 온도 조절 장치,
thérmoclìne (호수나 바다의 수온이 갑자기 바뀌는) 변온층

therm(섬)은 열량 단위인데 미국에서는 가정집에서 사용하는 천연 가스(natural gas)를 ④에서처럼 therm의 단위로 측량해서 고지서를 보냅니다.

④ Last winter began with the price at 51.8 cents per therm, but it rose to the current 56.5 cents in March.
(COCA:2014:NEWS)
지난 겨울은 1섬당 51.8센트의 가격으로 시작했으나 3월 현재 56.5센트까지 올랐다.

'좋은' 스트레스

eustress / malpractice

Q

다음 두 단어에 각각 포함된 접두사
eu-와 mal-의 뜻은 무엇일까요?

ⓐ eustress
유익 스트레스

ⓑ malpráctice
의료 과실

eu-는 '좋은(good)'이라는 뜻의 그리스어 접두사입니다. 심리학에서는 stress(스트레스) 중에도 좋은 스트레스가 있다고 하는데, 예를 들어 새로운 직장을 갖거나, 결혼할 때 느끼는 정신적 압박감을 ⓐ eustress(유익 스트레스)라고 합니다. eu-를 포함한 단어는 다음과 같습니다.

① euphória 희열, eulogy 찬사, 추도 연설, èuthanásia 안락사, éuphemìsm 완곡 어구, eugénics 우생학, 인종 개량법

eugenics는 원래 좋은 의미의 단어였는데, 1930~40년에 나치가 유대인 대학살(the Hólocàust)의 근거로 eugenics를 악용해서 이제는 거의 사용하지 않는 단어가 되었습니다.

② Eugenics programs gained popularity in the U.S. and other countries in the early 1900s. (COCA:2011:NEWS)
우생학 프로그램은 1900년대 초 미국과 다른 나라에서 인기를 얻었다.

eu-의 반의어는 dys-(나쁜, 비정상적인)입니다. dystópia(디스토피아=나쁜 장소)는 utópia(유토피아, 이상적인 나라)의 반의어로 만들어진 단어입니다. utopia는 원래 '아무 데도 없는 곳(nowhere)'이라는 뜻입니다. utopia의 u는 not 또는 no를 뜻하는 그리스어(ou)에서 유래하였기 때문입니다. 그런데 utopia의 반의어로 몇백 년 후에 dystopia가 생기면서 utopia의 u가 eu-(좋은)에서 유래했다고 착각하는 사람들이 많아졌습니다.[29]

ⓑ malpractice(의료 과실)의 mal-은 '나쁜(bad), 사악한(evil)'을 뜻하는 접두사입니다. mal-을 포함하는 다른 단어는 다음과 같습니다.

③ malady 병, 병폐, maláise 불쾌(감), 사회적 문제들, malice 악의, 앙심, malféasance 불법 행위, malnóurished 영양실조의, malódorous 악취가 나는, dismal 음침한, 비참한

mal-은 '나쁘게(badly)'라는 뜻의 라틴어 부사(male)에서 유래하였습니다. male가 프랑스어에서 mal로 바뀐 것을 영어에서 차용한 것이죠. male-를 포함하는 단어는 다음과 같습니다.

④ màledíction 저주, 비방, màlefáctor 악인, malévolent 악의적인

male-의 반의어는 bene-입니다. bene는 라틴어에서 '잘, 좋게(well)'을 뜻하는 부사죠. 따라서 malefactor와 malevolent의 반의어는 각각 benefactor(후원자)와 benevolent(자비로운)가 됩니다. bene-를 포함하는 단어는 다음과 같습니다.

⑤ benefit 혜택, 이득, bènefíciary 수혜자, bènedíction 축복, 축도, bènefáctor 후원자, bènefícial 유익한, benéficent 선행을 하는, benévolent 자비로운

99%의 노력

persevere / perspiration

Q

다음 두 단어에 공통으로 포함된
접두사 per-의 뜻은 무엇일까요?

ⓐ pèrsevére
굴하지 않고 계속하다

ⓑ permanent
영구적인

per-는 '~을 통하여(through), 완전히(thoroughly)'라는 뜻의 라틴어 접두사입니다. ⓐ persevere(굴하지 않고 계속하다)는 per-와 severe(극심한, 가혹한, 엄격한)가 결합한 것인데 persevere는 동사이고 severe는 형용사입니다. 이상하게도 두 단어의 품사가 다르죠. 라틴어가 영어로 들어오면서 형용사와 동사를 구분하는 어미가 탈락하였기 때문에 이런 이상한 현상이 발생한 것입니다. 접두사 per-를 포함한 동사는 다음과 같습니다.

① persíst 끝까지 해내다, persuáde 설득하다, pérmeàte 스며들다, perváde 퍼지다, pérforàte 구멍을 뚫다, pércolàte 스며들다, 서서히 퍼지다, perspíre 땀을 흘리다

perspire(땀을 흘리다)의 어근인 spir는 '숨 쉬다(breathe), 불다(blow)'를 뜻하는 라틴어 동사(spirare)에서 유래하였습니다. 같은 어근을 포함한 단어는 다음과 같습니다.

② réspiratòry 호흡의, conspíracy 음모, àspirátion 포부, 열망, ìnspirátion 영감, pèrspirátion 땀, transpíre 발생하다, 배출하다, expíre 만료되다, 죽다

다음은 천재 발명가로 불리는 토머스 에디슨(Thomas Edison, 1847~1931)이 한 말로 유명하죠.

③ Genius is one percent inspiration and 99 percent perspiration.
천재는 1%의 영감과 99%의 노력으로 만들어진다.

ⓑ permanent의 어근은 '머무르다(stay)'라는 뜻의 라틴어 동사(manere)에서 유래하였습니다. 따라서 permanent은 원래 '완전히 머무르는(=영구적인)'이라는 뜻이죠. per-를 포함한 형용사는 다음과 같습니다.

④ perénnial 연중 끊이지 않는, pèrspícuous 명료한, 명쾌한, pèrspicácious 통찰력이 있는, pernícious 유해한, 치명적인, perémptory 위압적인, 단호한, 독단적인

perspicuous와 perspicacious는 같은 라틴어 동사(perspicere)에서 유래하였습니다. 따라서 뜻이 비슷한데 두 단어 중 사람에 관해 서술할 때 사용하는 단어는 perspicacious(통찰력 있는)입니다. perspicuous는 '완전히 보이는(=명료한)'이라는 뜻이고, perspicacious는 '완전히 보는(=통찰력이 있는)'이라는 뜻이라고 생각하면 되죠.

⑤ You can cultivate a perspicacious outlook on life by visiting the mansions in Rhode Island.
로드아일랜드 주의 저택을 방문하면 통찰력 있는 인생관을 함양할 수 있다.

mansion(저택), manor(장원(莊園), 저택), remain(남다, 머무르다)은 permanent와 동일한 어근을 포함한 단어들입니다. manor는 중세기 유럽에 귀족들이 소유하던 토지인 '장원' 또는 '장원에 있는 저택

(=manor house)'을 뜻합니다.

mansion은 원래 manor의 두 번째 뜻인 '장원에 있는 저택'을 뜻하는데 지금은 그냥 크고 좋은 집을 뜻합니다. 미국 로드아일랜드 주에 가면 1974년 영화 〈위대한 개츠비(The Great Gatsby)〉에 나오는 웅장한 mansion을 직접 감상할 수 있습니다.

'주변에' 있거나 '옆에' 있거나

perimeter / parameter

Q

다음 두 단어에 각각 포함된
접미사 peri-와 para-의 뜻은 무엇일까요?

ⓐ perímeter
주위, 둘레

ⓑ parámeter
매개 변수, 한계, 요인

ⓐ perimeter(주위, 둘레)의 접두사인 peri-는 '주위에, 사방에(aróund)'를 뜻하는 그리스어에서 유래하였고, 어근 meter는 '측정, 치수(measure)'를 뜻하는 그리스어(metron)에서 유래하였습니다. 같은 접두사를 포함하는 단어는 다음과 같습니다.

① périscòpe 잠망경, períphery 주변, 비주류파, pèriodóntal 치주(齒周)의, pèripatétic 걸어 다니는, 순회의

플라톤의 제자인 아리스토텔레스(Áristòtle, 기원전 384-322년)는 자신이 설립한 학교 리케움(the Lycéum)에서 강의할 때 걸어 다니며 학생들을 가르친 것으로 유명합니다. 그래서 아리스토텔레스의 철학을 the Peripatetic school(소요학파)이라고도 합니다. ('소요(逍遙)'는 '슬슬 거닐어 돌아다님'이라는 뜻입니다.)

대중에게 열려 있지 않았던 플라톤의 아카데미(the Acádemy)와 달리 리케움에서는 대중들도 아리스토텔레스의 강의를 들을 수 있었습니다. 오전에는 학생들에게 어려운 내용을 강의하고 오후에는 대중들에게 쉬운 내용을 강의했죠. 오전에 제자들에게 가르쳤던 내용은 èsotéric(소수만 이해하는, 난해한), 오후에 대중에게 가르쳤던 내용은 èxotéric(대중적인)이라고 하는데, eso는 '안에(inside)', exo는 '밖에(outside)'라는 뜻의 그리스어 부사입니다.

ⓑ parameter(매개 변수)의 접두사인 para-는 '옆에(besíde)'라는 뜻의 그리스어에서 유래하였습니다. parameter는 원래 수학 공식에서 '옆에 있는 치수(=매개 변수)'라는 뜻인데, 비전문 용어로는 '한계, 요인'이라는 뜻으로 사용됩니다.

② The sentence was within the parameters set by law and was therefore within the judge's discretion. (COCA:2016:MAG)

그 형량은 법이 정한 한계 내에 있었고 따라서 판사의 재량에 달려 있었다.

para-가 포함된 단어는 아래와 같이 다수가 있는데, '옆에'라는 뜻이 명확한 단어는 별로 많지 않습니다.

③ párallèl 평행선, 평행의, páranòid 편집증 환자, 피해망상의, pàranórmal 과학으로는 설명할 수 없는, parálysis 마비, páragràph 단락, páradìgm 패러다임, 이론적 틀, páradòx 역설, páragòn 귀감, 모범, pàraplégia 하반신 불수

paraplegia는 양옆(para) 다리를 쓰지 못하는 '하반신 불수', hèmiplégia는 몸의 한쪽을 쓰지 못하는 '반신(hemi)불수'이고, quàdriplégia는 팔 · 다리 네 개(quadri)를 모두 사용하지 못하는 '사지 마비'입니다. para-가 ④에서는 '옆에'라는 뜻이 발전하여 '~에 준하는'이라는 뜻으로 사용되었습니다.

④ pàramédic 응급구조사, pàralégal 준법률가, pàramílitary 준군사 조직, 불법 무장 단체

배로 하는 세계 일주

circumnavigate / circumvent

Q

다음 두 단어에 공통으로 포함된
접두사 circum-은 무슨 뜻일까요?

ⓐ circumnávigate
(세계) 일주하다

ⓑ circumvént
피해가다, 우회하다

circum-은 '주위에, 사방에(around)'라는 뜻의 라틴어 접두사입니다. 그리스어 접두사 peri-와 뜻이 같죠. ⓐ circumnavigate(세계 일주하다)의 navigate는 원래 '배를 타고 다니다(move from place to place in a ship)'라는 뜻입니다. navigate의 어근인 nav가 '배(ship)'를 뜻하는

라틴어 명사(navis)에서 유래하였기 때문입니다. circum-을 포함하는 다른 단어는 다음과 같습니다.

① círcumstànce 환경, 상황, 정황, circúmference 원주(圓周), cìrcumlocútion 우회적으로 말하기, cìrcumspéct 사방을 살피는, 신중한, cìrcumjácent 경계를 접하는, 주위의, cìrcumscríbe 주위에 경계선을 긋다, 제한하다, cìrcumámbulate 순회하다

라틴어에서 circum은 사실 '원 안에(in a circle)'라는 뜻입니다.[30] '원'을 라틴어로는 circus라고 하는데, 영어에서 circus는 '서커스, 곡예'를 뜻하죠. 원형 공연장에서 곡예를 해서 circus라고 하는 것입니다. 라틴어 circus(원)는 영어 단어에서 어근 circu로 나타납니다.

② circuit 회로, 순회, circular 원형의, circúitous 빙 돌아가는, 간접적인

ⓑ circumvent(우회하다)의 어근 ven(t)은 '오다(come)'를 뜻하는 라틴어 동사(venire)에서 유래하였습니다. 반면에, ventilate(환기하다)의 어근인 vent는 '바람'을 뜻하는 라틴어 명사(ventus)에서 유래하였습니다. '오다'를 뜻하는 어근 ven(t)를 포함한 단어는 다음과 같습니다.

③ ìntervéne 개입하다, convéne 모이다, 소집하다, prevént 막다, evéntual 궁극적인, 최종적인, evént 사건, 행사, vénùe 개최지, 장소,

avenue 거리, advénture 모험, provenance 기원, 출처,

Ádvènt 그리스도의 강림(降臨), 강림절

Advent(강림절)는 기독교에서 그리스도의 탄생을 기념하는 크리스마스 전 4주간을 지칭합니다. 소문자로 시작하는 advent는 '출현, 도래(arrival)'를 뜻하는데 ④처럼 비꼬는 문장에 사용되기도 합니다.

④ The advent of the loquacious professor to the party meant that we all had to listen to the stories of his eventful circumnavigation of the world.
말이 많은 교수님께서 파티에 등장했다는 것은 우리 모두 그분의 다사다난했던 세계 일주 이야기를 들어야 한다는 것을 의미했다.

어떤 것을 관통하거나 가로지르는 trans-

transect / transcend

Q

다음 두 단어에 공통으로 포함된
접두사 trans-의 의미는 무엇일까요?

ⓐ transéct
가로로 절개하다

ⓑ transcénd
초월하다

trans-는 '~을 관통하여(through), ~을 가로질러(acróss)'라는 뜻의 라틴어 접두사입니다. ①은 trans-를 포함한 명사와 형용사, ②는 동사입니다.

① translátion 번역, trànsportátion 운송, 수송 수단, transáction 거래, 매매, transfigurátion 변형, 변신, transit 수송, 교통 체계, transient 일시적인, 순간적인

② transfér 옮기다, 전학하다, transfórm 변형시키다, transmít 전송하다, transfúse 수혈하다

ⓐ transect(가로로 절개하다)의 어근인 sect(또는 seg)는 '자르다'를 뜻하는 라틴어 동사(secare)에서 유래하였습니다. 같은 어근을 포함한 단어는 다음과 같습니다.

③ biséct 이등분하다, disséct 해부하다, sector 부문, 분야, section 잘라낸 부분, segment 부분, 조각

transect는 의학 용어로 주로 사용되는데 다음과 같은 문장에 사용될 수도 있습니다.

④ The two women strolled along one of the paths that transected the institute's garden. (COCA:2007:FIC)
두 여성은 연구소 정원을 가로지르는 길 중 하나를 따라 산책했다.

ⓑ transcend(초월하다)의 어근인 scend는 '올라가다(climb)'라는 뜻의 라틴어 동사(scandere)에서 유래하였습니다. transcend는 '관통해서 올라가다'라는 뜻이므로 '초월하다'라는 뜻이 되는 것이죠. 같은

어근을 포함한 단어는 다음과 같습니다.

⑤ ascénd 오르다, descénd 내려오다, descéndant 자손, còndescénding 거들먹거리는, 잘난 체하는

ascend의 a-는 부정접두사가 아니고 ad-(~쪽으로)의 d가 sc/sp/st 앞에서 탈락한 것입니다. condescending의 동사형인 condescend는 con-(~와 함께)과 descend가 합쳐진 것입니다. condescend는 원래 '함께 내려가다'라는 뜻이므로 '겸손하게 아랫사람과 대등한 처지가 되다'라는 좋은 뜻이었는데, 지금은 '내려다보는 태도를 취하다'라는 나쁜 뜻으로 사용됩니다.

condescend의 유의어로는 pátronìze가 있는데 전자는 자동사, 후자는 타동사입니다. 그래서 ⑥에서처럼 condescend는 전치사 to와 함께 사용됩니다.

⑥ Don't condescend to me. = Don't patronize me.
나를 아랫사람 대하듯 하지 마.

patronize의 어근인 patron은 '후원자, 고객'이라는 뜻이므로 patronize는 '후원하다, 단골로 다니다'라는 뜻도 됩니다.

endemic은 end와 관련이 없다?

endemic / environment

Q

다음 두 단어에 포함된
접두사 en-의 뜻은 무엇일까요?

ⓐ endémic
고유의/풍토의, 풍토병

ⓑ envíronment
환경

ⓐ endemic(고유의/풍토의, 풍토병)의 en-은 '안에(in, withín)'라는 뜻의 그리스어 접두사입니다. 라틴어 접두사 in-과 같은 뜻이죠. en-(또는 em-)을 포함한 단어는 다음과 같습니다.

① energy 활력, 에너지, enthúsiàsm 열정, 열광, emphasis 강조, empírical 실증적인

emphasis의 phasis는 '모습(appéarance)'을 뜻하는 그리스어에서 유래하였습니다. 따라서 emphasis는 원래 '속모습' 또는 '함축(ìmplicátion)'을 뜻했는데 '강조'의 뜻으로 의미가 확장되었습니다.

영어에서 phasis와 phase는 모두 '단계, 상(相), 면(面)'을 뜻하는데, phase는 phasis의 복수형인 phases에서 -s를 삭제하고 만든 단어입니다. 따라서 phase는 phases의 단수형을 착각해서 생긴 단어인데, 지금은 오히려 phasis는 거의 사용하지 않고 phase만 사용합니다.

endemic의 어근인 dem은 '사람들(people)'이라는 뜻의 그리스어(demos)에서 유래하였습니다. 같은 어근을 포함한 demócracy(민주주의)는 '사람들(국민)에' 의한 정치라는 뜻이죠. endemic은 '사람들 안에 있는(=한 지방 고유의)'이라는 뜻이므로 end(끝)와는 관련이 없는 단어입니다.

그런데 2023년 5월 팬데믹의 종식이 선언될 때쯤 ②와 같은 문장을 자주 접하자, 많은 사람이 endemic이 end와 관련 있는 단어라고 잘못 생각하게 되었습니다.

② COVID-19 is now en route to become an endemic disease.

코로나19는 이제 풍토병으로 변해가고 있다.

en route는 '도중에(on the way)'라는 뜻의 프랑스어 표현을 차용한 것입니다. ⓑ environment(환경)의 en-도 프랑스어 접두사인데, 이 en-은 라틴어 접두사 in-이 프랑스어에서 en-으로 바뀐 것입니다. 따라서 ①은 모두 그리스어에서 유래한 반면 ③은 모두 프랑스어에서 유래하였습니다.

③ envíron 둘러싸다, encómpass 포함하다, 둘러싸다, enclóse 동봉하다, 둘러싸다, enhánce 향상시키다, enfórce 시행하다, encóunter 맞닥뜨리다, enscónce 안락하게 자리를 잡다, 숨기다, ensúre 보장하다

ensure의 en-은 라틴어의 in-이 en-으로 바뀐 것이므로 insure와 ensure는 사실 같은 말입니다. 하지만 의미가 똑같은 단어는 필요 없으므로 insure는 '보험(insúrance)에 들다'라는 뜻으로 사용되는 것이죠.

'전염병'이 '풍토병'이 되기까지

epidemic / eponym

Q

다음 두 단어에 포함된
접두사 ep(i)-의 뜻은 무엇일까요?

ⓐ èpidémic
전염병

ⓑ éponỳm
이름의 시조(始祖)

ⓐ epidemic(전염병)의 epi-는 '위에(on, over)'를 뜻하는 그리스어 접두사입니다. epidemic이 전 세계적으로 퍼지면 pandémic(팬데믹)이 되고 pandemic이 오랜 기간 계속되면 한 지역에서 주기적으로 발생하는 치사율이 낮은 endémic(풍토병)이 됩니다. 접두사 epi-를 포

함한 단어는 다음과 같습니다.

① épicy̆cle 주전원(周轉圓), èpidérmis 표피, 상피, èpiphenómenon 부수 현상, épicènter 진원지, 중심점, épitàph 비석에 새긴 글자, épithèt 별명, 욕설, epítome 전형, 줄거리, epíphany 예수 공현, 깨달음, ephémeral 하루살이 목숨의, 덧없는

코페르니쿠스가 지동설(hèliocéntrism)을 주장한 가장 큰 이유는 천동설(gèocéntrism)이 너무 복잡했기 때문입니다. 행성들의 궤도를 설명하기 위해서는 deferent라는 '지구를 둘러싼 가상의 원'을 상정하고 '이 원의 원주 위를 따라 도는 작은 원(=주전원, epicycle)'들을 상정해야 했죠. 행성들이 태양 주위를 돈다고 설명하면 이런 epicycle이 필요 없다는 것을 깨달은 코페르니쿠스는 지동설을 주장하게 되었습니다.

② Now, that is a bunch of epicycles, but it is worth preserving the idea that judges find the law and don't make it.[31]
자, 그건 말도 안 되는 불필요한 말이지만 판사가 법을 찾고 만들지는 않는다는 개념은 보존할 가치가 있습니다.

교수님들이 강의할 때 가끔 ②에서처럼 a bunch of epicycles라는 표현을 사용하는데, 여기서 epicycle은 '괜히 복잡하기만 하고 불필요한 것'이라는 뜻입니다. 그런데 2024년 3월 19일 기준으로 구글

번역기는 위 예문의 epicycle을 '주전원'이라고 번역하고, 파파고는 '보조 자전거(?)'라고 번역하더군요.

ephemeral의 어근은 '하루(day)'를 뜻하는 그리스어 명사(hemera)에서 유래하였습니다. epi-는 모음 또는 h로 시작하는 어근 앞에서는 ep-가 되죠. ephemeral의 동의어인 brief(짧은)는 라틴어 형용사(brevis)에서 유래하였는데, 프랑스어(bref)를 통해 영어로 들어오면서 철자가 변형된 것입니다. 명사형인 brevity(간결성=concíseness)에는 라틴어 어근이 잘 드러나죠. brevity는 clarity(명확성), elegance(우아함)와 함께 영작문에서 가장 중요한 3가지 요소로 꼽힙니다.

epi-는 보통 '위에'를 뜻하는데, ⓑ eponym(이름의 시조)에서는 '후에(after)'를 뜻합니다. 누구의 이름을 따서(=named after) 지은 이름을 eponym이라고 하죠. UCLA 음대 건물의 이름은 Shoenberg Hall입니다. 이 건물의 eponym은 무조음악(atónal music)을 창안한 쇤베르크(Shoenberg, 1874~1951) 교수입니다. 저는 UCLA에서 대학원을 다닐 때 이 건물에서 3년간 열심히 화성학을 공부했는데 Shoenberg 교수님의 정기를 받아서인지 지금은 하나도 기억이 나지 않습니다.

'해부학'과 '투석기'가 반의어에서 유래되었다?

anatomy / catapult

Q

다음 두 단어에 각각 포함된 접두사 ana-와 cata-는 반의어입니다.
이 접두사들의 뜻은 무엇일까요?

ⓐ anátomy
해부(학)

ⓑ cátapùlt
투석기, 발사하다

ana-는 '위로(up), 뒤로(back)'를 뜻하는 그리스어 접두사입니다. ⓐ anatomy의 어근인 tom은 '자르다'라는 뜻이므로 anatomy는 'a cutting up(=해부)'이라는 뜻이 됩니다. ana-를 포함한 단어는 다음과 같습니다.

① anáchronìsm 시대착오, anábasis 진군, 퇴각, análogy 비유, 유사점, análogous 유사한, ànaphóric 앞에 나온 어구를 가리키는

어간 chron은 '시간'을 뜻하므로 anachronism은 '시간을 뒤로 간 착오'라는 뜻입니다. anabasis는 원래 'a going up from the coast(=내륙으로의 진군)'라는 뜻인데 적진에 깊숙이 침투했다가 전투에 패해 후퇴하는 '참담한 퇴각'을 뜻하기도 합니다.

cata-는 '아래로(down), ~에 부딪쳐(against)'라는 뜻의 그리스어 접두사입니다. ⓑ catapult(투석기)는 옛날에 큰 돌을 성벽이나(=against walls) 적진으로 쏘아 던지던 무기입니다. cata-를 포함한 다른 단어는 다음과 같습니다.

② cátacòmb 지하 묘지, catástrophe 참사, 재앙, catalyst 촉매, 기폭제, cátalògue 목록, cátaràct 크고 가파른 폭포, 백내장, càtaclýsmic 격변하는, 대변동의, càtaphóric 후속 어구를 가리키는

앞에 나온 말을 지칭하는 대명사(pronoun)를 언어학에서는 anaphor(전방 조응사)라고 하고 뒤에 나오는 말을 지칭하는 대명사는 cataphor(후방 조응사)라고 합니다. anaphoric과 cataphoric는 각각 anaphor와 cataphor의 형용사형입니다.

cataract는 '폭포'를 뜻하는 라틴어 명사(cataracta)에서 유래하

였습니다. 라틴어에서 cataracta는 '성 입구의 내리닫이 쇠창살 문(portcullis)'를 뜻하기도 하는데, 이 뜻에서 cataract의 '백내장'이라는 뜻이 유래하였다고 합니다.[32] 백내장에 걸리면 눈의 수정체가 부옇게 흐려지는데, 눈에 쇠창살 문이 내려진 것처럼 잘 보이지 않기 때문이죠. 요즘은 cataract이 주로 '백내장'의 의미로 사용되지만 ③에서는 '큰 폭포'를 뜻합니다.

③ **The cataract looks like a blender churning milkshakes in the river. We slowly approach the lip of the cátaclỳsm like condemned prisoners on a gurney.** (COCA:2005:NEWS)
그 큰 폭포는 강에서 밀크셰이크를 휘젓는 믹서기처럼 보인다. 우리는 마치 바퀴 달린 들것에 탄 사형수들처럼 대홍수의 가장자리로 천천히 다가간다.

cataclysm은 보통 '대변동'이라는 뜻으로 사용되지만, 원래는 '대홍수(deluge)'를 뜻하는 그리스어에서 유래하였습니다. 재밌는 것은 형용사형인 cataclysmic이 cataclysm보다 좀 더 자주 사용되는데, cataclysmic은 아예 '대홍수의'라는 뜻은 없고 '대변동의'라는 뜻으로만 사용된다는 것입니다.

그래서인지, 2024년 3월 13일 기준으로 ③의 cataclysm을 구글 번역기는 '대격변', 파파고는 '대재앙'으로 번역하였습니다. cataract는 모두 '백내장'으로 번역하였죠. 두 단어의 원뜻은 모르고 잘 사용되는 뜻으로만 번역하니 이런 어처구니없는 실수가 나오는 것입니다.

자연학 '뒤에' 배치되었던 형이상학

metaphysics / metamorphosis

Q

다음 두 단어에 공통으로 포함된
접두사 meta-의 뜻은 무엇일까요?

ⓐ mètaphýsics
형이상학

ⓑ mètamórphosis
탈바꿈, 변형

meta-는 '~중에(amóng), ~와 함께(with), ~뒤에(after)'라는 뜻의 그리스어 전치사에서 유래한 접두사입니다. 아리스토텔레스의 〈Metaphysics(형이상학)〉는 자연학(physics)과 관계없는 철학의 내용을 한 권의 책으로 묶어 〈Physics(자연학)〉 '뒤에(meta)' 배치해서 생긴 이름입니다.[33] 리케움의 마지막 교장이었던 안드로니쿠스(Andrónicus of Rhodes)가 아리스토텔레스의 강의 노트와 논문 등을 책으로 편집하면서 붙인 이름이죠.

① **There is nothing metaphysical about the title of Aristotle's book *Metaphysics*.**
〈형이상학〉이라는 아리스토텔레스 책의 제목에는 전혀 철학적인(형이상학적인) 것이 없다.

meta-가 단순히 '~뒤에'로 해석되는 단어는 주로 **mètacárpal**(손바닥뼈)과 같은 의학 용어입니다. 'carpal(손목뼈) 뒤에(=손목과 손가락 사이에) 있는 뼈'라는 뜻이죠. carpal tunnel syndrome(수근관 증후군)은 저처럼 컴퓨터를 자주 쓰면 생길 수 있는 손목이 아프고 손이 저리는 병입니다.

반면에, 형이상학은 '형체를 초월한 영역(=철학)'에 관한 학문이므로 ⓐ metaphysics의 meta-는 단순히 '~뒤에'가 아니고 '초월한(transcénding), ~을 넘어서(beyond)'라는 뜻으로 해석됩니다. '초월한'을 뜻하는 meta-를 포함한 단어는 다음과 같습니다.

② **métavèrse** 메타버스, **métalànguage** 메타언어, **mèta-análysis** 메타 분석

meta-와 universe(우주)의 verse를 합쳐 만든 단어 metaverse는 현실 세계를 '초월한' 3차원의 가상 세계를 뜻합니다. metalanguage는 언어를 분석하는 데 사용되는 '고차원의' 언어를 뜻하는데 métalinguìstic terms는 '문법 용어', metalinguistic knowledge는 '문법 지식'을 뜻합니다. meta-analysis는 특정 연구주제에 관해 이루어진 수십 개의 연구 결과를 통합 분석하여 각각의 연구 결과를 '넘어서는' 결론을 도출하는 분석 방법입니다.

ⓑ metamorphosis(탈바꿈, 변형)에서 meta-는 '변화(change)'를 뜻합니다. 그리스어에서도 meta-가 접두사로 사용되었을 때는 주로 '변화'를 뜻했죠.[34] '변화'를 뜻하는 meta-를 포함하는 단어는 다음과 같습니다.

③ metábolìsm 신진대사, metáthesis 자위(字位)/음위(音位) 전환, métaphòr 은유, métonỳm 환유어(換喩語)

metabolism(신진대사)은 섭취한 물질을 분해나 합성을 통해 '에너지로 바꾸고' 노폐물을 배출하는 것을 뜻합니다. metathesis(음위 전환)는 단어 내의 음이나 철자의 '순서가 바뀌는' 것을 뜻합니다. 예를 들어 bird(새)의 철자는 고대영어에서 bridd였는데, 중세 영어에서는 brid와 bird가 함께 사용되다가 현대영어에서 r과 i의 순서가 바뀐 bird로 정착되었습니다.[35]

〈The Metamorphosis〉는 1915년에 출판된 프란츠 카프카(Franz Kafka)의 중편 소설(novélla)인 〈변신(變身, Die Verwandlung)〉의 영어 제목입니다. 어느 평범한 남자가 밤사이 기괴한 벌레로 변신한 뒤 고독과 불안의 나날을 보내다 결국 죽고 마는 내용의 유명한 소설이죠. 너무 기괴한 이야기라 처음에 영어로 읽었을 때 제가 영어를 잘하지 못해서 내용을 제대로 이해하지 못한 것으로 착각했던 기억이 납니다.

세상이 너의 굴이다

metaphor / metonym

Q

'변화'를 뜻하는 meta-를 포함한 다음 두 단어는
비유적 표현을 논할 때 자주 사용됩니다.
이 두 단어의 차이점은 무엇일까요?

ⓐ métaphòr
은유

ⓑ métonỳm
환유어(換喩語)

ⓐ metaphor(은유)의 어근 phor는 '나르다(carry, bear)'를 뜻하는 그리스어에서 유래하였습니다. 같은 어근을 포함하는 단어는 다음과 같습니다.

① ánaphòr 전방 조응사, cátaphòr 후방 조응사, euphória 희열,
phosphorus 인(燐), 인광성 물질, Phosphor 샛별, 금성

phosphorus의 첫 번째 어근인 phos는 '빛(light)'을 뜻하는 그리스어입니다. phòtosýnthesis(광합성)의 photo는 phos의 소유격(photos)에서 유래하였죠. phosphorus는 '빛을 가지고 있는 것(the light-bearing one)'이라는 뜻이므로 그리스어에서는 원래 '샛별(the morning star), 금성(Venus)'을 뜻했습니다. 그래서 Phosphor가 '샛별, 금성'을 뜻하는 것입니다.

영어에서 phosphorus는 비금속 원소인 '인(燐)'을 뜻하는데, 인(燐)은 어두운 곳에서 빛을 내는 성질이 있습니다. 밤에 무덤이나 오래된 집에서 도깨비불처럼 저절로 불이 번쩍이는 것은 phosphorus(인) 때문에 나타나는 현상입니다.

metaphor(은유)는 ②에서처럼 비유의 대상을 간접적이며 암시적인 '바뀐 말로 나르는 것'을 뜻합니다.

② I've never liked the metaphor "The world is your oyster" because I hate oysters.
나는 굴을 싫어하기 때문에 "세상이 너의 굴이다(=너는 뭐든지 할 수 있다)."라는 은유를 절대 좋아한 적이 없다.

The world is your oyster라는 특이한 표현은 셰익스피어의 〈The Merry Wives of Windsor(윈저의 즐거운 아낙네들)〉의 2막 2장(Act 2, Scene 2)에 나오는 "Why, then the world's mine oyster, which I with sword will open(뭐 그럼 세상은 나의 굴이야, 내가 칼로 열 굴이지)."이라는 문장에서 유래하였습니다.

그런데 셰익스피어 희곡에 나오는 이 표현의 원래 의미는 칼을 사용해서라도 내가 원하는 것을 얻겠다는 폭력적인 의미였다고 합니다.[36] 돈을 빌려달라는 요구를 들어주지 않자 협박하는 표현으로 사용했던 어구가 언제부턴가 아주 좋은 의미(=굴은 까기 쉽지 않지만 어렵게 까고 나면 속에 진주가 있을 수도 있으니 이 세상은 성공할 기회가 많다)로 탈바꿈(metamorphosis)하였습니다.

ⓑ metonym(환유어)의 어근인 onym은 '이름(name)'을 뜻하는 그리스어에서 유래하였습니다. 따라서 metonym은 '바뀐 이름'이라는 뜻입니다. 예를 들어, '모국어'를 영어로 mother tongue이라고 하는데 language(언어)를 연상시키는 다른 낱말인 tongue(혀)을 metonym으로 사용한 것입니다.

③ The White House said yesterday that the rumors were untrue.[37]
백악관은 어제 그 소문들이 사실이 아니라고 말했다.

위 문장에서는 The White House가 '미국 대통령'의 metonym으로 사용되었습니다. 백악관이 말을 할 수 없는 것은 당연한 사실인데 ③이 전혀 이상하게 들리지 않는다는 것은 이런 metonym이 아주 흔하다는 것을 방증합니다.

셰익스피어는 말로의 allonym이었다?

allonym / pseudonym

Q

다음 두 단어는 사전에 모두 '가명, 필명'으로 정의되어 있는데,
두 단어의 차이점은 무엇일까요?

ⓐ állonỳm ⓑ pséudonỳm

allo-는 '다른(other, different)'이라는 뜻의 그리스어(allos)에서 유래한 접두사입니다. 어근 onym은 '이름'을 뜻하므로 ⓐ allonym은 '다른 이름'이라는 뜻입니다. all(o)-을 포함한 단어는 다음과 같습니다.

① állomòrph 이형태(異形態), állegòry 우화, 비유한 이야기, allergy 알레르기, párallèl 평행선, 평행의

al-도 '다른'을 뜻하는 접두사인데, al-은 라틴어(alius)에서 유래하였습니다. al-을 포함한 단어는 다음과 같습니다.

② alter 바꾸다, 개조하다, álternàte 번갈아 일어나다, 번갈아 하는, 교대자, altérnative 대안(적인), áltruìsm 이타주의, 이타심, alien 외계/외국인, 외계/외국의, álienàte 멀리하다, 소원(疏遠)하게 하다

pseudo-/sú:dou/는 '거짓의, 가짜의(false)'라는 뜻의 그리스어(pseudes)에서 유래한 접두사입니다. 따라서 ⓑ pseudonym은 '가짜 이름'이라는 뜻입니다. pseud(o)-를 포함하는 단어는 다음과 같습니다.

③ psèudoscíence 의사(擬似) 과학, psèudoprégnancy 상상 임신, 가(假)임신, pséudocìde 거짓 죽음/자살

astrólogy(점성술)와 astrónomy(천문학)의 차이점은 전자는 pseudoscience이고 후자는 science라는 것입니다. 어근 cid는 '죽이다(kill)'를 뜻하므로 pseudocide는 '거짓 죽음'이라는 뜻인데 주로 ④에서처럼 '거짓 자살'의 의미로 사용됩니다. (suicide(자살)와 발음이 똑같은 pseuicide(거짓 자살)라는 속어도 있습니다.)

④ The pseudocide was his attempt to avoid the inevitable felony conviction. (COCA:2002:FIC)
거짓 자살은 피할 수 없는 중범죄 유죄 판결을 피하려는 그의 시도였다.

pseudonym과 allonym의 차이점은 pseudonym은 가짜로 지어낸 이름이고 allonym은 다른 사람의 이름을 필명으로 사용하는 것입니다. 예를 들어, 케임브리지 대학에서 교육받고 셰익스피어보다 당대 더 유명했던 크리스토퍼 말로(Christopher Marlowe, 1564~1593)가 셰익스피어 희곡들의 원저자이고, 단지 셰익스피어의 이름을 allonym으로 사용하였다는 주장이 있습니다.

터무니없는 주장 같지만, 〈옥스퍼드 셰익스피어(The Oxford Shakespeare)〉가 말로를 〈헨리 6세 삼부작(Henry VI: Part 1, 2, and 3)〉의 공저자로 인정한 사실을 고려하면 말로가 셰익스피어의 이름을 allonym으로 사용하였다는 주장이 전혀 근거 없는 주장은 아니라는 것을 알 수 있습니다.[38]

'같은'을 뜻하는 auto-와 homo-

tautology / homogeneity

Q

다음 두 단어에 각각 포함된
접두사의 의미는 무엇일까요?

ⓐ tautólogy
동어 반복

ⓑ hòmogenéity
동질(성)

tauto는 '같은(the same)'을 뜻하는 그리스어인데, 그리스어 정관사 to와 '자신(self), 같은(same)'을 뜻하는 재귀대명사 autos가 합쳐진 단어입니다. log는 '단어(word), 언어(speech)'를 뜻하는 그리스어(logos)에서 유래했으므로 ⓐ tautology는 '같은 단어 반복'이라는 뜻입니다.

tautology의 예로는 'PIN number'와 '처갓집'이 있습니다. PIN은 'Personal Identification Number'의 acronym(두문자어)이고, '처가'에 이미 '집 가(家)'가 있기 때문입니다. tauto는 영어에서 접두사로 사용되는 경우가 극히 드물지만, 그리스어 재귀대명사 autos에서 유래한 접두사 aut(o)-(자신, 같은)는 많은 단어에서 찾아볼 수 있습니다.

① áutomàte 자동화하다, autónomy 자치, 자율, àutodídact 독학자, áutogràph 서명, 사인, autópsy 부검, 검시, áutonỳm 본명

접두사 homo-는 '같은(same)'이라는 뜻의 그리스어 형용사(homos)에서 유래하였습니다. 참고로, '인류'를 뜻하는 라틴어 전문 용어인 Homo sapiens(호모 사피엔스)에 사용된 homo는 '사람'을 뜻하는 라틴어 명사입니다.

ⓑ homogeneity의 어근 gen은 '탄생(birth), 종족(race), 혈통(descént)'을 뜻하므로 homogeneity는 '같은 종족(=동종, 동질)'이라는 뜻이 됩니다. homo-를 포함하는 단어는 다음과 같습니다.

② hòmogéneous 동질적인, hòmoséxual 동성애의, homólogy 동족 관계, hómonỳm 동음이의어

디즈니 영화 〈정글북(The Jungle Book)〉에서 곰이 'The Bare

Necessities(기본 필수품)'라는 노래를 부르는데, 그 이유는 bear(곰)와 bare(벌거벗은)가 homonym이기 때문입니다.

그리스어 접두사 auto-(같은)의 반의어는 allo-(다른)이고, 라틴어 접두사 homo-(같은)의 반의어는 hetero-(다른)입니다. hetero-를 포함하는 단어는 다음과 같습니다.

③ hèterogéneous 이질적인, hèterosé xual 이성애(異性愛)의, héterodòx 이단의, 비정통적인

heterodox(비정통적인)는 ④에서처럼 사용될 수 있는데, 이 단어의 반의어는 orthodox(정통의)입니다.

④ Trump has been heterodox on defense spending
(COCA:2016:NEWS)
트럼프 대통령은 국방비 지출에 관해 비정통적이었다.

'돌아온' 수익

revenue / sedition

Q

다음 두 단어에 각각 포함된
접두사 re-와 se-의 의미는 무엇일까요?

ⓐ révenùe
수익, 수입

ⓑ sedítion
(폭동 · 소요의) 선동, 교사(敎唆)

ⓐ revenue는 접두사 re-와 명사 venue가 합쳐진 단어입니다. venue는 '개최지, 장소'라는 뜻으로 사용되는데, 원래는 그냥 '옴(coming)'이라는 뜻입니다. venue는 '오다(come)'를 뜻하는 라틴어 동사(venire)에서 유래하였기 때문입니다.

접두사 re-의 기본 의미는 '뒤로(back)'입니다. 이 의미에서 '다시(again), ~에 반대하여(against)'라는 뜻이 파생되었죠. 따라서 revenue는 원래 '돌아옴(return)'이라는 뜻인데 이 뜻이 '수익, 수입'으로 된 것입니다. ①은 re-를 포함한 동사, ②는 명사와 형용사입니다.

① **reáct** 반응하다, **recóver** 되찾다, **rèinfórce** 강화하다, **reláx** 긴장을 풀다, **remóve** 제거하다, **requíre** 요구하다, **revíse** 수정하다, **revéal** 밝히다, 드러내다

② **reséarch** 연구(하다), **relúctant** 마음 내키지 않은, **résòurce** 자원, 재원, **redúndancy** 불필요한 중복

redundancy(불필요한 중복)에서는 re- 대신 red-가 사용되었습니다. redundancy는 원래 '넘침(overflow)'이라는 뜻인데, 어근 und는 '파도(wave)'를 뜻하는 라틴어 명사(unda)에서 유래하였습니다.(362쪽 참고)

접두사 se-는 '~로부터 떨어져(apart from)'라는 뜻이고, ⓑ sedition(선동)의 어근은 '감(going)'을 뜻하는 라틴어 명사(itio)에서 유래하였습니다. 따라서 sedition의 본래 의미는 '떨어져 감(=다른 길을 가도록 선동함)'입니다. redundancy와 마찬가지로 sedition에서도 se-가 sed-로 사용되었습니다.(접두사 뒤에 d가 포함되는 또 다른 예는 prodigy(영재, 신동)입니다.) se-를 포함한 단어는 다음과 같습니다.

② seléctive 선별적인, 엄선된, 가리는, seléct 선택하다, séparàte 분리하다, sedúce 유혹하다, secéde 탈퇴하다, secéssion 탈퇴

selective(선별적인, 엄선된, 가리는)는 사실 eclectic(취사선택하는, 절충하는)과 같은 단어입니다. 전자는 라틴어, 후자는 그리스어에서 유래하였다는 차이점이 있을 뿐인데 영어에서는 다른 의미로 사용되고 있습니다.

secede는 미국 역사를 논할 때 자주 등장하는 단어입니다. 노예 문제로 남부와 북부의 갈등이 최고조에 달한 1860년 말에 사우스캐롤라이나 주가 연방 정부에서 탈퇴(secession)를 선언하였고 결국 1861년 4월에 남북전쟁이 발발하였습니다.

③ **In 1860, South Carolina became the first state to secede from the United States.**
1860년에 사우스캐롤라이나는 미국에서 탈퇴한 최초의 주가 되었다.

〈부록 3〉은 수효접두사와 부정접두사를 제외한 나머지 라틴어 · 그리스어 접두사를 표로 정리한 것입니다.

이것은
파생어인가, 합성어인가?

undertake / highlight

Q

다음 두 단어의
차이점은 무엇일까요?

ⓐ ùndertáke
맡다, 착수하다

ⓑ híghlìght
강조하다

undertake와 highlight는 모두 두 단어로 이루어져 있습니다. 그런데 강세의 위치가 다릅니다. undertake는 두 번째 단어인 take에 강세가 있고 highlight는 첫 번째 단어인 high에 강세가 있죠.

undertake와 highlight의 강세 위치가 다른 이유는 ⓐ undertake는 접두사(under-)와 어근(take)이 합쳐진 파생어이고, ⓑ highlight는 두 개의 어근(high와 light)이 합쳐진 합성어이기 때문입니다. ①은 모두 접두사를 포함한 파생어입니다. 따라서 강세가 모두 어근인 lie, go, lap, set에 있습니다.

① **ùnderlíe** ~의 기초가 되다, **ùndergó** 겪다, 당하다, **òverláp** 겹치다, **òffsét** 상쇄하다

접두사로 사용되는 단어는 보통 전치사입니다. 그런데 많은 전치사가 부사 또는 형용사로도 사용되고, off와 같은 부사는 전치사로도 사용되기도 하죠. 따라서 offset에서 off가 접두사인지는 명확하지 않습니다. 그래서 underlie, undergo, overlap과 달리 offset은 첫 단어에 강세를 줄 수도 있습니다.

라틴어 접두사를 포함하는 파생어와 달리 영어의 전치사 또는 부사가 포함된 단어는 파생어인지 합성어인지 구별하기가 쉽지 않습니다. under-, over-와 같은 접두사도 모두 단어로 인식되기 때문이죠. ②, ③, ④는 모두 두 단어가 합쳐진 합성어입니다.

② **óutpùt** 생산, 출력, **óutcòme** 결과, **nétwòrk** 망, 네트워크, **guídelìne** 지침, 정책, **frámewòrk** 뼈대, 체제, **wélfàre** 복지, 후생,

percént 퍼센트, 100분

percent는 원래 라틴어 전치사구인 per centum(100으로=by the hundred)이 per cent가 되었다가, 두 단어가 합쳐져서 percent가 된 것입니다. percent가 ②에서 유일하게 강세가 두 번째 있는 이유도 전치사구에서 강세는 명사에 있기 때문입니다.

③ wídesprèad 널리 퍼진, óngòing 계속 진행 중인, fòrthcóming 다가오는, stràightfórward 똑바른, 간단한

④ sómewhàt 어느 정도, 약간, óveràll 전체의, 종합적으로, nònetheléss 그럼에도 불구하고, nòtwithstánding ~에도 불구하고, thèrebý 그것에 의하여

notwithstanding은 주로 ⑤에서처럼 전치사로 사용되는데, 부사로 사용될 수도 있습니다. 부사로 사용될 때는 nonetheless와 뜻이 같습니다.

⑤ Notwithstanding the financial challenges our team faced, we still worked tirelessly not to fall behind schedule.
우리 팀이 직면한 재정적 어려움에도 불구하고 우리는 일정에 뒤처지지 않기 위해 쉬지 않고 일했다.

thereby는 보통 ⑥에서처럼 결과를 나타내는 분사구문(pàrticípial phrase) 앞에 사용됩니다. thereby는 부사이므로 삭제할 수 있습니다.

⑥ The professor violated numerous ethical codes, thereby posing a serious threat to the integrity of the whole project.
그 교수는 수많은 윤리 강령을 위반하여 전체 프로젝트의 온전함에 심각한 위협을 가했다.

thereby와 달리 whereby는 'by+관계대명사 which(~에 의하여)'를 뜻하는 관계사입니다. 따라서 whereby는 삭제할 수 없고 뒤에는 ⑦에서처럼 주어와 동사를 포함하는 절(clause)이 사용되어야 합니다.

⑦ I won't approve of a new plan whereby our core values and principles may be destroyed.
나는 우리의 핵심 가치와 원칙을 파괴할 수 있는 새로운 계획을 승인하지 않을 것이다.

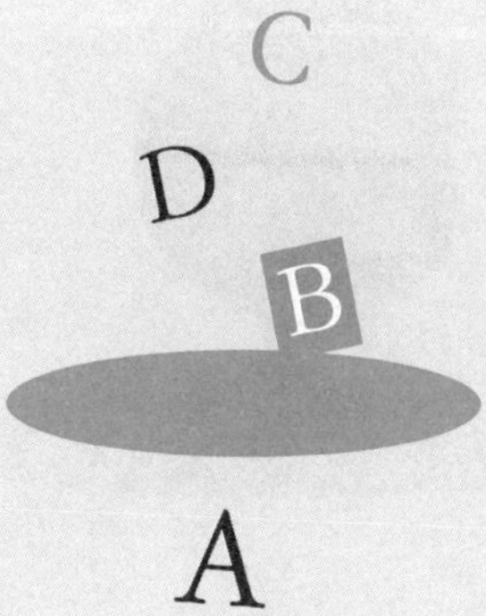
C
D
B
A

PART 2

어근

어근(root)이란?

모든 접사(=접두사와 접미사)를 삭제하고 더 이상 분석할 수 없는 형태

CHAPTER 4
모음 변화 어근

a가 단어 중간에서 왜 e로 바뀌지?

apt / inept

Q

inept는 '부적절한, 무능한'이라는 뜻의 형용사입니다.
이 단어의 반의어는 다음 중 무엇일까요?

ⓐ ept ⓑ apt

incrédible(믿을 수 없는, 엄청난)은 credible(믿을 수 있는)의 반의어입니다. insáne(미친)의 반의어는 sane(제정신의)이죠. 그럼 inept의 반의어는 ⓐ ept일 것 같은데, 그런 단어는 없습니다. ⓑ apt(적절한, 적당한)가 inept의 반의어죠.

inapt가 inept로 바뀌는 이유는 a로 시작하는 라틴어 어근 앞에 다른 음절이 추가되면 a가 e로 바뀌기 때문입니다.[1] apt는 라틴어 aptus, inept는 ineptus에서 유래하였습니다. ①에 사용된 áptitùde(적성, 적합성)와 adépt(능숙한)에서도 apt가 ept로 바뀌는 것을 볼 수 있습니다.

① **Jaden's aptitude for music will help him become adept at playing the drums.**
제이든의 음악 적성이 그가 드럼을 능숙하게 칠 수 있도록 도와줄 것이다.

'태도'의 뜻으로 쓰이는 áttitùde도 사실은 aptitude와 같은 단어입니다. 두 단어 모두 같은 라틴어 단어(aptitudo)에서 유래하였기 때문입니다. attitude는 17세기에 프랑스어에서 차용한 단어인데, 프랑스어 attitude는 라틴어(aptitudo)가 변형된 이탈리아어 명사(attitudine)에서 유래하였습니다.

단어의 첫 음절이 아닌 곳에서 a가 e로 바뀐 또 하나의 예는 '연중 끊이지 않는, 여러 해 계속하는'을 뜻하는 perénnial입니다. 이 단어의 어근은 '연(年), 해'를 뜻하는 라틴어 명사(annus)에서 유래한 ann입니다. 그런데 접두사 'per-(~을 통하여, 완전히)'와 결합하면서 ann이 enn으로 바뀌었죠.

'천년'을 뜻하는 millénnium에서도 ann이 '1,000'을 뜻하는 mill

과 결합하면서 enn으로 바뀐 것을 확인할 수 있습니다. ann이 포함된 다른 예는 다음과 같습니다.

② annual 일 년의, 일 년마다의, annals 연대기, annúity 연간 배당금

↓

perénnial 연중 끊이지 않는, milléennium 천 년

e가 i로 바뀌는 이유 1

defect / artificial

Q

다음 중 어근이
다른 것은 무엇일까요?

ⓐ factory
공장

ⓑ deféct
결점, 결함

ⓑ àrtifícial
인공의

정답은 '없다'입니다. 모두 같은 어근이기 때문이죠. '하다(do), 만들다(make)'라는 뜻의 라틴어 동사(facere)에서 유래한 어근 fac는 fec 또는 fic로 변합니다. 어떤 상황에서 fac가 fec 또는 fic으로 변하는 것일까요?

어근의 a가 e로 바뀌는 경우는 e 다음에 두 개의 자음이 올 때입니다. 만약 하나의 자음이 오면 a가 i로 바뀝니다. ⓐ factory(공장)에서처럼 단어 첫 음절에 사용된 어근은 변하지 않고, ⓑ defect(결점, 결함)에서처럼 어근이 첫 음절이 아닌 곳에 사용되고 모음 뒤에 자음 두 개가 있으면 모음이 e로 변합니다. 그리고 ⓒ artificial(인공의)에서처럼 어근의 모음 뒤에 자음이 하나만 있으면 모음이 i로 변하죠.

단어 처음	자음 두 개 앞	자음 하나 앞
factor 요인	inféct 감염시키다	àrtifícial 인공의
factory 공장	efféct 결과, 효과	effícient 효율적인
faction 당파, 파벌	deféct 결점, 결함	defícient 부족한
faculty 교수진, 능력	afféction 애정, 애착	suffícient 충분한
facílity 시설, 기능, 쉬움	conféction 사탕 과자	profícient 능숙한

ⓑ defect(결함)는 동사로 '(국가 · 정당 · 직장 등을) 버리다, 떠나다'라는 뜻이 있습니다. 예를 들어, 소련에서 미국 또는 북한에서 한국으로 망명한 사람들을 defector라고 합니다.

ⓒ artificial(인공의)의 어근인 art는 '기술(skill)' 또는 '교활함(craftiness)'을 뜻하는 고대 프랑스어에서 유래하였습니다. 같은 어근을 포함한 단어는 다음과 같습니다.

① ártifàct 인공물, 공예품, artisan 장인(匠人), 공예가, artifice 책략, 계략, artful 교묘한, 교활한

afféction(애정)의 동사형인 affect/əfékt/는 '영향을 미치다'라는 뜻인데, affect/ǽfekt/는 명사로 '감정, 정서, 정의(情意)'라는 뜻도 있습니다. 영어 울렁증이 있는 사람들은 영어에 대한 affective filter(정의적 여과)가 높다고 영어 교육학에서 설명하죠. affective의 강세는 명사 affect와 마찬가지로 첫 음절에 있습니다.

facílity(시설, 쉬움)의 형용사형은 facile(손쉬운), 동사형은 facílitàte(용이하게 하다, 쉽게 하다)입니다. 따라서 facility의 원래 뜻도 '쉬움'인데 이 뜻이 발전하여 '용이하게 하는 시설 또는 기능'이 된 것입니다.

② Learning Latin and Greek roots will facilitate one's acquisition of new vocabulary words.
라틴어와 그리스어 어근을 배우는 것은 새로운 어휘를 습득하는 것을 쉽게 할 것이다
(= 라틴어와 그리스어 어근을 배우면 새로운 어휘를 쉽게 습득할 수 있다).

'~로 하는, ~화(化)하는'의 뜻을 가진 형용사형 접미사인 -fic도 어근 fac이 변형된 것입니다. (원래 라틴어 접미사는 -ficus입니다.)

③ specífic 구체적인, 명확한, terrífic 아주 좋은, 무서운, prolífic 다작(多作)의, 다산(多産)의, hònorífic 경칭(의), sòporífic 잠이 오게 하는

e가 i로 바뀌는 이유 2

intercept / recipient

Q

다음 세 단어는 모두 같은 어근을 포함하는데 형태가 모두 다릅니다.
각 단어의 어근은 무엇이고 이 어근의 뜻은 무엇일까요?

ⓐ captive	ⓑ intercépt	ⓒ recípient
포로, 사로잡힌	가로채다	받는 사람

ⓐ captive(포로, 사로잡힌)의 어근 cap은 '잡다(take/hold/seize)'를 뜻하는 라틴어 동사(capere)에서 유래하였습니다. 어근 fac(하다, 만들다)과 마찬가지로 ⓑ intercept(가로채다)에서처럼 cap이 첫 음절이 아닌 곳에 사용되고 a 뒤에 자음 두 개가 있으면 cep로 변합니다. 그리고

ⓒ recipient(받는 사람)에서처럼 모음 뒤에 자음이 하나만 있으면 cip로 변하죠.

단어 처음	자음 두 개 앞	자음 하나 앞
capable 유능한	accépt 받아들이다	partícipàte 참가하다
caption 표제, 자막	concépt 개념, 구상	antícipàte 예상하다
captive 포로, 사로잡힌	ìntercépt 가로채다	recípient 받는 사람
capture 붙잡다, 포획하다	incéption 시작	incípient 초기의
cáptivàte 마음을 사로잡다	còntracéption 피임	emáncipàte 해방시키다

concept(개념, 구상)와 recipient(받는 사람)의 동사형은 각각 concéive(생각하다, 임신하다)와 recéive(받다)입니다. receive와 conceive의 ceive도 라틴어 동사 capere에서 유래하였는데, 13세기경에 중세 프랑스어를 통해 영어로 들어오면서 철자가 바뀐 것입니다. 어근 ceive를 포함한 단어는 다음과 같습니다.

① concéive 생각하다, 임신하다, decéive 속이다, mìsconcéive 오해하다, percéive 감지하다, 인지하다, prèconcéive 미리 생각하다, recéive 받다

conception은 conceive(생각하다, 임신하다)의 명사형이므로 '생각/개념, 임신/잉태'라는 뜻입니다. 로마 가톨릭교에서는 동정녀 마리아(Virgin Mary)가 원죄(original sin) 없이 잉태되었다고 믿는데, 이것을 영어로 the Immáculate Conception이라고 합니다.

immaculate는 '티 하나 없이 깨끗한(spotless)'이라는 뜻입니다. immaculate는 '얼룩(spot), 흠/오점(blemish)'을 뜻하는 라틴어 명사(macula)에서 유래한 maculate(얼룩진, 얼룩지게 하다)의 반의어인데 maculate는 거의 사용되지 않습니다.

preconceive(미리 생각하다)는 주로 ②에서처럼 a preconceived notion(선입견)이라는 표현에 사용됩니다. 명사형인 preconception도 prejudice, bias와 함께 모두 '선입견, 편견'이라는 뜻입니다.

② Clients often have a preconceived notion of what something "should" cost. (COCA:2007:NEWS)
고객들은 종종 "적절한" 비용이 얼마일지에 관한 선입견을 갖고 있다.

라틴어 어근에서 모음이 a에서 e 또는 e에서 i로 바뀌는 이유는 모두 발음을 쉽게 하기 위해서입니다. 라틴어에서 a, e, i는 각각 '아, 에, 이'로 발음이 되었습니다. '아, 에, 이'를 차례로 발음하면 '아'를 발음할 때 턱이 가장 낮고 차례로 턱이 올라가는 것을 느낄 수 있습니다. 턱을 많이 내리려면 그만큼 힘이 많이 들겠죠. 단어의 첫 번째 음절이 아닌 곳에서 모음이 발음하기 쉬운 것으로 바뀌는 이유는 고대 라틴어에서는 단어의 강세가 항상 첫 음절에 있었기 때문입니다.[2]

e가 i로 바뀌는 이유 3

spectator / perspicuous

Q

다음 두 단어에 포함된 어근은 무엇이고
그 어근의 뜻은 무엇일까요?

ⓐ spéctator
관객

ⓑ perspícuous
명료한, 명쾌한

ⓐ spectator(관객)의 어근인 spec은 '보다(watch/view)'를 뜻하는 라틴어 동사(spectare)에서 유래하였습니다. 어근 spec이 포함된 단어는 다음과 같습니다.

① spectacle 광경, spectrum 분광, 범위, perspéctive 관점, 원근법, próspèct 전망, 유망한 사람, áspèct 측면, 양상, inspéct 조사하다, rétrospèct 회상(하다)

retro는 '뒤쪽으로(backward)'를 뜻하는 라틴어 부사이므로 retrospect는 '뒤를 보다(=회상하다)'라는 뜻입니다. retrospect는 ②에서처럼 명사로도 사용됩니다.

② In retropect, I shouldn't have agreed to their proposal.
돌이켜 보면, 나는 그들의 제안에 동의하지 않았어야 했어.

retro를 포함한 다른 예는 다음과 같습니다.

③ rétrogrèss 후퇴하다, 쇠퇴하다, rètroáctive 효력이 소급하는, rétrofit 구형 장치의 개장을 하다

ⓑ perspicuous(명료한)의 어근은 spic인데, spic과 spec은 같은 어근의 이형태입니다. per-는 '~을 통하여, 완전히'라는 뜻의 라틴어 접두사이므로 perspicuous는 '완전히 보이는(=명료한)'이라는 뜻입니다. spic이 포함된 단어는 다음과 같습니다.

④ auspícious 길조의, despícable 야비한, conspícuous 눈에 띄는, perspícacious 통찰력이 있는, 총명한

④에서 spec이 spic으로 바뀐 이유는 c 뒤에 모음이 왔기 때문입니다. ①에서는 perspective(관점, 원근법)에서처럼 spec 뒤에 자음 t가 왔기 때문에 모음이 i로 변하지 않았습니다. 그럼 ⑤에서는 spec 뒤에 모음 i가 왔는데 왜 auspicious(길조의)에서처럼 spic으로 변하지 않았을까요?

⑤ species 종(種), 인종, specious 허울/외양만 좋은

⑤에서 spec이 spic으로 변하지 않은 이유는 spec이 단어 첫 음절에 사용되었기 때문입니다. spec이 spic으로 바뀌려면 두 가지 조건이 충족되어야 합니다. 첫째는 spec이 단어 첫 음절에 사용되지 않고, 둘째는 spec 뒤에 모음이 와야 하죠.[3] '잡다'를 뜻하는 어근 cap이 단어 첫 음절에 사용된 capable(유능한)에서 cip로 바뀌지 않고, '하다, 만들다'를 뜻하는 어근 fac이 facility(시설)에서 fic으로 바뀌지 않는 것과 마찬가지입니다.

'앉아 있는'과 '대통령'은 같은 어근을 가졌다

sedentary / president

Q

다음 두 단어에 포함된 어근은 무엇이고,
그 어근의 뜻은 무엇일까요?

ⓐ sédentàry
앉아 있는

ⓑ president
대통령

spec이 spic으로 바뀌는 것처럼 라틴어 어근에서 모음 e가 i로 바뀌는 다른 예는 '앉다(sit)'를 뜻하는 라틴어 동사(sedere)에서 유래한 ⓐ sedentary(앉아 있는)의 어근 sed입니다. sed가 포함된 다른 단어는 다음과 같습니다.

① sediment 침전물, sedáte 침착한, 진정시키다, sedative 진정제, 진정시키는

어근 sed가 ⓑ president(대통령)에서처럼 단어 첫 음절에 사용되지 않고 뒤에 모음이 올 때는 sid로 바뀝니다. ②는 모두 같은 환경에서 sed가 sid로 바뀐 단어입니다.

② assíduous 근면한, 주도면밀한, dissident 의견을 달리하는, 반체제자, subsidy (국가·기관이 제공하는) 보조금, resíde 거주하다

assiduous의 as-는 ad-(~쪽으로)의 d가 sid 앞에서 s로 변한 것입니다. '계속 앉아서' 공부하는 학생의 모습을 떠올리면 assiduous가 왜 '근면한'이라는 뜻으로 사용되는지 이해가 됩니다. dis-는 '떨어져'라는 뜻의 접두사이므로 dissident(의견을 달리하는)는 원래 '떨어져 앉은'이라는 뜻입니다.

'현직' 대통령을 영어로는 the 'sitting' President라고 하는데, 그 이유는 president가 원래 '앞에(pre-) 앉은 사람'이라는 뜻이기 때문입니다. 그런데 ③에서처럼 incúmbent(현직의, 현직자)를 사용하면 '현직' 대통령은 '누워 있는' 대통령이라는 뜻이 됩니다. incúmbent는 '가로눕다(reclíne)'를 뜻하는 라틴어 동사(incumbere)에서 유래하였기 때문입니다.

③ Who is the incumbent President of Korea?
누가 한국의 현직 대통령이지?

'부통령'은 Vice President라고 하는데 vice는 '대신에(in place of)'라는 뜻의 라틴어 부사입니다. 어근 cumb(눕다)가 포함된 다른 단어는 다음과 같습니다.

④ recúmbent 기댄, 가로누운, succúmb 굴복하다, 죽다

접두사 re-는 '뒤로, 다시'라는 뜻이므로 recumbent은 본래 '뒤로 누운(=기댄)'이라는 뜻입니다. 고대 로마인들은 누워서 밥을 먹은 것으로 유명합니다. 앞으로 누워서 왼손으로 턱을 괴고 오른손으로 음식을 집었다고 하네요.[4] 접두사 suc-는 sub-(아래로)이 자음동화로 변형된 형태이니 succumb은 '아래로 눕다(=굴복하다, 죽다)'라는 뜻입니다.

'눕다'를 뜻하는 라틴어 동사에서 유래한 incumbent가 '현직의'를 뜻하는 이유는 같은 라틴어 동사가 '(무엇이) 누구의 할 일이다'라는 뜻도 있기 때문입니다. 단순히 '눕다, 누워 자다'를 뜻하는 라틴어 동사는 cubare입니다. ⑤에 제시된 단어들의 어근 cub가 이 라틴어 동사에서 유래하였습니다.

⑤ íncubàte (알을) 품다, (계획 따위를) 숙고하다, cóncubìne 첩(=함께 누운 여자), cubicle 개인 열람실

조산아를 위한 보육기를 incubator(인큐베이터)라고 하는데, incubator는 아이를 보육기 '안에 뉘어 놓는 기계'라는 뜻입니다. 도서관에 가면 개인이 공부할 수 있도록 양옆이 막힌 cubicle이 있는데, cubicle은 원래 '누워서 잠을 자는 침실'을 뜻합니다.[5] 도서관에 가면 cubicle을 원래의 용도로 이용하는 학생을 자주 볼 수 있습니다.

모음 변화의 예외

supersede / precede

Q

다음 중 replace의 동의어이며
'대체하다, ~의 지위를 빼앗다'라는 뜻을 가진 단어는 무엇일까요?

ⓐ supercede ⓑ supersede

정답은 ⓑ입니다. 그런데 거의 모든 원어민이 이 단어의 철자를 ⓐ supercede로 잘못 알고 있습니다. precéde(앞서다, 먼저 일어나다)의 어근인 ced(가다)와 같은 어근이 포함되어 있다고 잘못 생각하기 때문입니다. 하지만 ⓑ sùpersède의 어근은 '앉다'를 뜻하는 sed입니다.

supersede는 원래 '위에서(super-) 눌러앉다'라는 뜻이므로 ①에서처럼 '대체하다'의 뜻으로 사용됩니다.

① The scroll has been superseded by the codex.
두루마리는 책으로 대체되었다.

두루마리(scroll)를 대체한 현대 책의 원형인 codex는 '나무줄기(tree trunk), 등걸(stump)'이라는 뜻의 라틴어입니다. 기독교인들이 1세기 말부터 성경책을 codex로 만들기 시작했죠.[6] 고대 프랑스어에서는 codex가 code로 바뀌고, code의 의미는 '법전, 법체계'로 시작해 '암호, 부호'의 뜻으로 발전하게 됩니다. code(또는 codic)가 포함된 단어는 다음과 같습니다.

② encóde 암호로 바꾸다, decóde 해독하다, códifỳ 법전으로 편찬하다, 성문화하다, codicil 유언 보충서

그런데 supersede의 철자가 좀 이상하지 않나요? reside(거주하다)에서처럼 단어 첫 음절이 아니고 뒤에 모음이 왔기 때문에 sid로 바뀌어야 할 것 같은데 그렇지 않습니다. 거의 모든 규칙에는 예외가 있듯이 라틴어 어근의 모음 e가 i로 바뀌는 규칙에도 예외가 많습니다. precede(앞서다, 먼저 일어나다)의 ced도 cid로 바뀌지 않죠.

e를 i로 바꾸는 것은 발음을 쉽게 하기 위해서인데, 어떤 어근인지 알아보기 쉽게 어근을 변형하지 않는 경우도 많이 있습니다.[7] 어근 ced는 '가다(go)'를 뜻하는 라틴어 동사(cedere)에서 유래하였습니다. ced가 포함된 단어는 다음과 같습니다.

③ **àntecédent** 선행사, **precedent** 선례, **recéde** 물러나다, **accéde** (요구 등에) 동의하다, **concéde** 양보하다, 인정하다

ante-와 pre-는 모두 '앞에, 이전에'라는 뜻입니다. 영문법에서 관계대명사가 지칭하는 '선행사'를 antecedent라고 하죠. '오전'을 뜻하는 a.m.은 ante meridiem의 약자입니다. meridiem은 '정오'를 뜻하는 라틴어입니다.

re-는 '다시, 뒤로'라는 뜻이므로 recede는 '뒤로 가다'라는 뜻입니다. 중년 남성들의 마음을 무겁게 하는 것이 바로 a receding hairline(대머리가 진행되어 뒤로 올라가는 머리 선)입니다. accede의 ac-는 자음동화에 의해 ad-(~쪽으로)가 ac-로 바뀐 것입니다. '요구 등으로 향하여 가다'라는 말이므로 '동의하다'라는 뜻이 되는 것이죠.

concede는 다른 길을 고집하지 않고 '함께 가다(=양보하다, 인정하다)'라는 뜻입니다. accede와 동의어라고 볼 수 있는데, concede가 훨씬 자주 사용되는 단어입니다. precede(앞서다)와 발음이 똑같은

proceed는 '전진하다'라는 뜻입니다. ceed는 ced와 동일한 어근이고 pro-가 '앞으로'라는 뜻의 접두사이기 때문입니다. proceed, recede, concede의 명사형은 ④에서처럼 모두 cess를 포함합니다.(260쪽 참고)

④ procéssion 행렬, 전진, recéssion 불경기, 후퇴, concéssion 양보, 토지 사용권, 구내 매점

'떨어진' 시체

cadaver / incident

Q

아래 단어의 밑줄 친 어근은 모두 '떨어지다(fall)'라는 뜻입니다.
두 단어 중 기본형 어근을 포함한 단어는 무엇일까요?

ⓐ cadáver
시체, 사체

ⓑ incident
일, 사건

'떨어지다'라는 뜻의 라틴어 동사는 cadere이므로 cadere에서 유래한 어근은 cad입니다. cid는 cad에서 변형된 어근이죠. 따라서 정답은 ⓐ cadaver(시체, 사체)입니다. cad가 포함된 단어는 다음과 같습니다.

① cadence 박자, 운율, cadáverous 시체 같은, cadúcous (잎이) 떨어지기 쉬운, (털이) 빠지기 쉬운, 덧없는, decadent 퇴폐적인

cadence(박자, 운율)는 군인들이 발맞춰 행군하거나 구보를 할 때 사용하는 구호를 뜻하기도 합니다. 왼발이 땅에 '떨어질(닿을)' 때 내는 소리죠. 협주곡(concérto)에서 악장의 후반부에 나오는 화려한 독주 부분을 cadénza(카덴차)라고 하는데 cadence는 이 단어에서 유래하였습니다. 제가 가장 좋아하는 cadenza는 멘델스존 바이올린 협주곡 E 단조(Mendelssohn Violin Concerto in E minor)의 1악장에 나오는 cadenza입니다. 재밌는 사실은 기아 자동차 K7이 미국에서는 Candenza라는 이름으로 판매된다는 것입니다.

어근 cad는 '떨어지다' 외에 '죽다(die), 소멸하다(perish)'라는 뜻도 있습니다. 그래서 cadaver가 '시체'라는 뜻이 되는 것입니다. '시체'라는 뜻으로 cadaver보다 더 자주 사용되는 단어는 corpse인데, corpse는 '몸(body)'을 뜻하는 라틴어 명사(corpus)에서 유래하였습니다. 어근 corp(몸)을 포함한 다른 단어는 다음과 같습니다.

② corps 군단, 단체, còrporátion 기업, 법인, corpus 말뭉치, 코퍼스, corporal 신체의, corpóreal 물질적인, corpulent 뚱뚱한, incórporàte 포함하다, 설립하다

'해병대'를 영어로는 the Maríne Corps라고 하는데, corps(군

단)의 ps는 발음되지 않습니다. corps는 프랑스어에서 차용한 단어이기 때문입니다. 영어에서 corpus는 컴퓨터로 분석할 수 있는 언어 자료를 모은 '말뭉치, 코퍼스'라는 뜻으로 주로 사용됩니다. '체벌'은 영어로 corporal punishment라고 하고, corporeal(물질적인)은 spiritual(영적인)의 반의어입니다.

ⓑ incident(일, 사건)에서 어근 cad가 cid로 바뀐 것은 cad가 단어의 첫 음절이 아닌 곳에 사용되었고 뒤에 모음이 왔기 때문입니다. 어근 fac(만들다)가 suffícient(충분한)에서 fic로 바뀐 것과 마찬가지죠. 똑같은 규칙을 사용하면 decadent(퇴폐적인)도 *decident로 바뀌어야 하는데 decadent에서는 cad가 그대로 사용되었습니다. 발음보다는 어원을 확실히 표시하는 것이 중요하다고 생각한 것이죠. cid를 포함한 단어는 다음과 같습니다.

③ accident 사고, 우연, recídivism 상습적 범행, 재범, decíduous 매년 잎이 떨어지는, 낙엽성의

recidivism(상습적 범행, 재범)은 원래 '다시(re-) 떨어짐'이라는 뜻입니다. incident(일, 사건)의 부사형인 ìncidéntally는 ④에서처럼 화제를 전환할 때 by the way(그런데)와 같은 뜻으로 사용됩니다.

④ **Incidentally, did you know that the maple tree is a deciduous tree?** 그런데, 단풍나무가 낙엽수라는 거 알고 있었어?

e가 o로 바뀌거나 아예 없어지는 '모음 전환' 1

genesis / cognate

Q

다음 단어들의 어근은 무엇이고
이 어근의 뜻은 무엇일까요?

ⓐ genesis	ⓑ gonad	ⓒ cógnàte
발생, 기원	생식선(腺)	동족의, 같은 어원 단어

ⓐ genesis의 어근 gen은 '탄생(birth), 종족(race), 혈통(descent)'을 뜻하는 그리스어(genos)에서 유래하였습니다. Genesis는 우주와 인류의 기원을 서술한 구약 성경의 '창세기'를 뜻하죠. ①은 어근 gen을 포함한 동사와 명사, ②는 형용사입니다.

① géneràte 발생시키다, gene 유전자, gender 성, 성별, genius 천재, 타고난 자질, gèneálogy 가계, 혈통, gènitália/genitals 생식기, genus 속(屬), 종류, progeny 자손

② genital 생식기의, congénial 같은 성질의, 마음이 맞는, indígenous 토착의, 고유의, carcìnogénic 발암성의, hòmogéneous 동종의, hèterogéneous 이질적인

ⓑ gonad의 어근은 gen에서 모음만 바뀐 형태인 gon입니다. 어근 gon을 포함한 단어는 다음과 같습니다.

③ cosmógony 우주의 발생, 우주진화론, theógony 신들의 기원, 계보, gònorrhéa 임질(=성병의 한 종류)

ⓒ cognate의 어근은 gen에서 모음이 아주 삭제된 gn입니다. 따라서 gen, gon, gn은 모두 '탄생, 기원'을 뜻하는 어근입니다. 어근 gn을 포함한 단어는 다음과 같습니다.

④ pregnant 임신한, benígn 양성의, malígnant 악성의, malígn 비방하다, 해로운

종양(tumor)은 두 종류가 있는데 암(cancer)이 아닌 종양은 benign tumor(양성 종양)라고 하고 암인 종양은 malignant tumor(악성 종양)

라고 합니다. benign의 반의어로 malign(비방하다, 해로운)이라는 단어도 있지만 malign tumor라고는 하지 않습니다.

gen, gon, gn과 같이 어근에서 모음이 e에서 o로 바뀌거나 아예 없어지는 것을 '모음 전환(ablaut 또는 gradátion)'이라고 합니다. 모음 전환은 인도 · 유럽 조어에서 규칙적으로 관찰되는 현상인데, 현재 시제에서 동사 어근에 모음 e가 사용되었었고, 과거형에는 o, 과거분사형에서는 모음이 없어졌었다고 합니다.[8]

영어에서는 이 규칙의 잔재가 sing-sang-sung과 같은 불규칙 동사에 남아 있다고 설명하는데, 이 규칙이 정확히 적용된(현재형엔 모음 e, 과거형엔 o, 과거분사에는 모음이 없는) 영어 불규칙 동사는 없습니다. 오랜 시간이 지나면서 모음 전환 규칙이 많이 변형되었기 때문입니다. 하지만, 어원을 공부할 때는 모음 전환을 통해 어근의 이형태를 이해할 수 있습니다.

⑤ **Understanding how vowels change in Greek or Latinate roots can help us recognize cognates.**
그리스어 또는 라틴어 어근에서 모음이 어떻게 변하는지를 이해하는 것은 동족 단어를 알아보는 데 도움이 된다.

e가 o로 바뀌거나 아예 없어지는 '모음 전환' 2

memento / mnemonic

Q

다음 두 단어에 각각 포함된
밑줄 친 어근의 기본형은 무엇일까요?

ⓐ mnemónic
기억을 돕는

ⓑ clandéstine
은밀한, 비밀의

ⓐ mnemonic(기억을 돕는)에 포함된 어근 mn의 기본형은 '생각하다(think)'를 뜻하는 인도·유럽 조어 어근 men입니다. '탄생, 종족'을 뜻하는 어근 gen이 모음 전환을 거쳐 gon과 gn으로 바뀌는 것처럼 어근 men도 mon과 mn으로 바뀝니다.[9] ①은 어근 men을 포함한 단

어, ②는 mon 또는 mn을 포함한 단어입니다.

① mentálity 정신력, meménto 기념품, mentor 조언자, 스승, deméntia 치매, deménted 미친, 실성한

mentor(조언자, 스승)는 '생각하는 사람'이라는 뜻인데, 그리스 신화에 나오는 고유 명사가 일반 명사로 변한 것입니다. 오디세우스(Odýsseus)가 20년의 긴 여정을 떠나기 전에 아기였던 자기 아들의 교육을 맡겼던 친구의 이름이 Mentor(멘토르)였죠.

② admónish 훈계하다, 깨우치다, monitor 충고자, 모니터, prèmonítion 예감, 사전 경고, amnésia 건망증

admonish(훈계하다, 깨우치다)의 어근은 '상기시키다(remínd), 충고하다(advíse), 경고하다(warn)'를 뜻하는 라틴어 동사(monere)에서 유래하였습니다. monitor와 premonition도 같은 라틴어 동사에서 유래했기 때문에 각각 '충고자'와 '사전 경고'를 뜻하는 것입니다. 라틴어 동사 monere는 물론 인도 · 유럽 조어 어근 men에서 유래하였습니다.

ⓑ clandestine(은밀한, 비밀의)에 포함된 어근 cl의 기본형은 '덮다(cover), 숨기다(concéal)'를 뜻하는 인도 · 유럽 조어 어근 cel(또는 kel)입니다. cel이 모음 전환을 거쳐 col과 cl로 바뀐 것이죠. 어근

cel이 포함된 단어로는 cell(작은 방, 감방, 세포)과 cellar(지하실, 지하 저장고)가 있습니다.

③ The clandestine meeting was held in the cellar of this house.
그 은밀한 회의는 이 집의 지하실에서 열렸다.

어근 col이 포함된 단어로는 color(색)가 있습니다. color는 본래 '덮개(covering)'라는 뜻입니다.

'men~mon~mn(생각하다)'과 'cel~col~cl(덮다)'처럼 모음 전환의 형태가 모두 나타나는 어근은 많지 않습니다. '얼다(freeze)'라는 뜻의 어근은 ④에서처럼 gel 또는 gl로 나타납니다.

④ geláto 이탈리아풍 아이스크림, gelatin 젤라틴, 정제한 아교, glacier 빙하

e가 o로 바뀌거나 아예 없어지는 '모음 전환' 3

pendulum / ponder

Q

다음 두 단어에 포함된 어근은 무엇이고
그 어근의 뜻은 무엇일까요?

ⓐ pendulum
흔들리는 추

ⓑ ponder
숙고하다

ⓐ pendulum(흔들리는 추)의 어근인 pend는 '매달다(hang), 저울에 달다(weigh), 고려하다(consíder), 무겁다(be heavy), 지불하다(pay)'라는 뜻의 라틴어 동사(pendere)에서 유래하였습니다. 어근 pend를 포함하는 단어는 다음과 같습니다.

① pend 미결인 채로 있다, depénd 의지하다, suspénd 매달다, 보류하다, 정학시키다, stípènd 장학금, 수당, expénditure 지출, appéndix 부록, appéndage 부속물

'저울에 달다'를 뜻하는 라틴어 동사가 '지불하다'라는 뜻도 되는 이유는 화폐가 나오기 전 고대 로마 시대에서는 동괴(銅塊=구리 덩어리)를 저울로 달아서 대금을 치렀기 때문입니다.

ⓑ ponder(숙고하다)의 어근인 pond는 모음 전환을 거쳐 pend가 pond로 바뀐 것입니다.[10] 어근 pond를 포함하는 단어는 다음과 같습니다.

② ponderous 무거운, 엄숙하고 지루한, prepónderant 압도적인, 우세한, prepónderance 우위, 우세

preponderance(우세)는 압도적으로 저울이 한쪽으로 기운 상태를 나타냅니다. 그래서 preponderance의 형용사형인 preponderant가 '압도적인, 우세한'이라는 뜻이 되는 것입니다.

③ It is not really a preponderant majority and doesn't have that weight. (COCA:1992:NEWS)
실제로는 압도적인 다수가 아니며 그 정도의 비중도 없다.

다음 두 단어에서는 어근 pend가 pens로 바뀌었습니다.

④ pensive 생각에 잠긴, propénsity 경향, 성질

pend가 pens로 바뀌는 것은 어근 hend(잡다)가 prehénsile(잡을 수 있는)에서처럼 모음 i 앞에서 hens로 바뀌는 것과 같은 현상입니다.(260쪽 참고) àpprehénd(체포하다, 이해하다, 우려하다)의 형용사와 명사형인 àpprehénsive와 àpprehénsion에도 같은 현상이 나타납니다.

어두운 L과 어근의 변화

compel / compulsion

Q

다음 두 쌍의 단어는 모두 같은 어근을 포함하고 있습니다.
동사에 사용된 어근 pel이 명사에서는 왜 pul로 변했을까요?

ⓐ compél–compúlsion 강요하다 / 강요, 강제

ⓑ propél–propúlsion 추진하다 / 추진(력)

ⓐ compel(강요하다)과 ⓑ propel(추진하다)에 공통으로 포함된 어근인 pel은 '밀다(push), 몰다(drive)'를 뜻하는 라틴어 동사(pellere)에서 유래하였습니다. 이 어근이 포함된 다른 동사는 다음과 같습니다.

① expél 쫓아내다, 추방하다, dispél (근심 등을) 없애다, repél 격퇴하다, 불쾌감을 주다, impél 몰아대다, 재촉하다

expel, dispel, repel은 모두 기본적으로 '쫓아내다'라는 뜻을 가집니다. 보통 expel은 학교나 국가와 같은 특정 장소에서 쫓아낼 때 사용하고, dispel은 근심, 공포심과 같은 추상적인 생각을 쫓아낼 때, 그리고 repel은 모기, 벌레 등을 쫓아낼 때 주로 사용합니다. 모기에 물리지 않도록 몸에 뿌리는 것을 mosquíto repéllent라고 하죠.

② Bringing your own mosquito repellent is compulsory.
자신의 모기 퇴치제를 가져오는 것은 의무다.

compel과 propel의 명사형인 compulsion과 propulsion에서는 pel이 pul로 바뀌었습니다. 어근 pul을 포함한 단어는 ③과 같습니다.

③ expúlsion 추방, repúlsion 격퇴, impulse 충동, 자극, impúlsive 충동적인, compúlsory 의무적인, 필수의, compúlsive 강박감에 사로잡힌

'강박 장애'를 영어로 OCD라고 하는데, OCD는 obséssive-compúlsive disórder의 약자입니다. pel이 pul로 바뀌는 이유는 el 뒤에 자음이 왔기 때문입니다. ④에서도 어근 cel(덮다)이 자음 t 앞에

서 cul이 되었습니다.

④ cellar 지하실 → occúlt 불가사의의

ol로 끝나는 어근에서도 같은 현상이 발생하는데, ⑤에서는 '살다(live), 자라다(grow)'를 뜻하는 어근 col이 자음 t 앞에서 cul이 되었습니다.

⑤ colony 식민지 → cúltivàte 재배하다, 배양하다

el과 ol이 자음 앞에서 ul이 되는 이유는 L이 자음 앞에서 가장 '어두운 L(dark L)'로 변하기 때문입니다.[11] lovely에서처럼 음절 처음에 오는 L은 모두 '밝은 L(light L)'로 발음됩니다. 반면에, meal에서처럼 단어 끝에 오는 L은 어두운 L로 발음됩니다. 목이 뻣뻣해지며 혀가 목구멍 쪽으로 움직이면서 발음이 되죠. 그래서 meal이 '밀'이 아닌 '미열'같이 발음되는 것입니다.

하지만 L은 help, silk, Hulk에서처럼 L 뒤에 자음이 올 때 '가장' 어두운 L로 발음됩니다. 마찬가지로 el과 ol 뒤에 자음이 오면 L이 가장 어두운 L로 발음되면서 e와 o가 목구멍 쪽에서 발음이 되는 모음인 u로 변하는 것입니다.

고대 프랑스어가 영어에 끼친 영향

detain / detention

Q

다음 두 단어는 어근 ten을 포함합니다.
이 어근이 어떤 형태로 사용되었을까요?

ⓐ pertinent
관련된, 적절한

ⓑ detáin
구금하다, 감금하다

어근 ten은 '잡다(hold), 유지하다(maintáin)'라는 뜻의 라틴어 동사(tenere)에서 유래하였습니다. ⓐ pertinent(관련된)에서는 어간 ten이 tin으로 바뀌었습니다. 모음 e가 i로 바뀐 이유는 ten이 첫 음절이 아닌 음절에 왔기 때문입니다. sedentary(앉아 있는)의 어근인 sed(앉다)

가 president(대통령)에서 sid가 된 것과 마찬가지입니다. 어근 ten 또는 tin이 포함된 단어는 다음과 같습니다.

① tenant 거주자, 세 든 사람, tenure 보유, 종신 재직권, tenement (도시 하층민의) 공동주택, tenácity 끈기, 집요, tenácious 집요한, 완강한, tenable 방어할 수 있는, contínuous 연속의, abstinence 절제, 금욕

어근 tain은 ten의 고대 프랑스어 형태입니다. ⓑ detain(구금하다)에 tain이 사용된 이유는 단어 처음이나 중간에는 라틴어 형태가 사용되지만, 단어 끝에는 주로 고대 프랑스어 형태가 사용되기 때문입니다.[12] 영국은 1066년에 프랑스 노르망디 지역에서 온 윌리엄 1세에게 정복당합니다. 그래서 고대 프랑스어가 영어에 많은 영향을 주었죠. detain은 다음과 같은 문장에 사용할 수 있습니다.

② My tenant was detained by the police.
내 집에 세 든 사람이 경찰에 의해 구금되었다.

단어 끝에서 고대 프랑스어 형태를 사용하는 또 하나의 예는 다음 표에 제시된 것처럼 -le로 끝나는 단어입니다. 고대 프랑스어 형태인 -le로 끝나는 single(한 개)이 접미사와 결합하면 -le가 라틴어 형태인 -ul-바뀌어 singular(유일한, 비범한)이 됩니다. 더 이상 단어 끝이 아니기 때문입니다.

angle 각, 각도 – angular 각의	circle 원형 – circular 원형의	párticle 미립자 – partícular 특정한, 까다로운
title 표제 – titular 표제의, 이름뿐인	table 표 – tábulàte 표로 만들다	couple 한 쌍 – copula (주어와 보어를 잇는) be 동사

마찬가지로, 다음 표에서 동사와 각 동사의 명사형을 비교해 보면 고대 프랑스어 형태인 tain이 명사형 접미사와 결합하면 모두 라틴어 형태인 ten으로 바뀌는 것을 확인할 수 있습니다. detain의 명사형이 detention(구금, 벌로서 방과 후 잡아두기)인 이유가 바로 이것입니다.

abstáin 절제하다 – absténtion 절제, 기권	retáin 보유하다 – reténtion 보유, 기억력
maintáin 유지하다 – maintenance 유지, 보수 관리	sustáin 떠받치다, 부양하다 – sustenance 생계, 생활

'죽이다'에서 유래된 치명적이고 결백한 것들

pernicious / innocent

Q

다음 두 단어의 공통 어근은
각각 어떻게 변한 것일까요?

ⓐ pernícious
유해한, 치명적인

ⓑ innocent
결백한, 순진한

위 단어들은 어근 nec의 이형태가 포함되어 있습니다. nec은 '죽이다(kill)'를 뜻하는 라틴어 동사(necare)에서 유래한 어근입니다. nec이 포함된 단어는 다음과 같습니다.

① nectar 넥타, 신주(神酒), necrólogy 사망자 명부, necrósis 괴사(壞

死), nécromàncy 죽은 영혼을 불러내는 마법, ìnternécine 서로 죽이는, 내분의

과일을 갈아서 만드는 진한 주스인 nectar는 원래 '죽음을 극복하는 음료'라는 뜻입니다. nectar의 tar가 '그가 극복하다(he overcómes)'라는 뜻의 산스크리트어에서 유래했기 때문입니다.[13]

inter-는 보통 '사이에(between), 서로(mutual)'를 뜻하지만, internecine의 inter-는 '행동의 완료(complétion of an action)'를 뜻한다고 합니다. 그래서 internecine의 원래 뜻은 '대량 살육적인'인데, 1755년에 출간된 최초의 권위 있는 영어 사전인 〈A Dictionary of the English Language〉에 새뮤얼 존슨(Samuel Johnson)이 inter를 '서로'라고 잘못 해석하여 '서로 파괴하려고 하는(endéavoring mutual destrúction)'이라고 정의하였다고 합니다.[14] 현재는 internecine이 원래 뜻보다 존슨이 정의한 뜻으로 훨씬 더 자주 사용됩니다.

어근 nec이 ⓐ pernicious(유해한, 치명적인)에서는 nic으로 바뀌었습니다. 모음 e가 i로 바뀐 이유는 nec이 첫 음절이 아닌 음절에 왔기 때문입니다. tenable(방어할 수 있는)의 어근인 ten(잡다, 유지하다)이 pertinent(관련된)에서 tin으로 바뀌는 것과 같은 현상입니다.

② Addressing widespread concerns about the pernicious downsides of artificial intelligence (AI), tech giants are working hard to assure us of their good intentions surrounding AI. (COCA:2019:NEWS)
인공 지능(AI)의 치명적인 단점에 대한 널리 퍼진 우려를 해결하기 위해 거대 기술 기업들은 AI를 둘러싼 좋은 의도를 우리에게 확신시키기 위해 열심히 노력하고 있다.

ⓑ innocent(결백한)에서는 nec이 noc으로 바뀌었습니다. 모음 e가 o로 바뀌는 다른 예는 mentality(정신력)의 어근인 men(생각하다)이 premonition(예감, 사전 경고)에서 mon으로 바뀌는 것입니다. noc이 포함된 다른 단어는 다음과 같습니다.

③ innócuous 무해한, noxious 유해한, 유독한, obnóxious 불쾌한, 몹시 기분 나쁜

어근 nox/noks/는 noc에 /s/가 붙은 형태입니다. nec을 포함한 단어 necrology(사망자 명부), necrosis(괴사), necromancy(죽은 영혼을 불러내는 마법)를 잘 살펴보면 nec 뒤에 r이 있다는 것을 알 수 있습니다. r은 원래 그리스어 접미사였는데 왜 nec 뒤에 r이 붙는지는 명확하지 않습니다.[15] nec 뒤에 r이 붙은 것과 마찬가지로 noxious(유해한), obnoxious(불쾌한)에서는 noc 뒤에 /s/발음이 붙어서 nox의 형태로 나타난 것입니다.

CHAPTER 5

자음 변화 어근

허가 '잘 도는' 것이 '유창한' 것이라고?

voluble / convoluted

Q

다음 두 단어에 공통으로 포함된
어근의 뜻은 무엇일까요?

ⓐ voluble
유창한, 말 잘하는

ⓑ cònvolúted
뒤얽힌, 나선형의

ⓐ voluble(유창한)과 ⓑ convoluted(뒤얽힌)에 공통으로 포함된 어근은 volu(t)이고, 이 어근의 뜻은 '돌다(turn), 말다(roll)'입니다. voluble은 주로 ①과 같은 문장에 사용됩니다.

① **She was voluble on the importance of responsibility.**
그녀는 책임감의 중요성에 관해 유창하게 말했다.

'유창한'을 뜻하는 단어가 왜 어근 volu(돌다, 말다)를 포함하는지 의문이 들겠지만, voluble을 한컴 사전에서 찾으면 '혀가 잘 도는'이라는 뜻이 먼저 나옵니다. voluble의 본래 뜻은 혀가 '잘 도는'이고 이 뜻이 확장되어 '유창한'이라는 뜻이 된 것이죠. voluble과 동일한 어근이 포함된 단어는 다음과 같습니다.

② **volume** 책, 권, 부피, 음량, **èvolútion** 진화, **dèvolútion** 양도, 권한 이양, 퇴화, **rèvolútion** 회전, 혁명, **revólt** 반란, 폭동

volume(책, 권)은 '두루마리 뭉치(roll)'를 뜻하는 라틴어 명사(volumen)에서 유래하였습니다. 고대 책들은 파피루스(papýrus)를 둘둘 말아 놓은 형태였기 때문에 두루마리 뭉치를 뜻하던 단어가 현대 책을 뜻하는 단어가 된 것입니다.[16] 그 후 volume이 책의 '부피, 크기'를 의미하게 되었고 마지막으로 소리의 크기를 뜻하는 '음량'이 되었습니다.

revolution(회전, 혁명)과 revolt(반란, 폭동)는 모두 같은 라틴어에서 파생하였는데, revolt는 프랑스어(revolte)를 통해 영어로 들어와서 u가 없는 것입니다. ⓑ convoluted(뒤얽힌)와 evolution, devolution, revolution의 동사형은 다음과 같습니다. 접두사의 뜻을 생각하면 좀 더 쉽게 기억할 수 있는데, con-은 '함께', re-는 '뒤로, 다시', e-는 '밖으로', de-는 '아래로'라는 뜻이죠.

③ **convólve** 휘감다, **evólve** 진화하다, **devólve** 양도하다, 퇴화하다, **revólve** 회전하다

이 네 동사 중에 가장 사용 빈도수가 낮은 단어는 convolve인데, 그 이유는 twist라는 쉬운 동의어가 있고 convolute라는 동사도 있기 때문입니다. convolute는 convolve가 유래한 라틴어 동사(convolvere)의 과거분사형(convolutus)에서 유래하였습니다. 따라서 convolve가 더 정확한 동사이지만, 형용사 convoluted(나선형의, 뒤얽힌)의 영향으로 convolute가 convolve보다 자주 사용되는 것 같습니다.

그런데 동사 convolve, revolve, evolve, devolve의 어근은 모두 volu가 아닌 volv입니다. 뭐가 뭐로 변한 것일까요? revolution은 revolve의 파생형이므로 어근 volv가 volu로 바뀐 것이라는 것을 추론할 수 있습니다. '돌다, 말다'를 뜻하는 라틴어 동사(volvere)에서 유래한 volv가 자음 앞에 사용되면 voluble(유창한), convoluted(뒤얽힌)에서처럼 volu로 바뀌는 것입니다.

2021년 가을, 어느 공기업의 채용 시험 영어 논술을 채점하다 "AI can't evoluate itself."라는 문장을 접했습니다. 무슨 뜻인지 이해가 되지 않았는데, 바로 다음 문장에 나온 evolution을 보고 evolve를 잘못 쓴 것이라는 걸 알 수 있었죠. 이 문장을 보니 한 단어의 단어족(명사-동사-형용사-부사)을 모두 아는 영어 학습자가 거의 없다는 논문이 생각나더군요.[17]

문제를 '풀다' 물에 '풀다'

solvable / soluble

> **Q**
>
> **다음 두 단어에 포함된 어근의 뜻은 무엇일까요?**
>
> ⓐ solvable
> 해결할 수 있는
>
> ⓑ soluble
> 녹는, 해결할 수 있는

ⓐ solvable(해결할 수 있는)의 어근인 solv는 '풀다, 느슨하게 하다(loosen)'를 뜻하는 라틴어 동사(solvere)에서 유래하였습니다. 같은 어근이 포함된 단어는 다음과 같습니다.

① solve 풀다, 해결하다, dissólve 녹이다, resólve 결의하다, 해결하다, absólve 사면하다, solvent 용제, 용매, 용해력이 있는, 지급 능력이 있는, insólvent 지급 불능인, 파산자

접두사 ab-는 '~로부터 떨어져서'라는 뜻이므로 absolve는 '죄로부터 풀어 주다(=사면하다)'라는 뜻입니다. 접두사 dis-는 보통 dislike(싫다)에서처럼 '반대 · 부정'을 뜻하지만, dissolve(녹이다)에서는 반대를 뜻하지 않습니다. 마찬가지로 re-는 보통 redo(다시하다)에서처럼 '다시'를 뜻하지만 resolve(결의하다, 해결하다)에는 그런 뜻이 없습니다.

문제를 풀 때 주로 사용되는 solve와 달리 dissolve는 고체를 액체에 풀 때(녹일 때) 주로 사용되고, resolve는 ②에서처럼 분쟁, 의혹, 고민 등을 해결할 때 주로 사용됩니다.

② I tried to resolve the conflict between two of my colleagues.
나는 내 두 직장 동료 사이의 갈등을 해결하려고 노력했다.

dissolve, resolve에서처럼 접두사가 본래의 뜻으로 사용되지 않을 때는 접두사가 '강조'를 뜻한다고 설명합니다. dìsannúl(취소하다)과 refíne(정제하다)이 또 다른 예입니다. 그런데 dis-와 re-가 강조의 의미보다는 각각 다른 상황을 푸는(해결하는) 동사를 만드는 데 사용된

것으로 이해하는 것이 좋습니다.

ⓑ soluble(녹는, 해결할 수 있는)의 어근인 solu는 solv가 자음 앞에서 solu로 바뀐 것입니다.[18] 만약 v가 u로 바뀌지 않으면 자음 두 개가 겹쳐 발음하기가 어렵겠죠. solv가 다른 자음 앞에서 solu로 바뀐 예(solut)는 다음과 같습니다.

③ solútion 해법, 해결, 용액, àbsolútion 면죄, 사면, dìssolútion 해산, 소멸, 용해, rèsolútion 결의(안), 다짐

solvable과 soluble은 모두 '해결할 수 있는'이라는 뜻이 있습니다. 하지만 solvable에는 '녹는, 가용성(可溶性)의'라는 뜻은 없죠. 이 두 단어 중 라틴어에서 유래한 단어는 무엇일까요? voluble(말 잘하는, 유창한)이 라틴어(volubilis)에서 유래한 것처럼 soluble도 라틴어(solubilis)에서 유래하였습니다.

soluble은 16세기 때부터 영어에서 사용되기 시작했지만, solvable은 17세기 때부터 사용되었습니다. 아마도 soluble과 solve의 관계가 명확히 보이지 않아 solvable이라는 단어를 만든 것 같습니다. 그럼 volvable이라는 단어는 존재할까요? solve(풀다)와 달리 *volve라는 단어는 없으므로 *volvable이라는 단어도 존재하지 않습니다. 만약 있었다면 '돌릴 수 있는'이라는 뜻이 되겠죠.

'배'에서 유래된 '메스꺼움'

navigate / nausea

Q

다음 두 단어에 포함된
어근의 뜻은 무엇일까요?

ⓐ návigàte
항해하다

ⓑ nausea
메스꺼움, 욕지기

ⓐ navigate와 ⓑ nausea에 공통으로 포함된 어근은 nav입니다. nav가 nausea에서 자음(s) 앞에 오면서 nau로 바뀐 것이죠. 어근 nav(i)는 '배(ship)'를 뜻하는 라틴어 명사(navis)에서 유래하였습니다. 같은 어간이 포함된 단어는 다음과 같습니다.

① navy 해군, nave (교회 중앙부의) 회중석, navícular 배 모양의, 주상골 (舟狀骨)(의)

교회에서 회중(còngregátion)이 앉는 곳을 nave라고 하는데 그 이유는 이곳이 배 모양과 비슷하다고 생각되어서입니다. navicular는 '배 모양의'라는 뜻인데 ②에서처럼 손과 발에 있는 배 모양의 작은 뼈를 지칭하는 형용사로 사용됩니다.

② When I was in graduate school, I fractured my navicular bone, a small bone in the wrist.[19]
내가 대학원을 다닐 때 손목의 작은 뼈인 주상골이 골절되었다.

'주상(舟狀)'은 '배 모양'이라는 뜻입니다. 구약 성경 창세기에 나오는 노아의 '방주(方舟, ark)'에도 '배 주(舟)'자가 사용되었죠. 타락한 세상을 홍수로 심판하려는 하나님의 계시를 받고 노아는 방주를 만들어 자기 가족과 여러 동물을 구합니다. 이 이야기에서 교회의 회중이 앉는 곳을 배의 형상에 비교해 nave라고 한 이유를 엿볼 수 있습니다.

방주와 같은 배를 타면 멀미를 하게 마련인데 nausea는 본래 '뱃멀미'를 뜻하는 단어였습니다. 지금은 배와 관계없이 어떤 상황에서 든 느끼는 '메스꺼움'을 뜻하는 단어가 되었죠. ⓑ nausea(메스꺼움)에서처럼 nav가 자음 앞에서 nau로 바뀐 단어는 다음과 같습니다.

③ náuseàte 역겹게하다, nauseous 메스꺼운, 역겨운, nautical 선박의, 항해의, nautilus 앵무조개, ástronàut 우주 비행사, Árgonàut 아르고선(船)의 일행

nautilus는 살아 있는 화석(living fossil)의 하나인 '앵무조개'를 뜻하는데, 사실은 잠수함의 이름인 '노틸러스호(the Nautilus)'로 더 유명합니다. 프랑스의 소설가 쥘 베른(Jules Verne, 1828~1905)이 지은 〈해저 2만리(Twenty Thousand Leagues Under the Seas)〉에 나오는 네모 함장(Captain Nemo)의 잠수함으로도 유명하고, 1950년대에 미국에서 만든 세계 최초의 원자력 잠수함 이름으로도 유명하죠. 잠수함 이름 Nautilus는 '선원(sailor)'을 뜻하는 그리스어에서 유래하였습니다.[20]

이아손(Jason)과 함께 아르고선(the Argo)을 타고 금빛 양의 모피(the Golden Fleece)를 찾으러 떠난 영웅들을 Argonaut라고 합니다. 그리스 신화에 의하면 헤라클레스(Hercules)도 Argonaut였다고 합니다. 1849년에 금을 채취하기 위해 미국 캘리포니아주로 몰려간 사람을 forty-niner 또는 Argonaut이라고도 하죠. 참고로, San Francisco 49ers는 캘리포니아주 샌프란시스코의 미식축구팀 이름입니다.

'새'로부터 생겨난 단어들

aviation / auspice

Q

다음 두 단어에 포함된
어근의 뜻은 무엇일까요?

ⓐ àviátion
항공

ⓑ auspice
후원, 길조

ⓐ aviation(항공)의 어근인 av(i)는 '새(bird)'를 뜻하는 라틴어 명사(avis)에서 유래하였습니다. 어근 avi가 포함된 단어는 다음과 같습니다.

① avian 조류의, áviàry 동물원 등의 큰 새장, 새 사육장, aviarist 큰 새장 관리인, áviàtor 비행사

'조류 인플루엔자(독감)'를 영어로는 avian flu라고 합니다. 닭이 avian flu에 감염되면 모두 폐사 처리해야 하죠. -ary는 '저장소'를 뜻하는 접미사입니다. library(도서관)는 '책(liber)'을 저장하는 곳이고 aviary(큰 새장)는 '새(avis)'를 저장하는 큰 우리(cage)를 뜻합니다. (liber는 '책'을 뜻하는 라틴어 명사입니다.)

'조종사, 비행사'를 보통 pilot이라고 하는데 pilot은 배를 조종하는 '키잡이, 조타수(steersman/helmsman)'를 뜻하는 중세 그리스어에서 유래한 단어입니다.[21] 따라서 진짜 비행사를 뜻하는 단어는 aviator이죠.

ⓑ auspice(후원, 길조)에서는 어간 av(i)가 자음 앞에서 au로 바뀌었습니다. 어근 nav(배)가 nautical(항해의)에서처럼 자음 앞에서 nau로 바뀌는 것과 같은 현상이죠. auspice는 복수명사로 under the auspices of라는 표현에 자주 사용됩니다.

② This event was held under the auspices of Mr. Wayne.
이 행사는 웨인 씨의 후원으로 열렸다.

auspice의 두 번째 어근인 spic은 '보다'라는 뜻이므로, auspice의

원래 뜻은 '새 관찰(bird-watching)'입니다. '새 관찰'을 뜻하는 단어가 왜 '후원(patronage)'을 뜻하는지는 명확하지 않지만, 왜 '길조(favorable omen)'를 뜻하는지는 잘 알려져 있습니다.

고대 로마 시대에는 the auspices라는 사제들이 있었다고 합니다. 이들의 임무는 하늘을 나는 새를 보고 미래를 예언하는 것이었죠. 만약 두 마리의 독수리(eagle)가 동쪽에서 서쪽으로 나는 것을 보면 길조이고 두 마리 이상의 벌처(vulture)가 서쪽에서 동쪽으로 나는 것을 보면 흉조였다고 합니다.[22] 벌처는 독수리와 비슷한데 죽은 짐승의 썩어가는 고기(carrion)만 먹는 새입니다. 그래서 비유적으로 남의 불행을 이용하는 무자비한 사람도 vulture라고 하죠.

auspice의 형용사형인 auspícious에는 '후원의'라는 뜻은 없고 '길조의, 행운의'라는 뜻만 있습니다. 어근 spic이 포함된 다른 단어로는 consp<u>íc</u>uous(눈에 띄는, 똑똑히 보이는)와 desp<u>íc</u>able(야비한, 비열한)이 있습니다. 접두사 con-은 '함께', de-는 '아래'라는 뜻이므로 conspicuous는 '함께 봐서' 눈에 띈다는 뜻이고 despicable은 '아래로 볼 만큼' 비열하다는 뜻으로 기억하면 됩니다.

'안전하고 건강한' 인사말

salutary / salutatory

Q

다음 두 단어는 같은 어근 salu(t)를 포함하고 있습니다.
두 단어 중 어근의 본래 뜻을 지니는 단어는 무엇일까요?

ⓐ sálutàry
유익한, 건강에 좋은

ⓑ salútatòry
인사말, 개회사, 인사의

비교적 자주 사용되는 단어인 salúte(경례하다)와 sàlutátion(인사, 인사말)을 이미 알고 있다면 ⓑ salutatory(인사말, 개회사, 인사의)가 어근 salu(t)의 본래 뜻을 지닌다고 생각하겠지만 정답은 ⓐ salutary(유익한, 건강에 좋은)입니다. salu(t)의 원래 형태는 salv입니다. salv의 v가 자음 앞에서 u로 변한 것이죠.

어근 salv는 '안전한(safe), 건강한(healthy)'을 뜻하는 라틴어 형용사(salvus)에서 유래하였습니다. slav가 포함된 단어는 다음과 같습니다.

① sàlvátion 구조, 구원, salvage 구하다, 구조하다, 구조, 구조한 물품들, salvo 일제 사격, 기습 공격, 일제히 일어나는 환호

salvo에 '공격'과 '환호'라는 상반된 뜻이 있는 이유는 salvo는 원래 귀빈을 맞이할 때 쏘는 '예포(禮砲)'였기 때문입니다.[23] '예포'에서 '일제 사격, 기습 공격'으로 뜻이 확장된 것이죠. 예포는 귀빈에 대한 '인사'인데 인사는 상대방의 '안전과 건강 상태'를 묻는 것이므로 salvo라는 단어를 사용한 것입니다.

한국어에서도 인사할 때 "안녕하세요!"라고 하는데 이 인사말도 상대방의 안전과 건강을 묻는 것입니다. ⓑ salutatory가 '인사말'을 뜻하는 이유도 마찬가지입니다. salutatory에서처럼 어간 salv가 자음 앞에서 salu로 바뀐 다른 예(salut 또는 salub)는 다음과 같습니다.

② salúte 인사하다, 경례(하다), sàlutátion 인사, 인사말, salùtatórian 개회사를 하는 차석 졸업생, salúbrity 건강에 좋음, salúbrious 건강에 좋은

미국에서 생활하면서 적응이 되지 않았던 것 중 하나는 "Hey, how are you doing?"이라고 물어보고 제 답을 듣기도 전에 그냥 가 버리

는 친구들이었습니다. 그런데 우리말에서도 "안녕하세요?"라는 질문에 "네, 안녕합니다."라고 답하지는 않죠. 모든 언어에는 이런 '의례적인 기능(phatic function)'을 수행하기 위해 별 뜻 없이 사용하는 인사말들이 있습니다.

한국에서는 군 복무 중인 국가대표 축구 선수가 골을 넣으면 거수경례하는 것을 종종 볼 수 있는데, 이 장면을 영어로 묘사하려면 ③에서처럼 salute를 명사로 사용하면 됩니다.

③ **He raised his hand in <u>salute</u>.** 그는 거수<u>경례</u>하였다.

미국에서는 고등학교 차석 졸업생을 salùtatórian이라고 하는데, 그 이유는 차석 졸업생이 졸업식에서 '개회사(the salútatòry)'를 하기 때문입니다. 그럼 수석 졸업생은 영어로 뭐라고 할까요? 수석 졸업생은 vàledictórian이라고 하는데, 수석 졸업생이 '고별사(the vàledíctory)'를 하기 때문이죠. 따라서 salutatorian과 valedictorian이라는 단어에 '차석, 수석'과 같이 석차를 뜻하는 어근은 없습니다.

만날 때와 헤어질 때 하는 라틴어 인사는 각각 "Salve!"와 "Vale!"입니다. Salve의 어근은 salv(안전한, 건강한)이고, Vale의 어근은 valor(용기, 용맹), valiant(용맹한)에도 포함된 val(체력)입니다. 따라서 Salve는 '안녕하세요'라는 뜻이고 Vale는 '건강하게 잘 있어라'라는 뜻이죠.

모음 앞에서 s로 변하는 d 1

casual / prehensile

Q

**다음 두 단어의 어근은 cas와 hens인데,
두 어근의 공통점은 무엇일까요?**

ⓐ casual
격식을 차리지 않은, 우연한

ⓑ prehénsile
잡을 수 있는

ⓐ casual(격식을 차리지 않은)의 어근 cas는 cad(떨어지다)의 이형태이고, ⓑ prehensile(잡을 수 있는)의 어근 hens는 hend(잡다)의 이형태입니다. 따라서 두 어근의 공통점은 어근의 마지막 자음인 d가 s로 바뀌었다는 것입니다. 어근 cas를 포함한 단어는 다음과 같습니다.

① case 경우, 실정, 사례, cascade 폭포, casualty 사상자, 피해자

case(경우)가 유래한 라틴어 명사(casus)에는 '추락, 떨어짐'과 더불어 '우연'이라는 뜻이 있습니다. case의 형용사형인 ⓐ casual이 영어에 처음 사용되었을 때도 '우연한'이라는 뜻이었는데, 이 뜻이 변하여 '격식을 차리지 않은'이 되었습니다.[24] '우연한(happening by chance)'이라는 뜻으로는 옥스퍼드 사전에 제시된 아래 예문처럼 명사 앞에서만 사용됩니다.

② The disease is not spread by casual contact.[25]
그 질병은 우연한 접촉으로는 감염되지 않는다.

'추락, 떨어짐'을 뜻하는 명사의 형용사형이 왜 '우연히, 격식을 차리지 않은'이라는 뜻이 되었는지는 명확하지 않은데, '우연히' 옷장에서 툭 '떨어진' 옷을 걸쳐 입으면 casual(격식을 차리지 않은)한 복장이 된다고 기억하면 좋을 것 같습니다.

어근 cad(떨어지다)에는 '죽다, 소멸하다'라는 뜻도 있으므로 casualty가 왜 '사상자, 피해자'를 뜻하는지는 어렵지 않게 유추할 수 있습니다. 어근 cad가 case, casual, casualty에서 cas로 바뀐 이유는 모음 앞에서 d보다 s가 발음하기 쉽기 때문입니다.

모음 앞에서 d가 s로 바뀌는 다른 예는 다음과 같습니다. '잡다(seize)'를 뜻하는 어근 hend가 모음 앞에 사용될 때는 모두 hens로 바뀝니다.

③ **àpprehénd** 체포, 이해, 우려하다 – **àpprehénsive** 우려하는
còmprehénd 이해하다 – **còmprehénsive** 포괄적인
rèprehénd 비난하다 – **rèprehénsible** 비난받을 만한

apprehend, comprehend, reprehend의 명사형인 àpprehénsion, còmprehénsion, rèprehénsion에서도 d가 모음 앞에서 s로 바뀌는 것을 확인할 수 있습니다. 접두사 re-는 '뒤로(back)'라는 뜻이므로 reprehend는 원래 '(도주자를) 붙잡다(hold back)'라는 뜻인데, 이 뜻이 변하여 '비난하다(blame)'가 되었습니다.

prehend는 '잡다'를 뜻하는 라틴어 동사(prehendere)에서 유래하였는데, 더 이상 사용되지 않는 동사입니다. prehénsion(잡기, 이해)도 거의 사용되지 않는 단어인데, ⓑ prehensile은 원숭이 꼬리 또는 코끼리 코와 같이 '물건을 잡을 수 있는' 동물의 몸 부위를 묘사하는 형용사로 자주 사용됩니다.

모음 앞에서 s로 변하는 d 2

inclusion / derision

Q

다음 두 단어의 어근은 clus와 ris인데,
두 어근의 공통점은 무엇일까요?

ⓐ inclúsion
포함

ⓑ derísion
조롱, 비웃음

ⓐ inclusion은 inclúde(포함하다)의 명사형이고, ⓑ derision은 deríde(조롱하다)의 명사형입니다. 따라서 clus와 ris는 각각 어근 clud와 rid의 이형태입니다. '닫다(close/shut)'를 뜻하는 어근인 clud 또는 clus를 포함하는 단어는 다음과 같습니다.

① conclúde 끝내다, exclúde 제외하다, occlúde 막다, 차단하다, preclúde 불가능하게 하다, 미리 방지하다, seclúde 은둔하다, 격리하다, reclúse 은둔자, 속세를 버린 사람, reclúsive 세상을 버린, 은둔한

recluse(은둔자)는 라틴어 동사 recludere의 과거분사형 reclusus에서 유래하였는데, 특이하게 이 단어만 영어에서 *reclude라는 동사를 사용하지 않습니다. reclusive(세상을 버린)와 seclúsive는 유의어인데, reclusive가 훨씬 더 자주 사용됩니다. ①에 제시된 모든 동사의 명사형과 형용사형은 exclúsion(제외), exclúsive(독점적인)와 같이 clus를 포함합니다.

②는 어근 clud의 또 다른 이형태인 claus와 clos를 포함한 단어입니다.

② clàustrophóbia 밀실 공포증, closet 벽장, 틀어박혀 있다, disclóse 밝히다, 폭로하다,

'닫다'를 뜻하는 라틴어 동사는 원래 claudere인데, claudere가 접두사와 결합할 때는 -cludere로 바뀝니다. claustrophobia(밀실 공포증)는 claustro와 phobia(공포증)가 합쳐진 단어인데, claustro는 claudere에서 파생된 라틴어 claustrum(폐쇄)에서 유래하였습니다.

closet(벽장)과 disclose(폭로하다)는 모두 중세영어 시대에 프랑스어를 통해 영어로 들어왔습니다. 라틴어 동사 claudere가 프랑스어에서는 clore로 바뀌었고, clore가 영어에서는 close로 바뀌었죠.

deride(조롱하다)의 어근인 rid는 '웃다(laugh)'를 뜻하는 라틴어 동사(ridere)에서 유래하였습니다. 어근 rid 또는 ris를 포함하는 단어는 다음과 같습니다.

③ ríd**i**cùle 조롱(하다), r**id**ículous 우스운, 터무니없는, r**is**ible 우스꽝스러운, de**rí**sive 조롱하는

ridicule(조롱)에서 d가 s로 바뀌지 않은 이유는 ridicule은 어근 rid와 -cule이 -i-로 이어진 단어이기 때문입니다. -cule은 원래 '지소사(指小辭, 원래의 뜻보다 더 작은 개념이나 친애의 뜻을 나타내는 접사)'인데 ridicule에서처럼 단순히 동사를 명사로 만드는 역할도 합니다.(469쪽 참고)

라틴어에서 유래한 형태소를 연결할 때는 주로 -i-를 사용하고, 그리스어에서 유래한 형태소를 연결할 때는 주로 -o-를 사용합니다. claustrophobia(밀실 공포증)도 사실은 claustr와 phobia가 -o-로 연결된 것입니다. phobia(공포증)가 그리스어에서 유래하였죠.

ⓑ derision(조롱, 비웃음)은 ④에서처럼 동사 greet(인사하다, 맞이하다)와 함께 반어적으로 사용되기도 합니다.

④ The clown will be greeted with derision.
그 광대는 조롱거리가 될 거야.

모음 앞에서 s로 변하는 d 3

tension / ostensible

Q

다음 두 단어에는 같은 어근의 이형태가 포함되어 있습니다.
이 어근의 뜻은 무엇일까요?

ⓐ tendon
힘줄, 건(腱)

ⓑ tension
긴장, 장력(張力)

ⓐ tendon(힘줄, 건)의 어근인 tend는 '늘이다, 팽팽하게 하다(stretch)'를 뜻하는 라틴어 동사(tendere)에서 유래하였습니다. 같은 어근을 포함한 단어는 다음과 같습니다.

① tend ~하는 경향이 있다, atténd 참석하다, 시중들다, inténd ~할 작정이다, exténd 늘리다, 연장하다

ⓑ tension(긴장, 장력)의 tens는 어근 tend의 d가 모음 앞에서 s로 바뀐 것입니다. apprehend(체포/이해/우려하다)의 어근 hend(잡다)가 apprehensive(우려하는)와 apprehension(우려, 체포)에서 hens로 바뀌는 것과 마찬가지입니다. 어간 tens를 포함하는 단어는 다음과 같습니다.

② tense 팽팽한, 긴장한, tensile 늘일 수 있는, 장력의, inténse 강렬한, osténsive 명시하는, 즉물적(卽物的)인, osténsible 외면의, 표면의

루트비히 비트겐슈타인(Ludwig Wittgenstein, 1889~1951)은 정의(dèfinítion)를 두 종류로 나눴는데, 첫째는 verbal definition(언어적 정의)과 둘째는 ostensive definition(즉물적 정의)입니다.[26] 예를 들어, banana라는 단어의 정의를 내릴 때 즉물적 정의는 바나나의 예를 보여 주며 정의를 내리는 것입니다. 반면에 ③은 사전에서 제시하는 banana의 언어적 정의입니다.

③ an elongated usually tapering tropical fruit with soft pulpy flesh enclosed in a soft usually yellow rind[27]
일반적으로 부드러운 노란색 껍질로 둘러싸인 부드러운 과육을 가진 길쭉하고 대개 점점 가늘어지는 열대 과일

banana의 ostensive definition과 ③을 비교해 보면 ostensive definition의 장점을 바로 알 수 있습니다. 비트겐슈타인은 정의를 verbal과 ostensive로 나눠 verbal definition만 고집하는 소크라테스를 정면으로 반박하였습니다.

ostensible(외면의)의 os-는 '앞에(in front of)'를 뜻하는 접두사 ob-이 자음 t 앞에서 os-로 바뀐 것입니다. ostensible은 ④에서처럼 부사형으로 자주 사용됩니다.

④ **His obnoxious behavior often belies his <u>ostensibly</u> innocent appearance.**
그의 불쾌한 행동은 종종 그의 <u>표면적으로는</u> 순진한 모습이 거짓임을 보여 준다.

⑤는 '얇은(thin), 가느다란(slim, slender)'을 뜻하는 라틴어 형용사(tenuis)에서 유래한 어간 ten을 포함하는 단어들입니다. ten은 '늘이다, 팽팽하게 하다'를 뜻하는 인도 · 유럽 조어(Proto-Indo-European) 어근이기도 해서 라틴어 어근 ten, tend, tens를 모두 같은 어근으로 취급하기도 합니다.

⑤ **<u>ten</u>uous** 엷은, 미약한, **at<u>tén</u>uàte** 약화시키다, **ex<u>tén</u>uàting** 죄를 가볍게 하는

'자르지' 못하는 우유부단

incision / indecision

Q

다음 두 단어에는 같은 어근의 이형태가 포함되어 있습니다.
이 어근의 뜻은 무엇일까요?

ⓐ infánticìde
유아 살해

ⓑ incísion
절개, 베기

어근 cid는 '자르다(cut), 죽이다(kill)'를 뜻하는 라틴어 동사(caedere)에서 유래하였습니다. 어근 cid를 포함하는 단어는 다음과 같습니다.

① **súicìde** 자살, **hómicìde** 살인, **génocìde** 민족 학살, **frátricìde** 형제 살해, **pésticìde** 살충제, 농약, **decíde** 결정하다

ⓐ infanticide(유아 살해)는 동물의 세계에서 종종 발생하는 현상입니다. 동물의 왕으로 불리는 사자는 a pride of lions(사자 무리)를 거느리기 위해 다른 수사자와 끝없는 경쟁을 해야 합니다. 보통 한두 마리의 수사자가 여러 마리의 암사자를 거느리는데, 다른 수사자로부터 공격을 받고 무리에서 쫓겨나면 자기의 어린 새끼들(infants)은 새로운 수사자로부터 모두 죽임(infanticide)을 당하고 말죠.

ⓑ incision(절개, 베기)의 cis는 어근 cid가 cis로 바뀐 것입니다.[28] decide의 명사형인 decision(결정)에서도 cid가 cis로 바뀌었죠. cis가 포함된 다른 단어는 다음과 같습니다.

② **incísive** 날카로운, 예리한, **decísive** 결정적인, 결단력 있는, **ìndecísive** 우유부단한, 결정적이 아닌, **ìndecísion** 망설임, 우유부단

decisive는 주로 a decisive victory(결정적인 승리)에서처럼 상황을 설명할 때 사용되는 데 반해, indecisive는 '우유부단한'이라는 뜻으로 사람을 서술할 때 주로 사용됩니다. 명사 indecision은 ③에서처럼 '우유부단함, 결단력 없음'이라는 뜻으로만 사용되죠.

③ His indecision makes him a terrible leader.
그의 우유부단함은 그를 끔찍한 리더로 만든다.

decision과 decisive의 동사형은 decide이므로 incision과 incisive의 동사형도 원래는 incide인데 incide는 더 이상 사용되지 않습니다. 사전에 archáic(구식인) 또는 òbsoléte(쓸모없게 된)라고 나오죠. 대신에 incise가 동사로 사용됩니다. incise는 '베다'를 뜻하는 라틴어 동사(incidere)의 과거분사형(incisus)에서 유래하였습니다. ④는 모두 라틴어 동사의 과거분사형에서 유래한 단어입니다.

④ incíse 베다, 새기다, excíse 잘라 내다, 삭제하다, concíse 간결한, precíse 정확한

incise, excise, concise, precise는 모두 과거분사형에서 유래하였으므로 concise(간결한), precise(정확한)처럼 형용사로 사용되는 것이 맞는데, incise(베다)와 excise(잘라 내다)는 동사로 사용됩니다. '소비세, 면허세'를 뜻하는 éxcìse도 있는데, 이 excise는 중세 네덜란드어에서 유래한 어원이 다른 명사입니다.

'보내진' 편지

remittance / missive

Q

다음 두 단어에는 같은 어근의 이형태가 포함되어 있습니다.
이 어근의 뜻은 무엇일까요?

ⓐ remíttance
송금

ⓑ émissàry
사절, 특사

ⓐ remittance(송금)의 어근인 mitt는 '보내다(send)'를 뜻하는 라틴어 동사(mittere)에서 유래하였습니다. 어근 mitt가 동사에 포함될 때는 ①에서처럼 mit로 나타납니다.

① admít 인정하다, 들어가게 하다, commít 저지르다, 전념하다, omít 생략하다, 빠뜨리다, permít 허가(하다), remít 송금하다, 면제해 주다, submít 제출하다, 굴복하다

remittance는 remit와 명사형 접미사 -ance가 결합한 것입니다(예: perfórmance(공연) = 동사 perfórm+-ance). admíttance(입장)도 동사 admit의 명사형입니다. remittance와 admittance에는 모두 어간 mitt가 포함되어 있죠. 그런데, ②에 제시된 명사형은 모두 mitt 대신 miss가 포함되어 있습니다. mitt가 모두 miss로 바뀐 것입니다.

② admíssion 입장료, 시인, 고백, commíssion 수수료, 위임, omíssion 생략, permíssion 허락, 승인, remíssion 사면, 완화, submíssion 제출, 항복

ⓑ emissary(사절, 특사)의 어근인 miss도 mitt의 이형태입니다. 같은 어근을 포함하는 단어는 다음과 같습니다.

③ missile 미사일, missive 편지, mission 임무, (기독교) 전도 사업 시설, míssionàry 선교사, intermíssion (연극 · 영화 등의) 중간 휴식 시간, dismíss 해산시키다, 해고하다

missive는 원래 '보내진(sent)'이라는 뜻의 형용사인데, 지금은 '(보

내진) 편지'라는 뜻의 명사로 사용됩니다. 신문 기사에서 ④와 같은 문장을 종종 접할 수 있습니다.

④ He criticized the narrow scope of the theme of the conference in a missive to the panel members, citing various reasons why it should be changed.
그는 패널 멤버들에게 보낸 편지에서 회의의 주제가 변경되어야 하는 다양한 이유를 언급하면서 회의 주제의 좁은 범위를 비판하였다.

d와 마찬가지로 t도 모음(주로 전설(前舌) 모음) 앞에서는 s로 변하는 경우가 많습니다. 예를 들어, important와 different의 명사형인 importance(중요)와 difference(다름)에서는 t가 모두 /s/ 발음으로 바뀌었죠. t가 형용사를 추상명사로 바꿔 주는 접미사 -e와 결합하면서 모음 앞에서 발음하기 쉬운 /s/로 바뀐 것입니다.[29]

t와 d는 파열음이고 s는 마찰음인데, 파열음보다는 마찰음의 발음이 쉬워서 s로 바뀌는 것입니다. 지금은 마지막 모음 e를 발음하지 않지만, 중세영어가 사용되던 약 600년 전에는 이 모음도 모두 발음되었습니다.

'힘' 있는 민병대

potential / posse

Q

다음 두 단어에는 같은 어근의 이형태가 포함되어 있습니다.
이 어근의 뜻은 무엇일까요?

ⓐ poténtial
잠재적인, 잠재력

ⓑ possible
가능한

ⓐ potential(잠재적인, 잠재력)의 어근인 pot는 '할 수 있는(able), 능력이 있는(capable)'을 뜻하는 라틴어 형용사(potis)에서 유래하였습니다. 같은 어간을 포함한 단어는 다음과 같습니다.

① potent 강력한, 효력이 있는, potency 힘, 효력, poténtiàte 힘을 주다, 효능을 높이다, impotent 무력한, omnípotent 전능한

ⓑ possible(가능한)의 어근인 poss는 '할 수 있다(be able)'를 뜻하는 라틴어 동사(posse)에서 유래하였는데, poss는 pot의 이형태입니다. (라틴어 동사 posse는 형용사 potis와 '있다, 이다(be)'를 뜻하는 동사 esse가 합쳐진 단어입니다.)[30] 따라서 potential과 possible은 원래 뜻이 같은 단어입니다. 어근 poss를 포함하는 단어는 다음과 같습니다.

② posse 민병대, 무리, 패거리, pòssibílity 가능성, posséssion 소유, rèposséssion 압류(물), dìsposséss (재산을) 빼앗다, 몰수하다

posse/pási:/는 라틴어구 posse comitatus를 줄인 단어인데, posse comitatus는 예전에 미국에서 보안관(sheriff)이 유사시에 소집하던 '민병대'를 지칭하는 말입니다. posse comitatus에서 posse는 '힘(power)', comitatus는 '군(郡)의(of the county)'를 뜻합니다.

③ Readers of *Huckleberry Finn* will recall the slave patrol on the Mississippi that forced Jim to hide under the raft. Such patrols were commonplace in the antebellum South, as was the posse comitatus, a system of police enforcement that did not require legislation. (COCA:2008:ACAD)

〈허클베리 핀〉의 독자들은 Jim을 뗏목 밑에 숨게 했던 미시시피강의 노예 순찰을 기억할 것이다. 그러한 순찰은 입법이 필요하지 않은 치안 집행 제도였던 민병대와 마찬가지로 남북전쟁 이전의 남부에서는 흔한 일이었다.

④에서처럼 posse가 대화에 사용될 때는 속어로 '무리, 패거리'라는 뜻입니다.

④ So if she wanted to invite a posse of neo-Nazis, that would be okay? (COCA:2019:FIC)
그럼 만약 그녀가 신나치 패거리를 초대하고 싶다면 괜찮을까요?

과거에 s였던 r

rural / rustic

> **Q**
>
> 다음 세 단어의
> 공통점은 무엇일까요?
>
> ⓐ juror 배심원 ⓑ genéric 일반적인 ⓒ rural 시골의

juror, generic, rural은 모두 단어 안에 r을 포함하고 있는 공통점이 있습니다. 이 세 단어에 포함된 r은 모두 특이한 r입니다. s가 모음 사이에서 r로 변한 것이기 때문이죠.[31] s가 모음 사이에서 r로 바뀌는 현상은 was – were에도 나타납니다.[32]

ⓐ juror(배심원)와 관계있는 단어를 생각해 보면 justice(정의)를 곧 떠올릴 수 있습니다. '법(law)'을 뜻하는 어근 jus의 s가 juror에서는 모음 사이에 오면서 r로 바뀐 것입니다. jury는 한 재판에 참여하는 모든 배심원을 지칭하는 집합명사인데 여기에서도 s가 r로 바뀌었죠. 같은 어근을 포함하는 다음과 같습니다.

① jùrisdíction 사법권, 관할구, jùrisprúdence 법학, injury 부상, 권리의 침해, perjury 위증, 거짓 맹세, abjúre 맹세하고 버리다, óbjurgàte 꾸짖다, 책망하다

ⓑ generic(일반적인)은 '속(屬), 종류'를 뜻하는 명사 genus의 형용사형입니다. genus의 s가 generic에서는 모음 사이에 오면서 r로 바뀌었죠. 인간을 Homo sapiens(호모 사피엔스)라고 하는데, Homo가 genus(속)이고 sapiens는 species(종, 種)입니다.

② *Human* is the generic noun of the scientific term Homo sapiens.
'인간'은 호모 사피엔스라는 과학용어의 일반적인 명사이다.

rus는 '시골(the country)'을 뜻하는 라틴어 명사입니다. rus가 어근으로 사용된 단어는 다음과 같습니다.

③ rustic 시골풍의, 시골의, rústicàte 시골에 가서 살다

ⓒ rural(시골의, 전원의)의 어근 rur은 rus의 이형태이므로, rural과 rustic(시골풍의)은 사실 같은 단어입니다. 재밌는 것은 rustic보다 rural을 먼저 배워서 많은 학생이 rural이 기본형이라고 착각한다는 것입니다.

더 재밌는 얘기는 '근육'을 뜻하는 단어 muscle이 '쥐(mouse)'와 관련이 있다는 것입니다. '쥣과의'를 뜻하는 형용사는 múrìne입니다. '쥐'를 뜻하는 라틴어 명사 mus가 모음 사이에 오면서 mur로 바뀐 것이죠. 하지만, muscle에서는 s가 모음 사이에 오지 않아서 r로 변하지 않았습니다. '쥐'를 뜻하는 어근인 mus가 muscle(근육)에 포함되어 있는 이유는 작은 쥐가 근육과 닮았다고 생각되었기 때문이라고 합니다.

철자가 삭제돼도 뜻이 변하지 않는 어근

tangible / invincible

Q

다음 두 단어의 어근은 각각 tang와 vinc입니다.
이 두 어근의 공통점은 무엇일까요?

ⓐ tangible
만질 수 있는, 실체적인

ⓑ invíncible
정복할 수 없는, 무적의

ⓐ tangible(실체적인)의 어근인 tang은 '만지다(touch)'를 뜻하는 라틴어 동사(tangere)에서 유래하였고, ⓑ invincible(무적의)의 어간인 vinc는 '정복하다(conquer)'를 뜻하는 라틴어 동사(vincere)에서 유래하였습니다. tang과 vinc의 공통점은 ①에서처럼 n이 삭제돼도 뜻이 변

하지 않는다는 것입니다.

① contágion 접촉 전염, victory 승리

tang과 tag 그리고 vinc와 vic가 같은 의미로 사용될 수 있는 이유는 라틴어에서 어근의 모음 뒤에 n 또는 m을 삽입하여 자동사를 타동사로 바꾸는 규칙이 있었기 때문입니다.[33] 어근에 m이 삽입된 예로는 '눕다'를 뜻하는 cub와 cumb가 있습니다(예: cubicle(개인 열람실)과 incúmbent(현직의)). 어간 tang 또는 tag가 포함된 다른 단어는 다음과 같습니다.

② tangent 곡선을 스치고 지나가는 직선, intángible 손으로 만질 수 없는, 무형의, tangéntial (이야기 등이) 별로 관계가 없는, 곁길로 새는, contágious 전염성의

tangent는 수학 용어인데 일반 대화에서는 ③에서처럼 go off on a tangent란 표현으로 사용됩니다. 갑자기 관계없는 얘기를 할 때 '통과하지 않고 스치고 지나가는 선 위로 간다'라는 은유적인 표현을 사용하는 것이죠. 형용사 tangential도 같은 맥락으로 사용됩니다.

③ Professor Yoo always goes off on a tangent in class.
유교수님은 항상 수업시간에 삼천포로 빠지셔.

④에서는 tang와 tag가 각각 ting와 tig로 바뀌었습니다. 모음이 a에서 i로 바뀐 이유는 cadáver(시체)의 어근인 cad(떨어지다)가 recídivism(상습성, 상습적 범행)에서 cid로 바뀐 것과 같습니다. 첫 음절이 아니고 어근 뒤에 모음이 왔기 때문이죠.

④ contíngent ~을 조건으로 하는, contíguous 접촉하는

'정복하다'를 뜻하는 어간 vinc(또는 vic)가 포함된 다른 단어는 다음과 같습니다.

⑤ province 지방, 시골, províncial 시골풍의, 편협한, convínce 납득시키다, evínce 분명히 나타내다, 명시하다, evíct 퇴거시키다, 쫓아내다, victor 승리자

'지방, 시골'을 뜻하는 단어인 province가 어근 vinc(정복하다)를 포함하는 이유는 province가 본래 고대 로마 시대에 이탈리아 본토 이외에 로마가 '정복한 지역'을 가리키는 단어였기 때문입니다.[34]

과거에 g였던 c

intact / fracture

Q

다음 두 단어의 어근은 각각 tac와 frac입니다.
이 두 어근의 공통점은 무엇일까요?

ⓐ intáct
손대지 않은, 온전한

ⓑ fracture
골절(되다)

tac은 '만지다'를 뜻하는 어근 tag의 이형태입니다. ⓐ intact(손대지 않은, 온전한)에서처럼 t 앞에 오는 tag은 tac으로 바뀌는데, 그 이유는 무성음 t의 영향을 받아 유성음 g가 무성음 /k/ 소리로 바뀌기 때문입니다. 어근 tac이 포함된 단어는 다음과 같습니다.

① contact 접촉, tactile 촉각의, 촉감의, tactful 재치 있는, tactless 재치 없는, tact 재치, 눈치

tact의 원래 뜻은 '촉각'이었는데 이 뜻이 발전하여 '재치, 눈치'가 되었습니다. 언뜻 보면 intact(손대지 않은)는 잘못 형성된 단어 같습니다. 부정 접두사 in-은 형용사와 결합해야 하는데 tact는 명사이기 때문이죠.

그런데, tact는 라틴어 동사(tangere)의 과거분사형(tactus)에서 유래하였기 때문에 원래는 형용사입니다. 라틴어에서는 형용사가 명사로도 사용될 수 있기 때문에 영어에서 tact가 명사로 사용되는 것이죠. (tactus는 라틴어로 '촉각, 접촉, 영향력' 또는 '만져진, 접촉된'이라는 뜻입니다.)

영어에서는 과거분사가 보통 형용사로만 사용되지만, 명사로 사용되는 것이 불가능하지는 않습니다. 예를 들어, 동사 think의 과거분사형인 thought가 '생각'이라는 뜻의 명사로 사용되고 동사 pass의 과거분사형인 past가 '과거'라는 뜻의 명사로 사용되죠.

팬데믹이 유행할 때 '비접촉'의 뜻으로 만들어진 신조어 '언택트(untact)'는 영어에서는 사용되지 않는 단어입니다. 영어로는 non-contact라고 하죠. 하지만 untact가 불가능한 단어는 아닙니다. tact의 본래 뜻은 '접촉'이고, 접두사 un-은 주로 unbelíevable(믿을 수 없

는)처럼 형용사와 결합하지만, undó(원상태로 돌리다)처럼 동사와 결합할 수도 있고, unrést(사회적인 불안)처럼 명사와도 결합할 수 있기 때문입니다.

ⓑ fracture(골절되다)의 어근인 frac은 '부러뜨리다(break)'를 뜻하는 라틴어 동사(frangere)에서 유래한 어근 frang과 frag의 이형태입니다. 어근 tac(만지다)과 마찬가지로 frag이 t 앞에서 frac으로 바뀐 것이죠. ②는 어근 frag, ③은 frac을 포함한 단어입니다.

② fragile 깨지기 쉬운, fragment 부서진 조각, 파편, suffrage 투표권, 참정권

③ fractious 성을 잘 내는, 말썽을 부리는, fraction 분수, 소량, 일부, infráction (법규의) 위반, refráction 굴절

suffrage의 suf-는 접두사 sub-(아래)가 변형된 것입니다. 따라서 suffrage는 '아래에서 깨진(broken under)'이라는 뜻인데, 이 단어가 '투표권, 참정권'을 뜻하는 이유는 고대 그리스에서 깨진 타일을 투표용지로 사용했기 때문입니다.[35]

④ Women's suffrage was established in the U.S. in 1920.
미국에서 여성 참정권은 1920년에 제정되었다.

⑤는 어근 frang과 frang의 모음이 i로 변한 fring이 포함된 단어인데, frang이 포함된 단어는 거의 사용되지 않습니다.

⑤ frangible 깨지기 쉬운, refrángible (광선 따위가) 굴절 가능한,
infríngement (법규의) 위반

시간이 지나면서 뜻이 반대가 된 단어

elegant / egregious

Q

다음 두 단어의
공통점은 무엇일까요?

ⓐ elegant
우아한, 고상한

ⓑ egrégious
터무니없는, 지독한

위 두 단어는 두 개의 공통점이 있는데, 첫 번째 공통점은 두 단어 모두 접두사 e-(밖에, 밖으로)를 포함한다는 것이고, 두 번째 공통점은 두 단어의 뜻이 반대로 변했다는 것입니다.

ⓐ elegant(우아한, 고상한)의 어근인 leg는 '모으다(gather), 읽다

(read), 선택하다(choose)'를 뜻하는 라틴어 동사(legere)에서 유래하였습니다. elegant는 원래 '까다로운(too picky)'이라는 나쁜 뜻으로 사용되었는데, 지금은 좋은 뜻으로 사용되죠. elegant의 뜻처럼 나쁜 뜻이었지만 좋은 뜻으로 바뀌는 현상을 mèliorátion(개량, 개선)이라고 합니다. 어근 leg(또는 lig)를 포함하는 단어는 다음과 같습니다.

① legion (고대 로마의) 군단, legend 전설, legible 읽을 수 있는, 읽기 쉬운, eligible 적격의, 자격이 있는

legend(전설)는 원래 '읽을거리'라는 뜻입니다. eligible(적격의, 자격이 있는)은 원래 '뽑힐 수 있는'이라는 뜻인데, 어근 leg가 첫 음절이 아닌 곳에 오고 뒤에 모음이 와서 lig로 바뀐 것입니다. ②에서처럼 뒤에 자음 t가 오면 모음은 다시 e로 바뀌고 자음동화에 의해 g는 /k/ 소리로 바뀌어서 lec가 됩니다.

② colléct 수집하다, eléct 선출하다, negléct 무시하다, 방치하다, seléct 선택하다, ecléctic 취사선택하는, 절충하는

eclectic(취사선택하는, 절충하는)은 사실 그리스어(eklektikos)에서 유래한 단어인데 어근의 의미는 같습니다. elíte(엘리트)는 프랑스어 élite를 차용한 것인데 이 단어도 같은 어근에서 유래하였습니다.

ⓑ egregious(터무니없는, 지독한)의 어근인 greg는 '떼, 무리(flock,

herd)'를 뜻하는 라틴어 명사(grex)에서 유래하였습니다. 따라서 egregious는 무리에서 벗어났다는 뜻이죠. egregious는 ③에서처럼 '말도 안 되는 실수'라는 표현에 자주 사용됩니다.

③ Calling her a liar was an egregious mistake on my part.
그녀를 거짓말쟁이라고 부른 것은 나의 말도 안 되는 실수였어.

그런데 egregious는 원래 outstanding(두드러진, 뛰어난)과 동의어였습니다. 좋았던 뜻이 갑자기 반대로 나쁜 뜻으로 바뀌었죠.[36] 이런 현상은 pèjorátion(타락, 악화)이라고 합니다. silly(우스꽝스러운)는 원래 '축복받은(blessed)'이라는 뜻이었는데 나쁜 뜻이 되었고, nice(좋은)는 원래 '무지한(ignorant)'이라는 뜻이었는데 좋은 뜻이 되었습니다.[37]

어근 greg(떼, 무리)를 포함하는 단어는 다음과 같습니다.

④ gregárious 떼 지어 사는, 사교적인, aggregate 집합, 총액, còngregátion (예배를 보기 위해 모인) 신도들, cóngregate 모이다, 군집하다, ségregàte 분리하다, 격리하다

melioration(개량, 개선)과 pejoration(타락, 악화)은 언어학에서 쓰이는 전문 용어지만 pejoration의 형용사형인 pejórative(경멸적인)는 일상 대화에서도 사용되는 단어입니다. 언어학이 아닌 맥락에서 '개량, 개선'을 뜻할 때는 melioration 대신 amèliorátion을 사용합니다.

CHAPTER 6

나머지 어근

'연극'의 다양한 표현

drama / theater

Q

다음 네 단어의
공통점은 무엇일까요?

ⓐ drama ⓑ theater ⓒ play ⓓ skit

drama, theater, play, skit은 모두 '연극'을 뜻하는 단어입니다. ⓐ drama는 그리스어인데 라틴어를 통해 영어로 들어왔습니다. 철자도 변하지 않았죠. 그런데 drama와 '드라마'는 뜻이 다릅니다.

① My mom loves drama.
우리 엄마는 연극(또는 극적인 사건)을 아주 좋아하셔.

한국어에서 '드라마'는 'TV 연속극'을 뜻하지만, 영어에서 drama는 보통 '희곡, 연극'을 뜻합니다. 그래서 '셰익스피어의 희곡'을 the drama of Shakespeare라고 하죠. drama는 '극적인 사건'이라는 뜻으로도 사용되는데, 이 뜻으로는 주로 형용사형인 dramátic이 사용됩니다.

② Stop being so dramatic!
너무 극적으로 굴지 마!

'TV 연속극'을 영어로 TV drama라고도 하는데, 보통은 soap opera라고 합니다. soap opera는 미국 TV에서 연속극의 광고주가 거의 모두 비누(soap) 회사였기 때문에 붙여진 이름입니다.[38] 미국의 soap opera는 주로 아침 또는 낮에 방영됩니다. 가정주부들이 TV를 많이 보는 시간에 방영되기 때문에 비누 회사가 광고를 많이 한 거죠.

drama와 마찬가지로 ⓑ theater도 그리스어가 라틴어를 통해 영어로 들어온 것입니다. 그런데 theater는 철자가 변했습니다. 그리스어 theatron이 라틴어에서 theatrum으로 바뀌었고 영어에서 theatre로 변했죠. 영어에서 라틴어를 빌려올 때는 어미를 버리고 어근 뒤에 주로 -e를 붙이기 때문입니다.[39] 마지막으로 theatre가 미국 영어에서는 theater로 바뀌었습니다.

theater가 '극장, 공연장'을 뜻할 때는 a theater 또는 theaters로 사용되지만 '연극'을 뜻할 때는 ③에서처럼 주로 정관사 the와 함께 사용됩니다.

③ My mom loves the theater.
우리 엄마는 연극을 아주 좋아하셔.

일상대화에서는 '연극'의 뜻으로 ⓒ play 또는 ⓓ skit을 사용합니다. play는 고대영어 때부터 사용된 순수 영어죠. skit은 불과 몇백 년 되지 않은 단어인데 유래는 명확하지 않습니다.

④ We'll put on a play or a skit on the last day of the festival.
우리는 축제 마지막 날에 연극 또는 짧은 연극을 할 거야.

skit은 학예회 또는 여름 캠프에서 하는 '짧은 연극'을 뜻합니다. 그래서 학생들이 많은 연습 없이 하는 연극은 거의 모두 skit입니다. skit을 영어사전에서 찾으면 '촌극(寸劇=아주 짧은 단편적인 연극)'이라고 나옵니다. 정확한 뜻이죠. 그런데 ⑤-1은 좀 이상하지 않나요? 반면에 ⑤-2는 전혀 이상하지 않습니다.

⑤-1 ?우리 내일 촌극 해. ⑤-2 We're doing a skit tomorrow.

'사악한' 왼쪽과 '솜씨 좋은' 오른쪽

sinister / dexterous

Q

다음은 시력을 측정하면 적혀 있는 약자인데,
이 약자의 뜻은 무엇일까요?

ⓐ OD　　　ⓑ OS

OD는 oculus dexter, OS는 oculus sinister의 약자입니다. 모두 라틴어인데 oculus는 '눈', dexter는 '오른쪽의', sinster는 '왼쪽의'를 뜻합니다. 따라서 ⓐ OD는 '우안', ⓑ OS는 '좌안'을 뜻합니다. oculus와 같은 어원에서 유래한 영어 단어로는 binóculars(쌍안경)가 있습니다.

라틴어에서 sinister는 '왼쪽의'라는 뜻과 함께 '사악한, 불길한'이라는 뜻으로도 사용되는데, 영어에서는 후자의 뜻으로만 사용됩니다. ①은 공포영화의 한 장면에 나올 법한 문장이죠.

① There is something sinister about this place.
이곳에는 사악한 뭔가가 있어.

sinistral은 '왼손잡이의'라는 뜻입니다. sinistra가 라틴어로 '왼손'이라는 뜻이기 때문이죠.

② I was born sinistral.
나는 왼손잡이로 태어났어.

그런데 sinistral은 잘 사용하지 않는 단어라서 ②처럼 말하면 아무도 못 알아듣습니다. left-handed라고 해야 알아듣죠. 오른손잡이는 물론 right-handed이라고 합니다. 그럼 양손잡이는 뭐라고 할까요? both-handed이라고 하면 될 것 같은데 이런 말은 하지 않습니다. ③에서처럼 àmbidéxtrous라는 형용사를 사용하던지 use both hands라는 표현을 사용합니다.

③ I am ambidextrous. = I use both hands.
나는 양손잡이야.

ambidextrous는 정확히 말하면 '오른손이 양쪽에 달린'이라는 뜻입니다. ambi-가 '양쪽'이라는 뜻이고 dextrous(또는 dexterous)가 '오른손잡이의'라는 뜻이기 때문이죠. 반면에, ambisinister는 '양손을 다 잘 쓰지 못하는'이라는 뜻입니다. dexterous는 ④에서처럼 '손재주가 있는, 솜씨 좋은'이라는 뜻으로 사용됩니다.

④ That was a dexterous perfórmance.
솜씨 좋은 공연이었어.

오른쪽을 뜻하는 dexterous는 '솜씨 좋은', 왼쪽을 뜻하는 sinister는 '사악한'이라는 뜻으로 사용되는 것을 보면 예전 어르신들이 왜 오른손을 '바른손'이라고 불렀는지 이해가 됩니다. 저는 원래 왼손잡이로 태어났습니다. 어렸을 때는 밥도 왼손으로 먹었었죠. 하지만 아버지께 혼나며 '바른손'으로 밥 먹는 법을 배웠습니다.

'함께 정원을' 가꾸다가 집단 격리까지

cohort / centurion

Q

다음 두 단어는 모두 고대 로마 군대와 관계 있는 단어입니다.
이 중 '정원'과 관련 있는 단어는 무엇일까요?

ⓐ cóhòrt ⓑ centúrion

팬데믹 관련 기사에서 자주 사용되었던 단어 중 하나는 '코호트(cohort)'입니다. 각종 매체에서 "코호트 격리 중 사망한 요양 병원 환자…법원 '국가 배상 책임 없어'"와 같은 기사를 접할 수 있었습니다.[40]

ⓐ cohort는 '같은 특색이나 행동 양식을 공유하는 집단'이라는 뜻

의 통계 전문 용어입니다. 영어사전에는 모두 이런 뜻의 명사로 정의되어 있는데, cohort는 '집단 격리하다'라는 뜻의 동사로 사용될 수도 있습니다. ①에서는 동명사 cohorting이 '집단 격리'라는 뜻으로 사용되었습니다.

① Cohorting can help prevent the spread of COVID-19 in long-term care homes.[41]
집단 격리는 장기 요양원에서 COVID-19의 확산을 예방하는 데 도움이 될 수 있다.

cohort의 어근인 hort는 '정원(garden)'을 뜻하는 라틴어 명사(hortus)에서 유래하였습니다. 같은 어근을 가지 단어로는 hórticùlture(원예학, 園藝學)가 있습니다. 접두사 co-는 '와 함께'라는 뜻이므로 cohort는 '함께 정원을 가꾸는 사람들'이라는 뜻입니다.

그런데 cohort는 원래 '보병대'를 지칭하는 단어였습니다. 고대 로마의 군단을 legion이라고 하는데, 하나의 legion은 10개의 cohort로 이뤄졌었습니다. 현대영어에서 legion은 주로 ②에서처럼 '많은 사람'이라는 뜻으로 사용됩니다.

② A legion of hungry people gathered in front of the Pope.
굶주린 많은 사람이 교황 앞에 모여들었다.

하나의 cohort는 또다시 6개의 century(백인대, 百人隊)로 이뤄졌었습니다. 그럼 legion은 총 6,000명의 병사로 이뤄졌을 것 같은데, 사실 병사는 5,280명이었다고 합니다.[42] 하나의 century가 80명의 병사와 20명의 노예로 구성되어 있고, legion의 10개 cohort 중 첫 번째 cohort는 두 개의 cohort로 구성되어 있었기 때문입니다(6x80x11 = 5,280명).

ⓑ centurion은 '백부장(百夫長)'이라는 뜻인데, 백부장은 '백인대(century)의 대장'이라는 뜻입니다. centurion은 ③에서처럼 신약성경에서 종종 접할 수 있습니다.

③ The centurion heard of Jesus and sent some elders of the Jews to him, asking him to come and heal his servant. (Luke 7:3)
백부장이 예수의 소문을 듣고 유대인의 장로 몇 사람을 예수께 보내어 오셔서 그 종을 구해 주시기를 청한지라. (누가복음 7장 3절)

centurion과 비슷한 현대의 장교는 captain(대위)입니다. century, cohort, legion과 비슷한 현대 군대의 편성 단위는 각각 company(중대), battalion(대대), brigade(여단)입니다.

사두박근은 없다

quadriceps / decapitate

Q

다음 중 뜻이 잘못 표기된
단어는 무엇일까요?

ⓐ bícèps
이두박근

ⓑ trícèps
삼두박근

ⓒ quádricèps
사두박근

팔에서 가장 많이 단련하는 근육은 '이두박근(二頭膊筋)'과 '삼두박근(三頭膊筋)'입니다. 영어로 각각 ⓐ biceps와 ⓑ triceps라고 하죠. '3'을 뜻하는 tri-는 다른 수효 접두사와 달리 라틴어와 그리스어가 동일합니다. 라틴어(tres)와 그리스어(treis)가 거의 같기 때문입니다.

① trídent 삼지창, tríàd 세 개 한 벌, tríplet 세 쌍둥이, triúmvirate 3두 정치, trílogy 3부작, tríptỳch 3면 그림

trident의 dent는 '이(tooth)'를 뜻하는 라틴어 어근입니다. dentist(치과의사)에도 포함되어 있죠. ①에서 그리스어에서 유래한 단어는 triology와 triptych입니다.

quadr-는 '숫자 4'를 뜻하는 라틴어 접두사이므로 ⓒ quadriceps는 '사두박근'일 것 같은데, 그런 근육은 없습니다. '박(膊)'은 '팔뚝'을 뜻하는데, quadriceps는 '넓적다리(thigh)'의 앞면에 있는 근육이라서 '사두근'이라고 해야 합니다.

그럼 팔과 다리에 있는 근육 이름에 왜 '머리 두(頭)'가 포함되었을까요? biceps, triceps, quadriceps의 어근은 모두 ceps인데, ceps는 '머리(head)'를 뜻하는 어근 capit이 접두사와 결합하면서 모음이 a에서 e로 바뀐 것입니다. perennial(연중 끊이지 않는)에서 어근 ann(연, 해)이 enn으로 바뀐 것과 마찬가지입니다. 어근 capit(또는 capt)를 포함하는 단어는 다음과 같습니다.

② captain 우두머리, capitol 의사당, capital 수도, 자금, 대문자, 사형의, decápitàte 목을 베다, capítulàte 항복하다, 굴복하다, rècapítulàte 요약하다

'사형'을 capital punishment(또는 death penalty)라고 하는데, 그 이유는 capital이 직역하면 '머리의'라는 뜻이고 예전에는 사형을 집행할 때 죄수의 목을 베었기 때문입니다. '목을 베다'는 decapitate 또는 behead라고 합니다.

capitulate는 원래 '표제(headings) 아래에 넣다'라는 뜻인데, 표제 아래 여러 조항이 정리된 항복 문서가 연상되어 '항복하다(surrénder)'라는 뜻이 되었습니다. ③에서처럼 대화에 자주 사용되는 recap은 recapitulate(요약하다)의 준말입니다.

③ **Let's first <u>recap</u> what we discussed last week.**
지난주에 논의한 것을 먼저 <u>요약합시다</u>.

recapitulate는 원래 '표제를 다시 읽다'라서 '요약하다(súmmarìze)'라는 뜻으로 쓰인 것입니다. 유의해야 할 것은 recapitulate에 '다시 항복하다'라는 뜻은 없다는 것입니다. 항복은 한 번만 하면 끝이죠.

biceps는 팔에도 있고 다리에도 있어서 '이두박근'을 지칭하는 정확한 단어는 biceps brachii입니다. (brachii는 라틴어 brachium(팔)의 소유격입니다.) 동사 bráchiàte는 '양손을 번갈아 매달리며 건너가다'라는 뜻인데, 긴팔원숭이(gibbon)처럼 나뭇가지를 양손으로 번갈아 매달리며 건너가는 동물을 brachiator라고 합니다. brachiator는 인류학(ánthropòlogy) 수업에 항상 나오는 단어죠.

'길고 얇은' 것이 왜 크고 거대해졌지?

microcosm / macrocosm

Q

다음 중 microcosm(소우주, 축소판)의
반의어는 무엇일까요?

ⓐ mégacòsm ⓑ mácrocòsm

micro-(작은)의 반의어는 mega-(큰)입니다. 그럼 microcosm(소우주, 축소판)의 반의어는 ⓐ megacosm이 되겠죠. 그런데 megacosm은 잘 사용되지 않아서 아예 이 단어가 등재되어 있지 않은 사전도 있고 megacosm을 찾으면 의미가 ⓑ macrocosm이라고 나오는 사전도 있습니다. 그래서 microcosm의 사실상 반의어는 ⓑ macrocosm(대우주, 확대판)이라고 할 수 있습니다.

macrocosm은 ①에서처럼 microcosm과 함께 사용되는 경우가 종종 있습니다. microcosm이 중세 시대에 처음 사용되었을 때는 아래 예문에서처럼 '인간(human)'을 지칭하였습니다.[43]

① We are the microcosm related to the macrocosm of the universe and Earth. (COCA:2011:MAG)
우리(인간)는 우주와 지구라는 대우주와 관련된 소우주이다.

macro-의 기본적인 의미는 사실 '긴(long), 얇은(thin)'입니다. '메마른, 빈약한'을 뜻하는 meager도 macro에서 유래한 단어입니다. '장음(長音) 기호'를 영어로는 macron이라고 하는데, 카이사르의 명언 vēnī, vīdī, vīcī(왔노라, 보았노라, 이겼노라)의 모든 모음 위에 이 기호가 사용된 것을 볼 수 있습니다.

macron(장음 기호)의 예를 봐도 macro-의 기본 뜻은 '긴(long)'이라는 것을 알 수 있습니다. 그래서 엄밀히 말하면 micro-의 반의어는 mega-입니다. 그런데도 ②에서처럼 macro-를 micro-의 반의어로 사용하는 이유는 발음이 비슷해서인 것 같습니다.

② mìcroeconómics 미시 경제학 ↔ màcroeconómics 거시 경제학

코로나바이러스의 변이종으로 유명세를 치른 ómicròn(오미크론)은 'micro o(작은 o)'라는 뜻입니다. 그리스어 알파벳의 열다섯째 글자죠. 그리스어 알파벳의 마지막 글자인 oméga(오메가)는 'mega o(큰 o)'라는 뜻입니다. 이 글자를 *omacron이라고 하지 않은 것을 보면 그리스인들은 micro의 반의어를 mega로 생각했다는 것을 알 수 있습니다.

micro, mega, macro는 모두 a micro/mega house(아주 작은/큰 집), a macro lens(접사(接寫)용 렌즈=근접한 물체에 초점을 맞추어 물체가 크게 찍힐 수 있는 렌즈)에서처럼 형용사로 사용될 수도 있습니다.

cosm은 '질서(order), 정돈(arrángement), 장식(adórnment)'을 뜻하는 그리스어 명사(kosmos)에서 유래한 어근입니다. 따라서 cosmos는 '질서가 있는 우주'라는 뜻입니다. 반면에 universe는 '하나뿐인 우주'라는 뜻이죠. cosmétics(화장품)에서 cosm은 '정돈, 장식'을 뜻합니다. 어근 cosm을 포함한 단어는 다음과 같습니다.

③ cosmic 우주의, còsmétic 허울뿐인, 성형의, còsmopólitian 전 세계적인, 국제적인, còsmólogy 우주론, cósmonàut (과거 러시아의) 우주 비행사

전쟁의 여신
Bellona

antebellum / belligerent

> **Q**
>
> 다음 두 단어에 공통으로 포함된
> 어근의 뜻은 무엇일까요?
>
> ⓐ àntebéllum
> 전쟁 전의
>
> ⓑ pòstbéllum
> 전쟁 후의

bellum은 '전쟁(war)'을 뜻하는 라틴어 명사입니다. 따라서 antebellum과 postbellum은 모든 전쟁의 전과 후를 뜻할 수 있지만 미국에서는 보통 ⓐ에서처럼 남북전쟁(Américan Civil War, 1861~1865)의 전후를 뜻하는 단어로 사용됩니다.

① The antebellum South and the postbellum South were two distinct civilizations.
남북전쟁 이전과 이후의 남부는 서로 다른 두 문명이었다.

로마 신화에서 전쟁의 신은 Mars(마르스)입니다. 전쟁의 여신은 Bellóna(벨로나)인데, Mars의 부인 또는 여자 형제로 나옵니다. Bellona에는 bellum에서 유래한 '전쟁'을 뜻하는 어근 bell이 포함되어 있죠. 같은 어간을 포함하는 단어는 다음과 같습니다.

② bellígerent 호전적인, 교전 중인, béllicòse 호전적인, rebéllion 반란, 폭동, rebel 반역자=/rébəl/, 반란을 일으키다=/rəbél/

사전에는 '(날짜가) ~보다 앞서다'를 뜻하는 antedate와 predate 그리고 '결혼 전의'를 뜻하는 antenuptial과 prenuptial이 모두 등재되어 있습니다. 따라서 '전쟁 전의'라는 뜻의 단어로 antebellum과 prebellum이 등재되어 있을 것 같은데, prebellum은 사전에 등재되어 있지 않습니다.

antedate과 predate 그리고 antenuptial과 prenuptial의 사용 빈도수를 비교해 보면 요즘은 ante- 대신 pre-를 선호하는 것을 알 수 있습니다. postnatal(태어난 후의)의 반의어도 antenatal과 prenatal이 모두 가능한데 prenatal(태어나기 전의)이 훨씬 더 자주 사용됩니다.

그리고 post-의 반의어로도 요즘은 pre-를 선호합니다. 시합 전후에 하는 show를 pregame show, postgame show라고 하고, 전치사는 preposition, 후치사(=한국어의 조사)는 postposition이라고 하죠. ⓐ antebellum(전쟁 전의)과 ⓑ postbellum(전쟁 후의)처럼 post-의 반의어로 ante-만 사용된 다른 예는 '오전'을 뜻하는 ante merídiem(=a.m.)과 '오후'를 뜻하는 post merídiem(=p.m.)입니다.

prenatal과 postnatal의 어근인 nat는 '태어나다(be born)'를 뜻하는 라틴어 동사(nasci)의 과거분사형(natus)에서 유래하였습니다. 같은 어간을 포함하는 단어는 다음과 같습니다.

③ native 출생지의, 타고난, nátural 자연의, innáte 선천적인, cógnàte 같은 어원의, náscent 초기의, 발생기의, Rénaissànce 르네상스, 부활, 부흥

nascent(초기의, 발생기의)는 라틴어 동사(nasci)의 현재분사형(nascens)에서 유래하였습니다. Renaissance는 프랑스어로 '부활, 부흥'이라는 뜻입니다. 어근 nat/nasc가 프랑스어에서 nai로 바뀌었죠. naíve(순진한)도 프랑스어에서 차용하였는데 원래 이 단어의 뜻은 native(출생지의, 타고난)이었습니다.

'과두제'였던 로마 공화국

patriarch / oligarchy

Q

다음 두 단어에 공통으로 포함된 어근의 뜻은 무엇일까요?

ⓐ anarchy
무정부 상태

ⓑ pátriàrch
가장, 족장

anarchy와 patriarch에 공통으로 포함된 어근은 arch입니다. arch는 '지도자(leader)'를 뜻하는 그리스어 명사(archos)에서 유래하였습니다. ⓐ anarchy의 an-은 '~이 없는'이라는 뜻의 접두사이므로 anarchy는 '통치자가 없는 상태(=무정부 상태)'라는 뜻입니다. 같은 어근을 포함하는 다른 단어는 다음과 같습니다.

① **monarchy** 군주제, **híeràrchy** 계급 제도, **óligàrchy** 과두제(寡頭制), 소수 독재 정치

oligarchy(과두제)의 olig는 그리스어로 '소수(few)'를 뜻하는 어근입니다. 로마 공화국(기원전 509~기원전 27년)에는 매년 열리는 선거가 있었지만, 권력이 소수의 귀족 가문에 집중되어 있었기 때문에 로마 공화국은 진정한 민주주의가 아닌 oligarchy라고 합니다.

② **The Roman Republic was not a true republic; it was more analogous to an elected oligarchy.**
로마 공화국은 진정한 공화국이 아니고 선출된 과두제에 더 가까웠다.

olig와 같은 뜻의 라틴어 어근은 pauc입니다. 이 어근을 포함한 단어로는 '부족, 결핍'을 뜻하는 paucity가 있는데, paucity의 동의어와 반의어는 다음과 같습니다.

③ **paucity** 부족, 결핍 = **(scarcity, dearth)** ↔ **(excéss, surfeit, plethora)** 과다, 과잉

ⓑ patriarch(가장, 족장)의 첫 번째 어근인 patr은 '아버지(father)'를 뜻하는 라틴어 명사(pater)에서 유래하였습니다. 어근 pater(또는

patr)를 포함하는 단어는 다음과 같습니다.

④ patérnal 부계의, patèrnalístic 가부장적인, patron 보호자, 후원자, 고객, patrícian (고대 로마의) 귀족, pátrimòny 세습 재산, expátriate 국외 거주자, repátriate 본국 귀환자

arch(i)-가 ⑤에서처럼 접두사로 사용될 때는 '최고(chief), 주요한(principal)'을 뜻합니다. 따라서 architect는 그냥 건축가가 아니라 사실은 '제1의 건축가(master builder)'라는 뜻이죠.

⑤ árchitèct 건축가, árchàngel 대천사, àrchríval 최대의 라이벌, àrchbíshop 대주교

공동묘지는 시체들의 '도시'?

metropolis / necropolis

Q

다음 두 단어에 공통으로 포함된
어근의 뜻은 무엇일까요?

ⓐ metrópolis
대도시

ⓑ necrópolis
대규모 공동묘지

polis는 '고대 그리스의 도시 국가(an ancient Greek city-state)'를 뜻하는 그리스 명사입니다. 이 단어의 어근인 pol은 '공동체(commúnity)'를 뜻합니다.[44] 같은 어근이 포함된 단어는 다음과 같습니다.

① policy 정책, pólitìcs 정치, políce 경찰, mègalópolis 거대 도시,

còsmopólitan 세계적인, 국제적인, mètropólitan 대도시의

ⓐ metropolis(대도시)의 첫 번째 어근인 metr은 '어머니(mother)'를 뜻하는 그리스어(meter)에서 유래하였습니다. 그리스 신화에서 결혼 · 농업의 여신으로 등장하는 Deméter(데메테르)의 이름에서도 같은 어근을 찾아볼 수 있습니다. 그리스 신화의 Demeter와 같은 로마 여신은 Ceres(케레스)입니다. 아침 식사로 우유에 말아 먹는 cereal(시리얼)은 원래 Ceres의 형용사형입니다.

'어머니'를 뜻하는 라틴어 명사는 mater입니다. mater에서 유래한 어근 matr(또는 mater)을 포함하는 단어는 다음과 같습니다.

② matérnal 어머니의, màtrílineal 모계의, mátrimòny 결혼, matron 기혼 부인, matrix 모체, matrículàte 대학에 입학하다

'모교, 출신교'를 영어로 alma mater라고 하는데 alma는 '길러 주는(fostering), 자양분을 주는(nourishing)'이라는 뜻의 라틴어 형용사입니다. 따라서 alma mater은 '길러 주는/자양분을 주는 어머니'라는 뜻이죠.

ⓑ necropolis(대규모 공동묘지)의 첫 번째 어간인 necro는 '시체(corpse)'를 뜻하는 그리스어 명사(nekros)에서 유래하였습니다. polis

는 '도시'를 뜻하므로 necropolis는 원래 '시체들의 도시'라는 뜻이 됩니다. 세계에서 가장 유명한 necropolis는 피라미드(pyramid)와 스핑크스(the Sphinx)가 있는 Giza Necropolis입니다.

③ There is no need for politics in the Giza Necropolis in Egypt because all the residents in the city are dead.
도시의 모든 거주자가 죽었으므로 이집트의 기자 네크로폴리스에서는 정치가 필요 없다.

UCLA는 '두문자어'이다

acropolis / acronym

Q

다음 두 단어에 공통으로 포함된
어근의 무슨 뜻일까요?

ⓐ acrópolis
성채(城砦), 아크로폴리스

ⓑ ácronỳm
두문자어(頭文字語)

acro는 '가장 높은(topmost), 끝에(at the tip end)'라는 뜻의 그리스어 형용사(akros)에서 유래한 어근입니다. acro를 포함하는 단어는 다음과 같습니다.

① àcrophóbia 고소 공포증, àcrobátics 곡예, ácrobàt 곡예사,

àcromégaly 말단 비대증

acrophobia는 '높은 곳(heights)에 대한 두려움(phobia)'이고, acromegaly는 성장 호르몬이 과잉 분비되어 '끝(손, 발, 코, 턱, 입술)이 커지는(mega) 질환'입니다.

polis는 '도시'를 뜻하므로 ⓐ acropolis는 '높은 곳에 성채(=성과 요새)를 만든 도시'라는 뜻입니다. 그리스 아테네의 아크로폴리스(the Acropolis)에는 기원전 5세기에 아테네인들이 전쟁과 지혜의 여신이며 아테네의 수호신인 아테나에게 바친 신전 파르테논(the Párthenòn)이 있습니다. 아테네의 아크로폴리스는 항상 대문자로 시작하고 아테네가 아닌 다른 곳에 있는 아크로폴리스는 ②에서처럼 소문자로 시작합니다.

② The Attalids looked on themselves as the natural heirs of classical Athens, which had gone into eclipse more than a century before, and set out to transform Pergamon into a city that would rival the Athens of the Golden Age of Pericles in science, culture, art and, above all, architecture. Following the tradition of the Athenians, the Attalids built on the Pergamon acropolis a royal palace, a library of 200,000 scrolls (parchment is said to have been invented in Pergamon), a temple to Dionysus, a sanctuary for the worship of Athena, a fortress, an agora, a Greek amphitheater and, finally, in the second century B.C., the magnificent altar that is now partially reconstructed on Museum Island in Berlin. (COCA:1991:MAG)

아탈리드 왕조는 자신들을 100여 년 전에 일식에 빠진 고전 아테네의 자연적 상속자로 여겼고, 페르가몬을 과학, 문화, 예술, 그리고 무엇보다도 건축 분야에서 페리클레스 황금시대의 아테네와 경쟁할 수 있는 도시로 변화시키기 시작했다. 아테네인의 전통에 따라 아탈리드 왕조는 페르가몬 아크로폴리스에 왕궁, 200,000권의 두루마리가 있는 도서관(양피지는 페르가몬에서 발명되었다고 전해진다), 디오니소스 신전, 아테나 숭배를 위한 성소, 요새, 아고라, 그리스 원형 극장, 그리고 마지막으로 기원전 2세기에 베를린의 박물관 섬에 부분적으로 재건된 웅장한 제단을 건설했다.

ⓑ acronym(두문자어)의 onym은 '이름(name)'이라는 뜻의 그리스어에서 유래한 어근입니다. UCLA(=the Ùnivérsity of Càlifórnia, Los Angeles)처럼 각 단어의 첫 글자만 따서 만든 단어를 acronym이라고 하죠. 어근 onym을 포함한 다른 단어는 다음과 같습니다.

③ ántonỳm 반의어, synonỳm 동의어, áutonỳm 본명, pséudonỳm(또는 állonỳm) 가명, 필명, hómonỳm 동음이의어, métonỳm 환유어, éponỳm 이름의 시조

antonym(반의어)의 반의어는 synonym(동의어)이고, autonym(본명)의 반의어는 pseudonym(가명)입니다.

'날카로운' 전성기와 통찰력

acme / acumen

Q

다음 두 단어의
공통점과 차이점은 무엇일까요?

ⓐ acme
절정, 정점, 전성기

ⓑ acumen
예리함, 날카로운 통찰력

acme와 acumen의 공통점은 두 단어 모두 '날카로운(sharp)'이라는 뜻의 어근 ac를 포함하고 있다는 것입니다. 두 단어의 차이점은 전자는 그리스어, 후자는 라틴어에서 유래하였다는 점입니다.

어근 ac가 그리스어와 라틴어 단어에 공통으로 나타난다는 사실은

이 어근은 두 언어의 조상인 인도 · 유럽 조어 어근(ak)이라는 뜻입니다.[45] '가장 높은, 끝에'를 뜻하는 그리스어 어근 acro도 ac에서 유래하였습니다. ⓐ acme는 원래 '산의 정상'이라는 뜻이지만 영어에서는 ①에서처럼 '절정, 정점, 전성기'라는 은유적인 뜻으로 사용됩니다.

① We may wonder whether at <u>the acme and summit</u> of human progress these anachronisms will become corrected by a finer intuition.[46] (COCA:2019:ACAD)
우리는 인간 진보의 <u>정점</u>에서 이러한 시대착오가 더 정교한 직관으로 수정될 수 있을지 궁금할 수 있다.

위 예문은 영국의 작가 토마스 하디(Thomas Hardy, 1840~1928)의 대표적인 장편 소설인 〈더버빌가의 테스(Tess of the d'Urbervilles)〉에 나오는 문장입니다. acme의 동의어인 summit(정상, 정상 회담)은 sum(총액, 합계)의 지소사(指小辭, dimínutive)였던 프랑스어(sommet)에서 유래하였습니다. (summary(요약, 개략의, 즉석의)는 원래 sum의 형용사형입니다.)

sum은 '가장 높은 곳'을 뜻하는 라틴어(summa)에서 유래하였습니다. 미국 대학의 학사학위에 성적에 따라 부여되는 명예 칭호 중 가장 높은 '최우수'를 summa cum laude라고 합니다. cum은 '~와 함께', laude는 '칭찬(praise)'이라는 뜻이죠. ②는 모두 acme의 동의어입니다.

② 절정, 정점: ápèx, ápogèe, climax, cùlminátion, peak,

pinnacle, summit, zenith

재밌는 사실은 '여드름'을 뜻하는 단어 acne도 acme와 어원이 같다는 것입니다. 참고로, '여드름'을 뜻하는 다른 단어인 pimple은 가산명사이고, acne는 불가산명사입니다.

ⓑ acumen은 라틴어에서 차용한 단어인데 원래는 '뾰족한 끝'을 뜻하지만, 영어에서는 은유적인 '예리함, 날카로운 통찰력'이라는 뜻으로만 사용됩니다. 라틴어에는 '날카로운'을 뜻하는 다양한 단어(acer, acidus, acutus, acerbus)가 있는데, 이들 단어에서 유래한 영어 단어는 다음과 같습니다.

③ acus (수술용) 바늘, acérbic (맛이) 신, 신랄한, acrid 매운, 콕 쏘는, 신랄한, àcrimónious 폭언이 오가는, 신랄한, acúte 예리한, 예각의, 급성의, acúity 예리함, 날카로움, acídity 신맛, 산성, exácerbàte 악화시키다

라틴어에서 acus는 일반적인 바늘을 뜻하는데, 영어에는 이미 고대영어에서 유래한 needle(바늘)이라는 단어가 있으므로 acus는 '수술용 바늘'을 뜻하는 의학 용어로 사용됩니다.

직각보다 작은 각인 acute angle(예각)에 사용된 acute의 반의어

는 obtúse(둔각의)입니다. obtuse는 '무딘, 둔한'이라는 뜻의 라틴어(obtusus)에서 유래하였죠. obtuse는 stupid(멍청한)의 동의어라고 할 수 있는데 일상 대화에 자주 사용되는 stupid도 라틴어(stupidus)에서 유래한 단어입니다. acute arthrítis(급성 관절염)에서처럼 질병에 관련돼 사용된 acute의 반의어는 chronic(만성의, 장기간에 걸친)입니다.

'믿음'을 통한 배신

perfidy / cordial

Q

다음 두 단어에 공통으로 포함된
어근의 뜻은 무엇일까요?

ⓐ àffidávit
선서 진술서

ⓑ perfidy
배신, 배반

perfidy와 affidavit에 공통으로 포함된 어근은 fid입니다. fid는 '믿음, 신용, 충실(faith)'이라는 뜻의 라틴어 명사(fides)에서 유래하였습니다. 같은 어근을 포함한 단어는 다음과 같습니다.

① fidélity 충실, 충성, confidence 신뢰, 자신, diffidence 소심, 수줍음,

ínfidèl 불신자, 이단자, fidúciary (자산) 신탁의, perfídious 배반의, 남을 속이는

ⓐ affidavit(선서 진술서)는 영어에서는 명사로 사용되지만, 원래는 라틴어 동사 affidare의 3인칭 단수 완료상(3rd-person singular perféctive)입니다. 라틴어는 한국어처럼 문장에서 주어를 생략할 수 있으므로 affidavit라는 단어 하나로 '그는 맹세 하에 진술했다(he has stated on oath)'라는 뜻의 문장이 됩니다.

미국에서는 16세부터 운전을 할 수 있는데, 조지아주에서는 18세 미만의 청소년이 운전면허 시험을 보기 전에 40시간 이상을 운전 연습했다는 Driving Experience Affidavit(운전 경험 진술서)에 사인해야 합니다.[47] affidavit에 사인하는 사람은 affíant(선서 진술인)라고 합니다.

ⓑ perfidy(배신, 배반)는 같은 뜻의 라틴어 명사(perfidia)에서 유래하였습니다. 그런데, 접두사 per-은 '~을 통하여, 완전히'라는 뜻이므로 perfidy의 뜻이 '완전한 믿음'이라고 잘못 생각할 수 있는데, perfidy는 '믿음을 통한(이용한) 배신'이라는 뜻입니다. perfidy의 형용사형인 perfídious는 다음과 같이 사용될 수 있습니다. (perfidy와 perfidious의 동의어로는 중세 프랑스어에서 유래한 treachery와 treacherous가 있습니다.)

② In her later years, her heart was broken by a perfidious lover. (COCA:2007:FIC)
말년에 그녀의 마음은 배신적인 연인에 의해 상처를 받았다.

heart(심장)를 뜻하는 라틴어 어근은 cord인데, 다음과 같은 단어에 포함되어 있습니다.

③ concord 화합, 일치, discord 불화, 불협화음, accórd 합의, 부여하다, concórdance 일치, 용어 색인, discórdant 사이가 나쁜, 불협화음의, cordial 진심의, 마음에서 우러난

'진심의'라는 뜻으로 자주 사용되는 sincere는 원래 '순수한'이라는 뜻의 라틴어 형용사(sincerus)에서 유래하였습니다. 반면에 cordial은 '진심에서 우러나는'이라는 뜻의 라틴어 형용사(cordialis)에서 유래하였습니다. 따라서, 영어 이메일 또는 편지에서 마지막에 쓰는 Sincerely와 Cordially 중에서 '진심으로'를 뜻하는 정확한 단어는 Cordially입니다.

'달리다'가 어쩌다 '대충하는' 것이 됐을까?

culpable / cursory

Q

다음 두 단어 중 '달리다'라는 뜻의
어근을 가진 단어는 무엇일까요?

ⓐ culpable
과실이 있는, 비난받을 만한

ⓑ cursory
대충하는, 피상적인

ⓐ culpable의 어근인 culp는 '잘못, 유죄(guilt)'를 뜻하는 라틴어 명사(culpa)에서 유래하였습니다. 같은 어근을 포함한 다른 단어는 다음과 같습니다.

① culprit 범인, (문제의) 원인, cùlpabílity (잘못에 대한) 책임,

éxculpàte 무죄를 입증하다, incúlpàte 죄를 씌우다, 연루시키다

culprit은 원래 '범인'이라는 뜻인데 ②에서처럼 어떤 문제의 '원인'이라는 뜻으로도 자주 사용됩니다.

② The man had bet his wife $100 that the culprit of their clogged sink was not potato peels. (COCA:2003:NEWS)
그 남자는 싱크대가 막힌 원인이 감자 껍질이 아니라고 아내에게 100달러를 걸었다.

ⓑ cursory의 어근인 curs는 '달리다(run)'을 뜻하는 라틴어 동사(currere)에서 유래하였습니다. curs의 이형태인 curr을 포함하는 단어는 다음과 같습니다.

③ currency 화폐, 유통, current 흐름, 전류, 현재의, concúrrent 동시에 발생하는, occúr 발생하다, 생각이 나다

'주마간산(走馬看山=말을 타고 달리며 산천을 봄)'이 '대충 보고 지나감'을 뜻하는 것처럼, cursory도 '대충하는'이라는 뜻으로 사용됩니다. 어근 curs를 포함하는 다른 단어는 다음과 같습니다.

④ cursor (컴퓨터 화면의) 커서, precúrsor 선구자, excúrsion 여행, 소풍, discúrsive 산만한, 담화의, 추론적인

cursor는 원래 runner와 같은 말입니다. 따라서 precursor와 fórerùnner는 모두 '선구자'라는 뜻입니다. occúr의 접두사 oc-는 ob-(향하여, 앞에)의 이형태입니다. 학술대회(conference)에는 유명한 교수가 참석자 모두를 대상으로 연설하는 plenary speech(전체 연설)가 있고 여러 명의 발표자가 동시에 다른 장소에서 발표를 진행하는 concurrent session(동시 발표)이 있습니다.

discursive는 '사방으로 뛰어가다, 우왕좌왕하다(run off in different diréctions)'를 뜻하는 라틴어 동사(discurrere)에서 유래하였습니다. 따라서 discursive의 기본적인 뜻은 '산만한, 두서없는'입니다. 철학에서는 discursive를 intúitive(직관적인)의 반대 개념인 '추론적인'이라는 뜻으로 사용합니다. 추론하는 것을 '생각이 사방으로 뛰어다니는 것'으로 여겼기 때문입니다.

그런데, 언어학에서는 discursive가 단순히 discourse(담화)의 형용사인 '담화의'라는 뜻으로 사용됩니다. 문장이 두 개 이상 모인 것을 discourse라고 하죠. 문제는 discursive를 '담화의'로 정의하는 사전이 거의 없다는 것입니다. 대학원에서 Díscòurse Análysis(담화 분석)이라는 수업을 들으며 discursive라는 단어를 접할 때마다 '산만한' 또는 '추론적인'이라는 뜻으로 해석하려니 전혀 이해되지 않았던 기억이 아직도 생생합니다.

'빛'이 나는 어근들

elucidate / illuminate

Q

다음 두 유의어의 어근은
각각 무엇일까요?

ⓐ elúcidàte
설명하다, 밝히다

ⓑ illúminàte
비추다, 밝히다

ⓐ elucidate의 어근 luc는 '빛나다, 비치다(shine)'를 뜻하는 라틴어 동사(lucere)에서 유래하였습니다. 따라서 elucidate은 '빛을 비추듯이 자세히 설명하다'라는 뜻입니다. 같은 어근을 포함한 단어는 다음과 같습니다.

① lucid 명쾌한, 의식이 또렷한, lucent 빛나는, 투명한, translúcent 반투명의, lúcubràte (등불 밑에서) 밤늦게까지 열심히 공부하다, 일하다

lucid와 lucent는 모두 기본적으로 '빛나는'이라는 뜻입니다. lucid는 같은 의미의 라틴어 형용사(lucidus)에서 유래하였고, lucent은 라틴어 동사(lucere)의 현재분사형(lucens)에서 유래하였습니다. lucid는 lucent보다 은유적인 의미로 자주 사용되는데 예를 들어, 꿈꾸는 중이라는 것을 '의식이 또렷하게' 깨닫고 있는 상태에서 꾸는 꿈을 lucid dream이라고 합니다.

〈킹제임스성서(the King James Bible)〉의 이사야서 14장 12절에 나오는 하늘에서 떨어진 마왕 Lucifer(루시퍼)는 '빛을 지닌(light-bearing)'이라는 뜻의 라틴어 형용사(lucifer)에서 유래한 이름입니다. luci는 '빛, 새벽빛'을 뜻하는 라틴어 명사(lux)의 소유격 어근이고, transfér(옮기다)에도 포함되어 있는 fer는 '운반하다'를 뜻하는 라틴어 동사(ferre)에서 유래하였습니다. 창세기 1장 3절에 나오는 '빛이 있으라(Let there be light)'를 라틴어로 하면 Fiat Lux가 됩니다.

translucent의 trans-는 '~을 관통하여'라는 뜻의 접두사이므로 translucent는 원래 '투명한(=빛이 관통해서 비치는)'이라는 뜻입니다. 그런데 보통 '투명한'이라는 뜻으로는 transpárent를 사용하고 translucent는 '반투명한'이라는 뜻으로 사용합니다. 그래서 '반투명

유리'를 translucent glass라고 하죠.

ⓑ illuminate의 어근인 lumin은 '빛, 횃불'을 뜻하는 라틴어 명사(lumen)에서 유래하였습니다. lumen(루멘)은 영어에서 '빛의 양을 재는 단위'를 나타내는 말로 사용됩니다. LED 전구가 백열전구보다 전기료가 적게 나오는 이유는 똑같은 800루멘의 밝기를 만드는데, LED 전구는 7와트면 되지만 백열전구는 60와트가 필요하기 때문입니다. 어근 lumin을 포함한 다른 단어는 다음과 같습니다.

② lúminous 야광의, 빛나는, lúminàry 권위자, 전문가, illùmináti 최상류층 사람들

일루미나티(the Illùmináti)는 원래 18세기에 프로이센(Prussia)에서 조직된 비밀 결사의 이름입니다. 가톨릭 체제에 반대하는 계몽주의자들로 구성된 조직이었죠. 없어진 지 이미 오래되었지만, 음모론을 다루는 소설이나 영화에 종종 등장합니다. 한국에서도 흥행에 성공한 동명의 소설을 영화로 만든 2009년 개봉 영화 〈천사와 악마(Angels & Demons)〉에서도 일루미나티가 등장합니다.

illuminati는 원래 라틴어 illuminatus(=enlíghtened, 계몽된)'의 복수형입니다. 따라서 영어에서도 ③에서처럼 복수명사로 취급됩니다.

③ One of the many confounding things about severe mental illness is that it can cause the person suffering to be particularly skeptical of help. After all, if you believe the illuminati are stalking you, the idea of telling a social worker you've never met about a shadowy cabal doesn't make any sense at all. (COCA:2018:NEWS)

심각한 정신 질환에 관해 당황스러운 것 중 하나는 고통받는 사람이 도움에 회의적일 수 있다는 것이다. 결국, 최상류층 사람들이 당신을 스토킹하고 있다고 믿는다면, 한 번도 만난 적이 없는 사회복지사에게 그림자 같은 비밀 결사에 대해 말하는 것은 전혀 의미가 없다.

'지도자'는 좋은 뜻일까?

demagogue / pedagogue

Q

다음 두 단어에 공통으로 포함된
어근의 뜻은 무엇일까요?

ⓐ démagògue
선동 정치가

ⓑ pédagògue
학자인 체하는 사람, 현학자

ⓐ demagogue(선동 정치가)의 dem은 '사람들(people)'이라는 뜻의 그리스어 명사(demos)에서 유래한 어근입니다. dem이 포함된 다른 단어는 다음과 같습니다.

① demócracy 민주주의, dèmográphic 인구통계학의, demótic

(언어가) 일상적인, 일반 대중의, pandémic 전 세계적인 유행병

demagogue와 pedagogue에 공통으로 포함된 agog(ue)는 '지도자(leader)'를 뜻하는 그리스어(agogos)에서 유래한 어근입니다. 고대 그리스 시대의 demagogue는 '대중/민중의 리더'라는 좋은 뜻으로 사용되었습니다.

하지만 지금은 제2차 세계대전(World War II, 1939~1945)을 일으킨 아돌프 히틀러(Adolf Hilter, 1889~1945)와 같은 '선동 정치가'라는 좋지 않은 뜻의 단어가 되었습니다. 어근 agog(ue)를 포함한 다른 단어는 다음과 같습니다.

② sýnagògue 유대교 회당, pédagògy 교육(학), pèdagógical 교육적인

ⓑ pedagogue(학자인 체하는 사람)의 첫 번째 어근인 ped(또는 paed)는 '아이(child)'를 뜻하는 그리스어 명사(pais)에서 유래하였습니다. pedagogue는 원래 '아이들을 학교에 데려다 주는 노예'를 뜻하는 단어였는데, '교사, 교육자'를 뜻하는 단어로 뜻이 좋아졌다가, '독단적이고, 지루하고, 학자인 체하는 교사'로 뜻이 다시 나빠졌습니다. 반면에 pedagogy와 pedagogical에는 좋은 의미만 있습니다. 어근 ped를 포함한 다른 단어는 다음과 같습니다.

③ pedántic 현학적인, pedantry 현학적인 행동, 말, pèdiatrícian 소아과 의사, pèdiátrics 소아과, pèdodóntics 소아 치과, encỳclopédia 백과사전

유의해야 할 점은 다음 단어들에 포함된 ped는 '발(foot)'을 뜻하는 라틴어 명사(pes)에서 유래했다는 것입니다.

④ pedal 페달, 발판, pedéstrian 보행자, pédicùre 발(톱) 관리, bípèd 두 발 동물, céntipède 지네, impédiment 장애(물), expédient 방편, 편의주의적인, éxpedìte 신속히 처리하다

pedal(페달)은 '발의'라는 뜻의 라틴어 형용사(pedalis)에서 유래하였습니다. 페달은 자전거에서 정말 중요한 장치이죠. 그런데 19세기에 독일에서 처음 개발된 자전거에는 페달이 없었다고 합니다. 발로 밀고 다녔다고 하네요.

⑤ The pedal is an important mechanìsm for operating a bicycle.
페달은 자전거를 작동시키기 위한 중요한 장치이다.

준비된 시간

impromptu / extemporaneous

Q

다음 두 단어는 모두 '즉석의, 즉흥적인'을 뜻하는데,
이중 '시간(time)'을 뜻하는 어근을 포함하는 단어는 무엇일까요?

ⓐ imprómptu ⓑ extèmporáneous

ⓐ impromptu는 프랑스어에서 차용한 단어인데 라틴어 전치사구 in promptu(=in readiness, 준비된)를 합쳐서 만든 단어입니다. impromptu와 같은 어근을 포함한 단어는 다음과 같습니다.

① prompt 신속한, 시간을 지키는, 자극하다, 대사를 일러 주다,

unprómpted 자발적인, prómptitùde 신속, 시간 엄수

prompt는 명사로 사용될 수도 있는데 영작문 시험의 질문을 writing prompt(쓰기 평가 입력물)라고 합니다. prompt(시간을 지키는)의 동의어로는 punctual이 있는데, punctual은 원래 '점(point), 찌름(pricking)'을 뜻하는 라틴어 명사(punctus)의 형용사형에서 유래하였습니다. 따라서 punctual은 원래 '점의'라는 뜻인데 이 뜻이 발전하여 '점같이 정확히(exáctly) 시간을 지키는'이라는 뜻이 된 것입니다.

'시간'을 뜻하는 라틴어 명사(tempus)에서 유래한 어근은 ⓑ extemporaneous에 포함된 tempor입니다. '박자, 템포'를 뜻하는 이탈리아어 tempo도 같은 라틴어 명사에서 유래하였습니다. 어근 tempor를 포함하는 단어는 다음과 같습니다.

② témporìze 미루다, 시간을 끌다, temporal 시간의, 세속적인, témporàry 일시적인, 임시의, contémporàry 동시대의, 현대의

③에서는 temporize(미루다, 시간을 끌다)와 postpóne(연기하다)이 유의어로 사용된 것을 알 수 있는데, temporize는 자동사이고 postpone은 타동사라는 것에 유의해야 합니다.

③ Russia's strategy now is to temporize, to postpone

competition for spheres of influence as long as possible in order to put its economic house in order and level the playing field. (COCA:1995:NEWS)
현재 러시아의 전략은 경제 체제를 정리하고 공평한 경쟁의 장을 마련하기 위해 영향권에 대한 경쟁을 가능한 오랫동안 미루는 것이다.

일상 대화에서는 impromptu와 extemporaneous가 모두 '즉석의, 즉흥적인'이라는 뜻의 동의어로 사용되지만, 영어 말하기 교육에서는 이 두 단어의 뜻을 구별해서 사용합니다. extemporaneous speech는 이미 준비한 내용을 외우지 않고 연설하는 것이고, impromptu speech는 정말 아무 준비 없이 즉흥적으로 하는 것입니다.

impromptu speech에 도움이 되는 전략은 여러 가지가 있는데 그중 하나는 질문을 되풀이하면서 할 말을 생각하는 것입니다. 저도 MIT에서 '고급 말하기(21F.232 Advanced Speaking)' 과목을 강의할 때 매 수업 시간에 2~3명의 학생에게 impromptu speech를 시켰습니다. 무작위로 학생들을 호명하여 human cloning(인간 복제), using màrijuána for medícinal purposes(대마초의 약용 목적 사용) 등 사회적인 이슈에 관해 즉석 연설을 시켰죠.

'살'에서 육체를 가진 '화신'으로

incarnation / carnivorous

Q

다음 두 단어에 공통으로 포함된 어근의 뜻은 무엇일까요?

ⓐ ìncarnátion
화신(化身)

ⓑ carnívorous
육식성의

ⓐ incarnation은 '몸을 부여함(=화신)'이라는 뜻인데, 어근 carn이 '살(flesh), 고기(meat)'를 뜻하는 라틴어 명사(caro)에서 유래한 어근이기 때문입니다. incarnation의 동의어인 embódiment에도 '몸(body)'이 포함되어 있죠. carn을 포함한 다른 단어는 다음과 같습니다.

① carnal 육체의, cárnivòre 육식 동물, carnage 대학살, carnival 카니발, 축제, incárnàte 육체를 부여하다, 육체를 갖춘, 인간의 모습을 한, rèincárnàte 환생시키다, 환생한

형용사 carnal은 carnal pleasure(육체적 쾌락)라는 표현에 자주 사용됩니다. carnival은 원래 기독교에서 사순절(四旬節, Lent) 직전 마음껏 '육식'을 하고 신나게 노는 축제를 뜻하는 단어입니다. 사순절은 부활절(Easter) 전 40일 동안의 기간을 뜻하는데, 이때는 육식을 금하는 관습이 있었기 때문입니다.

세계적으로 유명한 carnival은 브라질의 리우데자네이루(Rio de Janeiro)에서 열리는 마디 그라(Mardi Gras)입니다. Mardi Gras는 프랑스어로 '기름진(gras) 화요일(mardi)'이라는 뜻입니다. 매년 금요일에 시작해서 화요일에 끝나는 canival의 마지막 날을 Mardi Gras라고 하죠. 사순절은 항상 '재의 수요일(Ash Wednesday)'에 시작하기 때문에 carnival의 마지막 날은 화요일이 되는 것입니다.

형용사 incarnate(육체를 갖춘)와 reincarnate(환생한)는 다른 형용사와 마찬가지로 명사를 앞에서 꾸며 줄 수도 있지만 ②와 ③에서처럼 주로 명사 뒤에 사용됩니다.

② But a few of her fellow employees believe that all

banks are evil incarnate and that the people who work for them aren't much better. (COCA:2018:NEWS)
그러나 그녀의 동료 직원 중 일부는 모든 은행이 육체를 갖춘 악이며 은행에서 일하는 사람들도 그다지 나을 것이 없다고 믿는다.

③ Like Helen of Troy reincarnate, she was so glowingly gorgeous. (COCA:2001:FIC)
트로이의 헬렌이 환생한 것처럼, 그녀는 너무나 눈부시게 아름다웠다.

ⓑ carnivorous의 두 번째 어근인 vor는 '포식하다, 게걸스레 먹다(devóur)'를 뜻하는 라틴어 동사(vorare)에서 유래하였습니다. devour도 같은 라틴어에서 유래하였죠. 어근 vor를 포함하는 다른 단어는 다음과 같습니다.

④ vorácity 폭식, vorácious 식욕이 왕성한, herbívorous 초식성의, carnívorous 육식성의, omnívorous 잡식성의, frugívorous 과식성(果食性)의, piscívorous 물고기를 먹는

piscivorous의 첫 번째 어근인 pisci는 '물고기(fish)'를 뜻하는 라틴어 명사(piscis)에서 유래하였습니다. '물고기자리'를 영어로 Pisces라고 하는데 이 단어는 piscis의 복수형입니다. crisis(위기)의 복수형이 crises인 것과 마찬가지입니다. 별자리 이름으로 복수형 명사인 Pisces를 사용하는 이유는 이 별자리가 두 마리의 물고기가 끈으로 묶여 있는 모양을 하고 있기 때문이죠.

'의무적인 팁'은 정말 의무일까?

mandatory / gratuity

Q

다음 두 단어 중 '고마워하는, 즐거운'이라는 뜻의
어근을 가진 단어는 무엇일까요?

ⓐ mándatòry
의무적인, 필수의

ⓑ gratúitous
불필요한, 이유 없는

ⓐ mandatory(의무적인, 필수의)의 어근인 mand는 '명령하다(order), 맡기다(entrúst)'를 뜻하는 라틴어 동사(mandare)에서 유래하였습니다. ①은 mand ②는 mand의 이형태인 mend를 포함하는 단어입니다.

① mandate 권한(을 주다), 명령(하다), demánd 요구(하다), remánd

재구류하다, 반송하다, commánd 명령(하다), commándment 계명

② còmmendátion 상, 훈장, 칭찬, comménd 칭찬하다, 추천하다, 맡기다, rècomménd 추천하다

mandate는 '국민에게서 선거에 의해 부여받은 권한'을 뜻합니다. 예를 들어 무상 급식을 공약으로 내건 정치인이 당선되면 이 정치인이 무상 급식을 추진할 mandate를 받았다고 하죠. commandment는 동사 command의 명사형인데 mandate와 비슷한 뜻이지만 주로 기독교의 십계명(the Ten Commandments)을 지칭할 때 사용됩니다.

ⓑ gratuitous(불필요한, 이유 없는)의 어근인 grat는 '고마워하는(thankful), 만족스러운(pleasing)'을 뜻하는 라틴어 형용사(gratus)에서 유래하였습니다. 같은 어근을 포함하는 단어는 다음과 같습니다.

③ gratúity 팁, 사례금, grátitùde 감사, 고마움, ungráteful 감사할 줄 모르는, íngràte 은혜를 모르는 사람, grátifỳ 기쁘게 하다, 만족시키다, ingrátiàte 환심을 사다, 비위를 맞추다

사실 gratuitous와 gratuity가 직접적으로 유래한 단어는 '무료의, 무상의(free, còmpliméntary)'를 뜻하는 라틴어 형용사(gratuitus)입니다. 그래서 gratuitous도 처음에는 '무료의'라는 뜻으로 사용되었는데, 이 뜻이 변하여 '불필요한, 이유 없는'이라는 뜻이 되었습니다.

미국에서는 변호사의 평판이 그리 좋지 못한데, 그 이유 중 하나는 보험금을 노리고 gratuitous lawsuit(불필요한 소송)을 많이 하기 때문입니다. gratuitous lawsuit의 예로 자주 거론되는 소송 중 하나는 1994년에 맥도날드에서 판매한 뜨거운 커피에 자신의 부주의로 3도 화상을 입은 여성이 맥도날드를 상대로 승소한 사건입니다.

gratuity는 ④에서처럼 식당에서 '무료로' 주는 팁의 의미로 주로 사용됩니다.

④ **A Mandatory Gratuity Is Just a Tip, and Thus Not Mandatory, a Prosecutor Says.**[48]
의무적인 팁은 팁일 뿐이므로 의무는 아니라고 검사가 말했다.

위 문장은 미국 뉴욕타임스(The New York Times) 신문 기사의 제목입니다. 한 남성이 음식점에서 청구한 18%의 mandatory gratuity를 내지 않고 10%만 내서 경찰에 잡혀간 사건에 관한 신문 기사였죠. 미국에서 팁은 보통 자율이지만 6~7명 이상의 손님이 한 번에 오면 18%의 팁을 계산서에 포함해서 청구하는 음식점이 많습니다. 이 남성은 결국 무죄로 풀려났지만, 14불의 팁을 내지 않으려다 변호사 비용으로 몇백 불을 지급해야 했다고 합니다.

'학명'은 모두 '신조어'

nomenclature / neologism

Q

다음 두 단어 중 '이름'이라는 뜻의
어근을 가진 단어는 무엇일까요?

ⓐ nómenclàture
학명(學名)

ⓑ neólogìsm
신조어

ⓐ nomenclature는 17세기에 프랑스어에서 차용한 단어입니다. '학명(scìentífic name)'을 뜻하기도 하고 '학명 목록, 학술적 명명법'을 뜻하기도 하죠. nomen은 라틴어로 '이름(name)'이라는 뜻입니다. '학명을 새로 만드는 사람'은 nomenclator라고 하는데, nomenclator는 원래 고대 로마에서 방문객의 이름을 주인에게 알리거나, 선거 운동

때 주인을 따라다니며 사람의 이름을 알려 주는 하인을 뜻하는 단어였습니다.

동식물의 학명은 모두 2개의 라틴어로 이뤄져 있습니다. 예를 들어, 인간의 학명은 Homo sapiens입니다. Homo(사람)는 속(genus), sapiens(지혜로운)는 종(species)을 나타내죠. 이렇게 2개의 라틴어로 이뤄진 학명을 binómial nomenclature라고 합니다. binomial은 접두사 bi-(2개)와 nomen에서 유래한 어근 nom이 합쳐진 단어입니다. 같은 어근을 포함한 단어는 다음과 같습니다.

① nóminàte 지명하다, misnómer 잘못된 명칭, nominal 명목상의, 얼마 안 되는, ìgnomínious 수치스러운, 불명예의

nominal은 ②에서처럼 요금에 관한 문장에 자주 사용됩니다.

② Children can get into the zoo for free, albeit adults are charged a nominal fee.
성인에게는 소액의 요금이 부과되지만, 어린이는 동물원에 무료로 입장할 수 있다.

ⓑ neologism(신조어)은 '새로운(new)'을 뜻하는 그리스어 접두사 neo-와 '단어, 언어'를 뜻하는 그리스어 명사(logos)에서 유래한 어근 log가 합쳐진 단어입니다. neo-를 포함한 단어는 다음과 같습니다.

③ néophỳte 초보자, nèocórtex (대뇌의) 신피질, nèocolónialism 신식민주의, nèonátal 신생아의, Nèolíthic 신석기 시대의

Neolithic의 어근인 lith는 '돌(stone)'을 뜻하는 그리스어 명사(lithos)에서 유래하였습니다. '구석기 시대'는 Pàleolíthic, '중석기 시대'는 Mèsolíthic이라고 하죠.

'신조어'를 뜻하는 또 다른 단어는 coinage입니다. coin은 명사로 '동전'이라는 뜻이지만, 동사로는 '(주화를) 주조하다, (새로운 낱말 · 어구를) 만들다'라는 뜻이기 때문입니다. coin은 '쐐기(wedge)'를 뜻하는 라틴어 명사(cuneus)에서 유래하였습니다. coinage는 추상명사로 '동전들'을 뜻하기도 합니다. 재밌는 것은 coinage와 neologism 모두 '신조어'라는 뜻이지만 ④에서처럼 a new coinage라는 표현은 이상하지 않고, a new neologism은 이상하다는 것입니다. neologism에는 이미 new를 뜻하는 neo-가 포함되어 있기 때문이죠.

④ The term *art making* is a new coinage. (COCA:1998:ACAD)
'예술 제작'이라는 용어는 새로운 신조어이다.

coinage와 neologism은 모두 프랑스어를 통해 영어로 들어왔습니다. coinage는 14세기, neologism은 18세기부터 영어에서 사용되었으니 두 단어 중에는 neologism이 신조어입니다.

정통과 정직

orthodox / rectitude

Q

다음 두 단어에서
'곧은, 옳은'의 뜻을 가진 어근은 무엇일까요?

ⓐ órthodòx
정통의

ⓑ réctitùde
정직, 청렴

ⓐ orthodox(정통의)의 첫 번째 어근인 ortho는 '곧은(straight), 옳은(right)'을 뜻하는 그리스어 형용사(orthos)에서 유래하였습니다. 어근 ortho를 포함한 단어는 다음과 같습니다.

① orthógraphy 철자법, òrthodóntics 치과 교정학,

òrthopédics 정형외과, órthodgràde 직립 보행의

orthodox의 두 번째 어근인 dox는 '의견(opínion), 찬양(praise)'을 뜻하는 그리스어 명사(doxa)에서 유래하였습니다. 어근 dox를 포함하는 단어는 다음과 같습니다.

② doxólogy (기독교의) 찬가, páradòx 역설, unórthodòx/héterodòx 이단의, 비정통적인

unorthodox와 heterodox는 동의어인데 unorthodox가 훨씬 더 자주 사용되는 단어입니다. orthodontics(치과 교정학)의 두 번째 어근인 odont는 '이(tooth)'라는 뜻의 그리스어에서 유래하였습니다. 같은 뜻을 가진 라틴어 어근은 dentist(치과의사)의 dent입니다. '치열 교정 의사'는 orthodontist라고 합니다.

orthpedics(정형외과)의 두 번째 어근인 ped는 '아이'를 뜻하는 그리스어에서 유래하였습니다. 물론 어른도 치료하지만 '아이'의 선천 기형이나 변형을 바로잡는 의술이라서 orthopedics라고 하는 것이죠. pèdiátrics(소아과)에도 같은 어근이 포함되어 있습니다. 만약 orthopedics의 ped가 '발'을 뜻하는 라틴어 어근이었다면 발만 고쳐주는 이상한 정형외과가 되겠죠. '정형외과 의사'는 orthopedist라고 합니다.

ⓑ rectitude(정직, 청렴)의 어근인 rect는 '곧은, 옳은'이라는 라틴어 형용사(rectus)에서 유래하였습니다. 그리스어 어근 ortho와 뜻이 같죠. 어근 rect를 포함한 단어는 다음과 같습니다.

③ rèctilínear 직선의, réctàngle 직사각형, rector 목사, 교장, 수도원장, réctifỳ 바로잡다

linear는 '선의'라는 뜻이므로 rectilinear는 '직선의'가 됩니다. rectangle은 rect와 angle(각)이 합쳐진 단어죠. rector는 '올바르게 이끌어 주는 사람'이라는 뜻이므로 여러 단체의 '지도자(목사, 교장, 수도원장 등)'라는 뜻으로 사용됩니다. rectify는 ④에서처럼 '(잘못된 것을) 바로잡다'라는 뜻으로 사용됩니다.

④ I'll do my best to rectify this situation right away.
이 상황을 곧 바로잡기 위해 저의 최선을 다하겠습니다.

'박애주의자'가 왜 '바람둥이'가 됐지?

philanthropist / philanderer

Q

다음 두 단어에 공통으로 포함된 어근의 뜻은 무엇일까요?

ⓐ philánthropist
자선가, 박애주의자

ⓑ philánderer
바람둥이

philanthropy와 philanderer에 공통으로 포함된 어근 phil(o)는 '~을 사랑하는(loving), ~을 좋아하는(fond of)'이라는 뜻인데, '친애하는(dear), 총애받는(belóved)'이라는 뜻의 그리스어 형용사(philos)에서 유래하였습니다. phil(o)를 포함한 다른 단어는 다음과 같습니다.

① philólogy 문헌학, 언어학, philósophy 철학, philter 미약(媚藥), bíbliophìle 애서가(愛書家), óenophìle 포도주 애호가, 감정가

logy는 ànthropólogy(생물학), àrchaeólogy(고고학), ìdeólogy(이데올로기, 관념학), psychólogy(심리학)에서처럼 주로 '학문'을 뜻합니다. 그런데 philology에서는 logy의 log가 그리스어 명사(logos)에서 유래한 '단어, 언어'를 뜻하므로, philology는 '언어'를 '사랑하는' 학문(=문헌학, 언어학)이 됩니다. philology가 '언어학'의 의미로 사용될 때는 예전에 많이 하던 비교 언어학(compárative philology)을 뜻하고 현대 언어학은 linguístics라고 합니다.

ⓐ philanthropist(자선가, 박애주의자)의 두 번째 어근인 anthrop(o)는 '인간(human)'을 뜻하는 그리스어 명사(anthropos)에서 유래하였습니다. 따라서 philantropist는 모든 '인간을 평등하게 사랑해서(=박애해서)' 기부를 많이 하는 '자선가'를 뜻합니다. 어근 anthrop(o)를 포함한 다른 단어는 다음과 같습니다.

② ànthropólogy 인류학, ánthropòid 유인원(의), ànthropomórphism 의인화, mísanthròpe 인간을 싫어하는 사람, philánthropy 자선, 박애(博愛)

ⓑ philanderer(바람둥이)의 두 번째 어근은 '남성(male)'을 뜻하

는 그리스어 어근 andr(o)의 이형태입니다. philanderer는 사실 philanthropist와 같은 말인데 '사랑하는 남자(a loving man)'로 잘못 해석되어 '여자를 좋아하는 남자(=바람둥이)'라는 뜻이 되었습니다. 어근 andr(o)를 포함한 단어는 다음과 같습니다.

③ andrógynous 양성의, 중성의, ándròid 인조인간(의), pòlyándrous 일처다부의, philánder (남자가) 여자 꽁무니를 쫓아다니다

Pat처럼 남녀에게 모두 사용될 수 있는 이름을 androgynous name이라고 합니다. Pat은 여자 이름 Patricia 또는 남자 이름 Patrick의 약칭이 될 수 있기 때문이죠.

④ The most androgynous names include Pat, Chris, and Alex.
가장 중성적인 이름으로는 Pat, Chris, Alex가 있다.

androgynous가 '양성의'의 의미가 되는 이유는 이 단어의 두 번째 어간인 gyn(e)이 '여성(female)'을 뜻하는 그리스어 명사(gyne)에서 유래하였기 때문입니다. 같은 어근을 가진 단어는 다음과 같습니다.

⑤ gỳnecólogist 부인과 의사, gynarchy 여인 천하, misógynist 여자를 혐오하는 사람

'지혜'가 '궤변'으로 바뀌었다?

sophist / sophisticated

Q

다음 두 단어에 공통으로 포함된
어근의 뜻은 무엇일까요?

ⓐ sophístic
궤변의

ⓑ sophísticàted
세련된, 정교한

sophistic과 sophisticated에 공통으로 포함된 어근인 soph는 '지혜(wisdom), 지식(knowledge)'을 뜻하는 그리스어 명사(sophia)에서 유래하였습니다. 영어에서는 Sophia가 여자 이름으로 사용되는데, 라틴어에서 sophia는 '지혜, 상지(上智=하느님의 지혜)'를 뜻하는 일반 명사입니다.

上智(상지)를 일본어식으로 읽으면 じょうち(조치)가 됩니다. 일본에 있는 예수회 대학교인 조치대(上智大)는 서강대와 자매 대학인데, 서강대도 예수회에서 설립한 대학교이기 때문입니다. 조치대의 영어 이름은 Sophia University입니다. 그 이유는 물론 sophia가 라틴어에서 '上智(상지)'를 뜻하기 때문입니다. 어근 soph(o)를 포함하는 단어는 다음과 같습니다.

① sophísticàte 세련된 사람, 순수하지 않은 사람, sophist 궤변가, sophistry 궤변술, sophism 궤변, sóphomòre (4년제 대학 · 고교의) 2학년생, pansóphy 모든 지식의 집대성, theósophy 신지학(神智學), philósophy 철학

philosophy(철학)의 첫 번째 어근인 philo는 '~을 사랑하는'이라는 뜻이므로 philosophy는 원래 '지혜/지식의 사랑'이라는 뜻입니다. 그런데 '지혜, 지식'을 뜻하는 어근을 포함한 ⓐ sophistic(궤변의)이 나쁜 뜻을 가지게 된 이유는 뭘까요? 기원전 5세기 무렵 아테네에서 귀족의 자녀를 가르치며 부유하게 살던 철학자들이 있었는데, 이들을 Sophist(소피스트)라고 하였습니다.

자신도 가난했지만, 제자들에게 수업료를 받지 않았던 소크라테스는 이런 소피스트들을 싫어했죠. 돈을 벌기 위해 궤변을 늘어놓는 소피스트도 있었기 때문입니다. 그래서 원래 '현인(a wise man)'이라는 뜻

이었던 sophist가 '궤변가'라는 나쁜 뜻이 되었고, sophist에서 파생된 sophistic(궤변의), sophistry(궤변술), sophism(궤변)도 모두 부정적인 뜻을 갖게 되었습니다.

현재는 좋은 의미로 쓰이는 ⓑ sophisticated(세련된, 정교한)도 원래는 sophist에서 파생된 단어입니다. 그래서 sophisticated의 동사형인 sophisticate는 '정교하게 하다'라는 뜻 외에 '궤변으로 속이다'라는 뜻도 있습니다. sophisticate는 동사 외에 형용사와 명사도 사용이 가능한데 ②에서처럼 명사로 사용되는 경우가 많습니다.

② **Why couldn't I have just been a callous sophisticate?**
(COCA:2004:FIC)
왜 나는 냉담하고 순수하지 않은 사람이 될 수 없었을까?

사전에는 sophisticate가 '세련된 사람'이라고 정의되어 있는데 ②에서처럼 주로 부정적인 문장에 사용됩니다. 그래서 '세련되지만 순수하지 않은 사람'이란 뜻으로 이해하는 것이 좋습니다.

'바보 같은' 2학년

sophomore / oxymoron

Q

다음 두 단어에 공통으로 포함된
어근의 뜻은 무엇일까요?

ⓐ sóphomòre
2학년생

ⓑ òxymóron
모순어법

sophomore와 oxymoron에 공통으로 포함된 어근인 mor은 '바보 같은(foolish), 무딘(dull)'을 뜻하는 그리스어 형용사(moros)에서 유래하였습니다. 어근 mor이 포함된 다른 단어는 별로 많지 않습니다.

① moron 바보, 멍청이, morónic 바보의, sòphomóric 아는 체하지

만 미숙한, òxymorónic 모순어법의

moron(바보, 멍청이)은 원래 심리학에서 지능지수(intélligence quotient, IQ)가 50~69밖에 되지 않는 저능아를 지칭하는 단어였는데 학술 용어로는 더 이상 사용되지 않습니다. moron의 유의어는 다음과 같습니다.

② imbecile 정신 박약아, idiot 백치, rétàrd 저능아, ìgnorámus 무식한 사람

imbecile은 '약한(weak), 허약한(feeble)'을 뜻하는 라틴어(imbecillus)에서 유래하였고, idiot은 '무식한 사람(ignorant person)'을 뜻하는 라틴어(idiota)에서 유래하였습니다. 지금은 학술 용어로 사용되지 않지만, imbecile은 IQ가 25~50, idiot은 IQ가 25미만의 지적 장애인을 뜻했습니다. 그런데 라틴어(idiota)가 유래한 그리스어(idiotes)는 사실 '비전문가/문외한(layman), 평범한 사람(ordinary person)'이라는 뜻이었습니다.

미국 고등학교는 한국과 달리 4학년으로 구성되어 있습니다. 1학년은 freshman, 2학년은 sophomore, 3학년은 junior, 4학년은 senior라고 하죠. ⓐ sophomore(2학년생)의 첫 번째 어근인 soph는 '지혜'를 뜻하므로, sophomore는 '지혜롭기도 하고 바보스럽기도 한

미숙한 학생'이라는 뜻입니다. 그래서 sophomoric은 ②에서처럼 '아는 체하지만 미숙한'이라는 뜻으로 사용됩니다.

③ Donald Trump's Fourth of July speech was sophomoric. The fly-overs were anémic. (COCA:2019:MAG)
도널드 트럼프의 7월 4일 연설은 미숙한 연설이었다. 저공비행들은 빈혈에 걸린 것처럼 무기력했다.

sophomore처럼 앞뒤가 맞지 않는 표현을 ⓑ oxymoron(모순어법)이라고 합니다. oxymoron의 다른 예로는 bittersweet(달곰씁쓸한)와 a deafening silence(귀를 먹먹하게 하는 침묵)가 있습니다.

재밌는 것은 oxymoron이라는 단어 자체가 모순어법이라는 것입니다. oxy가 '날카로운(sharp), 산성의(acid)'를 뜻하고 moron은 '무딘'을 뜻하므로 oxymoron은 '날카롭고 무딘 것'이라는 뜻이기 때문입니다. oxygen(산소)에도 oxy가 포함되어 있는데, 그 이유는 처음 oxygen이라는 단어가 18세기에 만들어졌을 때는 산소가 산(酸, acid)을 만드는 데 필요한 요소라고 잘못 생각했었기 때문이라고 합니다.

'모조품'과 풍만한 '파도'

simulacrum / abundance

Q

다음 두 단어 중 '파도'라는 뜻의
어근을 가진 단어는 무엇일까요?

ⓐ sìmulácrum
모조품, 상(像, image)

ⓑ abúndance
풍부, 충만

ⓐ simulacrum(모조품, 상)은 라틴어에서 차용한 단어인데 '비슷하게 만들다(make like)'를 뜻하는 라틴어 동사(simulare)의 명사형입니다. similar(비슷한)는 라틴어 형용사(similis)에서 유래하였습니다. 어근 simul(또는 simil)을 포함하는 다른 단어는 다음과 같습니다.

① símulàte 가장하다, 모의실험을 하다, sìmultáneous 동시의, símilè 직유, facsímilè 복제, 팩스, assímilàte 동화되다

ⓑ abundance(풍부, 충만)의 어근인 und는 '파도(wave)'를 뜻하는 라틴어 명사(unda)에서 유래하였습니다. 같은 어근을 포함한 단어는 다음과 같습니다.

② undulant 물결치는, 파상(波狀)의, ùndulátion 파동, 기복, ínundàte 침수시키다, 밀어닥치다, abóund 풍부하다, surróund 둘러싸다, 포위하다, redóund (이익 · 손해 따위가) 돌아가다, 미치다

영작문을 할 때 학생들이 글자 수를 늘리려고 비슷한 표현을 반복하면 선생님이 옆에 빨간색으로 redúndant라고 써 줍니다. '불필요하게 장황한' 표현이라는 뜻이죠. abound(풍부하다)가 abúndant(풍부한)의 동사형인 것처럼 redound(이익 · 손해 따위가 돌아가다)는 사실 redundant의 동사형입니다.

abundant/abound와 redundant/redound가 각각 유래한 라틴어 동사인 abundare와 redundare는 모두 '넘치다, 범람하다(òverflów)'라는 뜻입니다. redound의 원래 의미도 '넘치다'인데, 이것이 발전하여 ③에서처럼 '결과로서 돌아가다'라는 뜻으로 사용되는 것입니다.

③ Any dealings with a current illegitimate government there could well redound to our detriment. (COCA:2008:TV)
그곳의 현재 불법적인 정부와의 거래는 우리에게 손해로 돌아올 수 있다.

redound to our benefit은 '이익으로 돌아오다'라는 뜻입니다. redound와 마찬가지로 surround의 원래 뜻도 '넘치다'였습니다. 라틴어 동사 superundare가 프랑스어를 거쳐 영어로 들어오면서 surround도 바뀐 것입니다. (super-(위로)+undare(파도치다) = 넘치다) '넘치다'라는 뜻이 발전하여 '둘러싸다, 포위하다'가 된 것인데 surround의 round도 '둘러싸다'라는 뜻으로 발전하는 것에 한몫하였습니다.[49] 하지만 round(둥근)는 surround와는 전혀 관계없는 단어입니다.

온화한 기질

temperate / temperament

Q

다음 두 단어에 공통으로 포함된
어근의 뜻은 무엇일까요?

ⓐ temperate
온화한, 절제하는

ⓑ temperament
기질, 성질

ⓐ temperate(온화한, 절제하는)의 어근인 temper는 '혼합하다(mix), 절제하다(moderate)'를 뜻하는 라틴어 동사(temperare)에서 유래하였습니다. 어근 temper를 포함한 단어는 다음과 같습니다.

① temper 성질, 완화하다, 강화하다, tempera 템페라화(법),

temperature 온도, temperance 절제, 금주, intémperate
무절제한, 정기적으로 과음하는

ⓑ temperament(기질, 성질)와 명사 temper는 유의어인데 temper는 주로 ②에서처럼 좋지 않은 뜻으로 사용되는 반면에, temperament는 ③과 같이 좋은 뜻으로 사용되는 경우가 많습니다.

② He has a short temper. 그는 화를 잘 내.
③ He has a sweet temperament. 그는 다정해.

tempera는 안료에 달걀노른자를 '혼합해서' 그린 그림(또는 그런 화법)입니다. 16세기 무렵에 유화(oil painting)로 대체되기 전까지 주로 사용되던 화법이었죠.

'기질, 성질'을 뜻하는 temper, temperament와 '온도'를 뜻하는 temperature가 '혼합하다, 절제하다'를 뜻하는 어근과 어떤 관계가 있는지는 명확하지 않습니다. 그런데 temperature가 유래한 라틴어 명사(temperatura)를 라틴어 사전에서 찾아보면 '온도'라는 뜻 외에 '기질', '균형 잡힌 배합'이라는 뜻도 함께 나옵니다.

temper에 관한 또 하나의 수수께끼는 정반대되는 두 가지 뜻인 '완화하다'와 '강화하다'라는 뜻이 있다는 것입니다. 예를 들어,

tempered glass(강화 유리)라는 표현을 자주 접할 수 있는데, 강화 유리는 강하지만 깨지더라도 파편에 다칠 염려가 없어 자동차 창문 등에 널리 사용됩니다. '완화하다'와 '강화하다'를 각각 뜻하는 동사들은 다음과 같습니다.

④ **mítigàte, exténuàte alléviàte** 완화하다
fórtifỳ, rèinfórce, buttress 강화하다

옥스퍼드 사전에는 '누그러뜨리다, 완화시키다(make something less sevére by adding something that has the opposite efféct)'의 예문으로 ⑤가 제시되는데, 만약 이 문장이 사전이 아닌 곳에서 사용된다면 temper가 '누그러뜨리다'의 정반대 뜻인 '강화하다'로 해석될 수도 있습니다. 워낙 추상적인 문장이라서 문장의 뜻이 잘 와닿지 않기 때문이죠.

⑤ **Justice must be tempered with mercy.**[50]
법의 심판은 연민으로 완화해야 한다.

유창한 복화술사

eloquent / ventriloquist

Q

다음 두 단어에 공통으로 포함된
어근의 뜻은 무엇일까요?

ⓐ ventríloquist
복화술(腹話術)사

ⓑ collóquium
토론회

ⓐ ventriloquist(복화술사)는 인형극을 할 때, 마치 인형이 말하는 것처럼 보이게 입을 움직이지 않고 말하는 사람입니다. ventriloquist에는 두 개의 라틴어 어근이 포함되어 있는데, 첫 번째 어근인 ventr는 '배(belly)'를 뜻하는 라틴어 명사(venter)에서 유래하였습니다. 그래

서 한국어로 '배 복(腹)'자를 써서 '복화술사'라고 하는 것이죠. 같은 어근이 포함된 단어는 다음과 같습니다.

① ventral 배의 (↔ dorsal 등의), ventricle 심실 (↔ atrium 심방)

라틴이 venter(배)는 영어에서도 해부학 전문 용어로 사용됩니다. '배'를 뜻하는 또 다른 명사인 abdomen도 라틴어에서 차용한 단어입니다. ventral(배의)의 반의어인 dorsal(등의)은 라틴어에서 차용한 해부학 전문 용어 dorsum(등)의 형용사형입니다. ventral와 dorsal은 ②에서처럼 fin(지느러미)과 함께 사용되어 지느러미의 위치를 나타낼 때 자주 사용됩니다.

② The eelpout is roughly tubular in shape, with a sullen, disappointed expression, an elongated, eel-like body, and long dorsal and ventral fins. (COCA:1996:MAG)
등가시치는 대략 관 모양이며, 음침하고 실망한 표정, 길쭉한 장어 모양의 몸체, 긴 등지느러미와 복부 지느러미를 가지고 있다.

ventricle은 심장의 네 방 중에 '아래쪽(=배 쪽)'에 있는 좌우의 두 개(=심실)를 가리킵니다. 반면에, '위쪽에 있는 좌우의 두 개(=심방)'는 atrium이라고 하는데, atrium은 원래 '고대 로마 저택의 안마당'을 뜻하는 단어입니다.

ventriloquist의 두 번째 어근인 loqu는 '말하다(speak)'라는 라틴어 동사(loqui)에서 유래하였습니다. ⓑ colloquium(토론회)에도 같은 어간이 포함되어 있죠. ③은 어근 loqu(또는 locu)를 포함하는 명사, ④는 형용사입니다.

③ solíloquy 독백, obloquy 비방, 악평, 불명예, ìnterlócutor 대화자, èlocútion 웅변술

④ eloquent 유창한, 말 잘하는, grandíloquent 과장된, 허풍떠는, loquácious 말이 많은, collóquial 구어체의

colloquium과 symposium은 동의어로 사용됩니다. 두 단어 모두 '토론회'라는 뜻으로 사용되는데, colloquium은 '대담, 대화(cònversátion)'를 뜻하는 라틴어 명사를 차용한 것입니다. 접두사 col-(와 함께)과 loqui(말하다)의 명사형인 loquium이 합쳐진 단어이므로 colloquium은 말 그대로 '함께 말함'이라는 뜻입니다.

반면에, symposium은 원래 고대 그리스에서 귀족들이 술을 마시며 토론하는 '술잔치(drinking party)'를 뜻했습니다. sym-은 '~와 함께'라는 뜻의 그리스어 접두사이고 어근 po는 '마시다(drink)'를 뜻하는 동사에서 유래했기 때문입니다. 플라톤의 대화편 〈Symposium(향

연)〉에서 소크라테스도 귀족들과 함께 밤새 술을 마시며 사랑을 논의합니다. 어간 po(t)를 포함한 단어는 다음과 같습니다.

④ poison 독, potion (마법의) 물약, 묘약, potable 마셔도 되는

'수수께끼 같지만' 창의적인 언어 사용

ultracryptic / apocryphal

Q

다음 중 사전에
등재되지 않은 단어는 무엇일까요?

ⓐ ùltracrítical
혹평의

ⓑ ùltracrýptic
극도로 수수께끼 같은

ultra-는 '초(超, beyond), 극도로(extrémely)'의 뜻을 가진 라틴어 접두사입니다. critical은 '비판적인'이라는 뜻이니 ⓐ ultracritical은 '극도로 비판적인(=혹평의)'이라는 뜻이 됩니다. ultra-를 포함한 다른 단어는 다음과 같습니다.

① ùltralíberal 급진적 자유주의의, ùltraconsérvative 초보수적인, ùltramódern 초현대적인, ùltrasécret 극비의, ùltravíolet 자외선의, últrasòund 초음파

ⓑ ultracryptic에서 ultra-와 결합한 형용사 cryptic은 '수수께끼 같은, 암호를 사용한'이라는 뜻입니다. 따라서 ultracryptic은 '극도로 수수께끼 같은'이라는 뜻인데, 이 단어는 현재 사전에 등재되어 있지 않습니다. ultrasecret는 등재되어 있는데 왜 ultracryptic은 등재되지 않았는지 정말 '수수께끼 같은' 일입니다.

사실 secret과 cryptic은 같은 말입니다. secret은 '숨겨진(hidden)'이라는 뜻의 라틴어(secretus)에서 유래하였고, cryptic의 어근인 crypt는 같은 뜻의 그리스어(kryptos)에서 유래하였습니다. 어근 crypt를 포함한 단어는 다음과 같습니다.

② crypt 지하실(특히 성당의 납골 또는 예배용), cryptólogist 암호학자, cryptógraphy 암호학, 암호문, crỳptanálysis 암호 해독, encrýpt 암호화하다, apócryphal 출처가 불분명한

apocryphal(출처가 불분명한)에는 crypt의 이형태인 cryph가 포함되어 있습니다. apocryphal의 명사형인 apocrypha는 '출처가 의심스러운 문서, 작자가 미심쩍은 저작'을 뜻하는데, 원래 Apócrypha는

‘경외전(經外典=출처가 불분명해서 성경에 수록되지 않은 여러 문헌)’을 뜻하는 말입니다.

Apocrypha(경외전)의 반의어는 ‘자 막대(measuring rod), 규칙(rule)’을 뜻하는 그리스어(kanon)에서 유래한 canon(성서 정전, 정본 목 목록)입니다. canónical은 ‘정본에 속하는, 표준이 되는’이라는 뜻이고, ùncanónical은 apocryphal의 동의어입니다(Apocrypha=the uncanonical books). apocryphal(출처가 불분명한)은 다음과 같이 사용될 수 있습니다.

③ **These apocryphal claims were never corroborated by the evolutionary physicians.** (COCA:2019:FIC)
이러한 근거 없는 주장들은 진화론 의사들에 의해 절대 확증되지 않았다.

다양한 접두사와 어근을 알고 있으면 모르는 단어의 뜻을 파악할 수도 있지만, ultracryptic과 같은 라틴어 접두사와 그리스어 어근을 합치는 ‘출처가 불분명한(apocryphal)’ 단어를 창의적으로 만들어 낼 수도 있습니다.

“이 책은 1도 재미없어!”라는 문장은 거짓이며 비문입니다. 하지만 요즘은 ‘하나도’ 대신 ‘1도’가 사용된 문장을 쉽게 접할 수 있습니다. 이렇게 규칙에 어긋나는 표현을 의도적으로 사용하는 것도 창의적인 언어 사용 아닐까요?

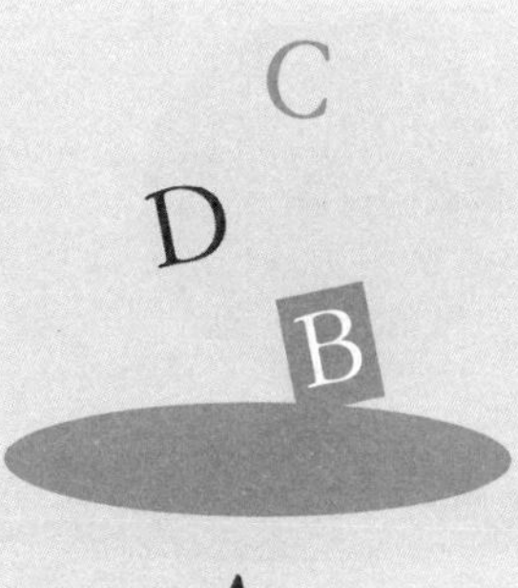
C
D
B
A

PART 3

접미사

접미사(suffix)란?

어근이나 단어의 뒤에 붙어 새로운 단어를 만드는 것

CHAPTER ❼

동사와 부사 접미사

과거분사를 만들거나 동사를 만들거나

smitten / chasten

Q

다음 두 단어에는 모두 접미사 -en이 포함되어 있습니다. 이 접미사의 역할은 무엇일까요?

ⓐ smitten
홀딱 반한, 고통받는

ⓑ chasten
잘못을 깨닫게 하다, 훈계하다

접미사는 '굴절접미사(infléctional suffix)'와 '파생접미사(dèrivátional suffix)'로 나뉩니다. 굴절접미사는 문법적인 기능을 나타내고, 파생접미사는 의미를 더해 줍니다. ⓐ smitten(홀딱 반한, 고통받는)은 동사 smite(강타하다)의 과거분사형입니다(smite-smote-smitten). 따라서

smitten의 -en은 동사를 과거분사형으로 만드는 굴절접미사입니다. -en을 포함한 과거분사형의 예는 다음과 같습니다.

① forbídden 금지된(fobid–forbade–forbidden), frozen 냉동된(freeze–froze–frozen), shrunken 쪼그라든(shrink–shrank–shrunken), swollen 부은, 부푼(swell–swelled–swollen)

ⓑ chasten의 -en은 형용사 또는 명사에 '~하게 하다'라는 의미를 더해 동사로 만들어 주는 파생접미사입니다. chaste는 '순결한, 순수한'이라는 뜻의 형용사이므로 chasten의 원래 뜻은 '순수하게 하다'인데, 이 뜻이 변하여 '잘못을 깨닫게 하다, 훈계하다'가 된 것입니다. 이처럼 형용사에 -en이 붙어서 동사가 된 예는 다음과 같습니다.

② brighten 밝게 하다, broaden 넓히다, cheapen 격을 떨어뜨리다, 싸게 하다, dampen 축축하게 하다, darken 어둡게 하다, deafen 귀를 먹게 하다, fasten 묶다, flatten 납작하게 하다, harden 굳게 하다, loosen 풀다, madden 미치게 만들다, moisten 축축하게 하다, sharpen 날카롭게 하다, steepen 가파르게 하다, sweeten 달게 하다, tighten 죄다, toughen 강인하게 하다, weaken 약화하다

fast는 형용사로 '빠른' 외에 '고정된, 견고한'이라는 뜻이 있습니다. stéadfàst(고정된, 단호한)와 뜻이 같죠. fasten(묶다)은 '고정된, 견

고한'을 뜻하는 fast에 -en이 붙은 것입니다. 하지만 ③-a에서처럼 fast는 부사로 '깊이, 완전히, 단단히'란 뜻으로 주로 사용됩니다. fasten은 ③-b에서처럼 좌석벨트를 매라고 할 때 주로 사용되죠.

③ a. The baby was fast asleep. 아기는 깊이 잠들어 있었다.
b. Fasten your seat belts, please. 좌석벨트를 매 주시기 바랍니다.

-en이 명사와 결합해 동사를 만든 예는 다음과 같습니다.

④ frighten 겁먹게 하다(fright, 공포), heighten 고조되다, 높이다(height, 높이), lengthen 길어지다(length, 길이), strengthen 강화하다(strength, 힘)

단어의 품사를 굴절접미사는 바꿀 수 없지만, 파생접미사는 바꿀 수 있습니다. 같은 어근을 가진 '명사-형용사-동사-부사'를 '단어족(word family)'이라고 하죠. 어휘를 공부할 때는 단어족을 함께 외우는 것이 좋은데, 예를 들어, beauty – beautiful – beautify – beautifully에서는 beauty에 파생접미사 -ful, -fy, -ly가 결합하여 단어족을 형성했습니다. 〈부록 4〉에는 영어에서 사용되는 총 8개의 굴절접미사와 단어족을 형성하는 대표적인 파생접미사의 예가 정리되어 있습니다.

형용사와 명사 모두에 결합하는 접미사

uglify / prioritize

Q

다음 두 단어에 각각 포함된
접미사는 무엇일까요?

ⓐ úglifỳ
추하게 하다

ⓑ prióritìze
우선순위를 매기다

ⓐ uglify(추하게 하다)는 형용사 ugly(추한)와 동사를 만드는 접미사 -(i)fy가 결합한 단어입니다. -(i)fy를 포함하는 동사는 다음과 같습니다.

① déifỳ 신격화하다, vérifỳ 증명하다, réifỳ 구체화하다, sátisfỳ 만족시

키다, líquefỳ 액화하다, ámplifỳ 증폭시키다, clárifỳ 명확하게 하다, inténsifỳ 심해지다, sánctifỳ 신성하게 하다

uglify와 달리, deify(신으로 받들다)처럼 라틴어에 유래한 동사는 어근이 잘 드러나지 않습니다. 어근 dei는 '신(god)'을 뜻하는 라틴어 명사(deus)에서 유래하였습니다. 같은 어근을 포함하는 영어 단어는 deity(신)가 있습니다.

영국의 동화 작가 루이스 캐럴(Lewis Carroll)의 1865년 작품 〈Alice's Advéntures in Wonderland(이상한 나라의 앨리스)〉에서는 학교에서 산수 시간에 addítion(덧셈), sùbtráction(뺄셈), mùltiplicátion(곱셈), divísion(나눗셈) 대신 ambítion(야망), distráction(주의 산만), ùglificátion(추하게 함), derísion(조롱)을 배운다는 내용이 나옵니다. 그러자 앨리스가 다음과 같이 말하죠.

② "I never heard of 'Uglification,'" Alice ventured to say.

"What is it?" The Gryphon lifted up both its paws in surprise. "Never heard of uglifying!" it exclaimed. "You know what *to beautify* is, I suppose?"

"Yes," said Alice doubtfully: "it means-to-make-anything-prettier."

"Well, then," the Gryphon went on, "if you don't know what *to uglify* is, you are a simpleton."

"나는 '추하게 함'을 들어 본 적이 없어," 앨리스가 조심스럽게 말했다.
"뭐라고?" 그리폰은 놀라서 두 발을 모두 들었다. "추하게 하는 것을 들어 본 적이 없다니!" 그리폰이 외쳤다. "'아름답게 하다'가 뭔지는 알겠지?"
"응," 앨리스가 확실하지 않게 말했다. "그건 무언가를 예쁘게 만드는 걸 말하지."
"음, 그러면," 그리폰이 계속 말했다, "'추하게 하다'를 모른다면, 넌 바보인 거야."

ⓑ prioritize(우선순위를 배기다)는 명사 priórity(우선권)와 동사를 만드는 접미사 -ize가 결합한 단어입니다. -(i)fy와 마찬가지로 -ize도 형용사와 명사 모두 결합할 수 있습니다.

③ báptìze 세례를 주다, cátegorìze 범주에 넣다, fóssilìze 화석화하다, gálvanìze 자극하다, incéntivìze (성과급을 주어) 장려하다, ítemìze 항목별로 적다, légalìze 합법화하다, máximìze 최대화하다, míniaturìze 소형화하다, mínimìze 최소화하다, órganìze 조직하다, stérilìze 소독하다, sýmbolìze 상징하다, théorìze 이론화하다, útilìze 활용하다, wéatherìze (단열재를 써서) 기후에 견디는 구조로 하다

품사에 따라 발음이 달라지는 접미사

castigate / legitimate

Q

다음 두 단어의
공통점과 차이점은 무엇일까요?

ⓐ cástigàte
책망하다, 혹평하다

ⓑ legítimàte
합법화하다

ⓐ castigate(책망하다, 혹평하다)와 ⓑ legitimate(합법화하다)의 공통점은 모두 동사 접미사 -ate를 포함한다는 것입니다. -ate를 포함한 다른 동사는 다음과 같습니다.

① ágitàte 선동하다, cálibràte 눈금을 매기다, contáminàte 오염시키

다, detériorate 악화되다, disíntegrate 붕괴되다, dissémináte 퍼뜨리다, equáte 동일시하다, facílitàte 용이하게 하다, flúctuàte 변동을 거듭하다, íntegràte 통합시키다, législàte 법률을 제정하다, prolíferàte 확산되다, términàte 종결시키다, víolàte 위반하다

ⓐ castigate와 ⓑ legitimate의 차이점은 castigate는 동사로만 사용되지만, legitimate는 형용사로도 사용될 수 있다는 것입니다. 사실 legitimate는 ②에서처럼 형용사로 사용되는 빈도수가 훨씬 높습니다.

② The fact that some teachers are not allowed to chastise their students is a legitimate concern.
일부 교사가 학생을 꾸짖을 수 없다는 사실은 정당한 우려입니다.

castigate와 chastise는 사실 같은 라틴어 동사(castigare)에서 유래하였습니다. castigate는 17세기에 라틴어에서 직접 영어로 들어온 단어이고 chastise는 14세기에 프랑스어를 통해서 영어로 들어왔습니다.[1] 라틴어의 c가 프랑스어에서 ch로 바뀐 다른 예는 chief(우두머리)와 chef(주방장)입니다. 두 단어 모두 '머리(head)'를 뜻하는 라틴어 명사(caput)에서 유래하였습니다.

'정리하다'를 미국영어에서는 organize, 영국영어에서는 organise로 쓰는 것처럼 미국영어에서는 -ize, 영국영어에서는 -ise를 주로

사용합니다. 그런데 chastise(꾸짖다)는 미국영어와 영국영어에서 공통으로 사용됩니다.

접미사 -ate의 특징 중 하나는 -ate가 포함된 단어의 강세는 거의 항상 àntepenúltimate(끝에서 세 번째의) 음절에 온다는 것입니다. 그리고 legitimate처럼 동사와 형용사가 모두 가능한 단어는 동사일 때는 -ate가 /eit/로 발음되고 형용사(또는 명사)일 때는 /it/로 발음됩니다. -ate를 포함하고 동사와 형용사 또는 명사로 사용되는 단어는 다음과 같습니다.

③ ádvocàte 옹호하다, 옹호자, apprópriàte (적절한 금액을) 책정하다, 적절한, discríminàte 구별(차별)하다, 차별적인, éstimàte 견적, 추정하다, gráduàte 졸업하다, 졸업생, 대학원의, ísolàte 고립된 것, 고립시키다, médiàte 간접의, 중재하다, séparàte 분리하다, 분리된

형용사 discriminate(차별적인)는 잘 사용되지 않지만, 반의어인 ìndiscríminate(무분별한)는 자주 사용됩니다. -ate는 corporate(기업의, 법인의)처럼 형용사로만 사용되는 단어에서도 /it/로 발음되는 것이 정상인데, 이상하게도 Látinàte(라틴어에서 파생된)와 cógnàte(어원이 같은, 어원이 같은 단어)에서는 /eit/로 발음됩니다.

-s는 부사 접미사?

homeward / outdoors

Q

다음 두 단어에 공통으로 포함된
접미사는 무엇일까요?

ⓐ awkward
어색한

ⓑ homeward
집으로 향하는

부사를 만들 때 가장 흔히 사용되는 파생접미사는 -ly입니다(예: 형용사 random(무작위의)+-ly = 부사 randomly(무작위로)). -ly는 friendly(친절한), timely(시기적절한)에서처럼 명사와 결합하는 형용사 접미사로도 사용됩니다.

ⓐ awkward(어색한)는 '거꾸로 꼬인(turned the wrong way)'을 뜻하는 형용사 awk와 부사 접미사 -ward(~쪽으로)가 결합한 단어입니다. 지금은 형용사 awk를 사용하지 않아 awkward에서는 -ward의 의미가 잘 드러나지 않지만 ⓑ homeward(집으로 향하는)에서는 -ward의 의미가 잘 드러납니다. 접미사 -ward를 포함한 다른 단어는 다음과 같습니다.

① **backward** 뒤로, 거꾸로, **forward** 앞으로, **onward** 앞으로, **seaward** 바다를 향한, **upward** 위쪽으로

forward는 fore(앞부분의, 앞쪽에)와 -ward가 결합한 것입니다. onward는 forward와 뜻이 거의 같은데 ②에서처럼 onward and upward라는 표현으로 자주 사용됩니다.

② **Her ministry encouraged us to keep moving onward and upward.**
그분의 사역은 우리가 계속 전진하고 향상하도록 격려해 주었다.

ⓑ homeward(집으로 향하는)와 ①의 모든 단어는 -ward 대신 -wards와 결합할 수도 있습니다. -ward와 결합한 단어는 형용사 또는 부사로 사용될 수 있지만, -wards와 결합한 단어는 모두 부사로만 사용될 수 있습니다. 따라서 -s가 부사를 나타내는 접미사라고 할 수도 있죠. 특히 indoor(실내의)와 outdoor(실외의)는 형용사로만 사용되

므로 ③에서처럼 부사로 사용될 때는 꼭 -s가 붙어야 한다는 것에 유의해야 합니다.

③ **His daily lecture included telling his son to play òutdóors at least for an hour.**
그의 일일 강의에는 아들에게 적어도 한 시간은 야외에서 놀라고 하는 내용이 포함되어 있었다.

-s가 붙은 단어 중에 형용사와 부사로 모두 사용이 가능한 단어로는 overseas(해외의, 해외에서)와 sideways(옆의, 옆으로)가 있습니다.

-wards가 붙은 단어 중 부사로 사용되지 않는 유일한 단어는 towards입니다. towards는 toward와 함께 '~쪽으로, ~을 향하여'라는 뜻의 전치사로 사용됩니다. toward와 towards 중 어떤 단어를 사용하는 것이 좋은지에 대한 의견이 분분한데, 확실한 것은 미국영어에서는 toward가 선호된다는 것입니다. -wards와 결합한 단어는 주로 부사로 사용되는데 towards는 부사가 아닌 전치사이니 toward를 사용하는 것이 더 좋다는 논리입니다.

'방법' 또는 '방향'을 나타내는 접미사

likewise / clockwise

Q

다음 두 단어에 공통으로 포함된
부사 접미사의 뜻은 무엇일까요?

ⓐ líkewìse
마찬가지로

ⓑ clóckwìse
시계 방향으로

likewise와 clockwise에 공통으로 포함된 -wise는 '방법(way, manner, fashion)' 또는 '방향(direction)'을 나타내는 부사 접미사입니다. -wise를 포함하는 다른 단어는 다음과 같습니다.

① còunterclóckwìse 시계 반대 방향으로, crósswìse 가로로,

édgewìse 옆으로, léngthwìse 길게, 세로로, ótherwìse 그렇지 않으면

ⓐ likewise(마찬가지로)와 edgewise(옆으로), otherwise(그렇지 않으면)는 부사로만 사용되는데, ⓑ clockwise(시계 방향으로)와 counterclockwise(시계 반대 방향으로), crosswise(가로로), lengthwise(세로로)는 형용사 또는 부사로 사용됩니다.

ⓐ likewise(마찬가지로)와 뜻이 같은 전치사구는 in like manner입니다.

② In like manner, the government should not be subsidizing the tobacco industry, either. (COCA:NEWS:1997)
마찬가지로, 정부도 담배 산업에 보조금을 지급해서는 안 된다.

like는 주로 동사(좋아하다) 또는 전치사(~와 같은)로 사용되지만 ②에서는 형용사(~와 비슷한)로 사용되었습니다.

접미사로 사용되는 -wise는 원래 '방법'을 뜻하는 명사였습니다. '현명한'을 뜻하는 형용사 wise와는 관계가 없죠. 고대영어에서는 두 단어의 철자가 달랐었는데 형용사였던 wis가 wise로 바뀌면서 같아졌습니다. 현대영어에서는 wise를 명사로 사용하지 않으므로 in like wise라는 표현을 사용하지 않지만, 1611년에 발간된 〈킹제임스성서

(the King James Bible)〉의 마태복음 21장 24절에는 in like wise가 사용되었습니다.

③ And Jesus answered and said unto them, I also will ask you one thing, which if ye tell me, I in like wise will tell you by what authority I do these things. (Matthew 21:24)
예수께서 대답하시되 나도 한 말을 너희에게 물으리니 너희가 대답하면 나도 마찬가지로 무슨 권위로 이런 일을 하는지 이르리라.

likewise는 사실 in like wise를 줄여서 만든 단어입니다. ④는 1982년에 발간된 〈신킹제임스판(The New King James Version)〉에 나오는 마태복음 21장 24절인데 여기에는 in like wise 대신 likewise가 사용된 것을 볼 수 있습니다.

④ But Jesus answered and said to them, "I also will ask you one thing, which if you tell Me, I likewise will tell you by what authority I do these things:

CHAPTER 8

형용사 접미사

금관과 금시계

rotten / golden

Q

다음 두 단어에는 모두 접미사 -en이 포함되어 있습니다.
이 접미사의 역할은 무엇일까요?

ⓐ rotten
썩은

ⓑ golden
금으로 만든

ⓐ rotten(썩은)은 원래 동사 rot(썩다, 부패시키다)의 과거분사형이었습니다. 따라서 rotten의 -en은 굴절접미사입니다. 하지만 현대영어에서 rotten은 과거분사로는 사용되지 않고 형용사로만 사용됩니다. rotted가 rot의 과거분사가 되었죠. rotten과 같은 단어는 다음과 같습니다.

① **drunken** 술에 취한, **stricken** 고통받는, 시달리는, **sunken** 침몰한, 움푹 들어간

위 세 형용사는 원래 drink(마시다), strike(치다), sink(가라앉다)의 과거분사형이었습니다. 하지만 지금은 strike-struck-struck, sink-sang-sunk, drink-drank-drunk가 과거분사형으로 사용됩니다. 그래서 ②에서처럼 형용사 stricken(고통받는)은 주로 전치사 with와 함께 사용되는데 가끔 by가 사용되기도 합니다. by를 사용하면 stricken을 strike의 과거분사처럼 사용하는 것이죠.

② **He was stricken with grief and despair, whereas his partner found a new source of hope.**
그의 동업자는 새로운 희망의 원천을 발견했지만, 그는 슬픔과 절망에 고통받고 있었다.

ⓑ golden(금으로 만든)의 -en은 명사를 형용사로 만드는 파생접미사입니다. 명사를 형용사로 만드는 -en의 기본적인 의미는 '~로 만든'입니다. 그래서 '금관'은 a golden crown이라고 하죠. golden과 같은 단어는 다음과 같습니다.

③ **ashen** 잿빛의, 재로 만든, **earthen** 흙으로 만든, 세속의, **leaden** 납빛의, 납처럼 무거운, 납으로 만든, **oaken** 참나무로 만든, **silken** 비단결 같은, 비단으로 만든, **wooden** 나무로 만든, 경직된, 무표정한, **woolen** 양털로 만든

ⓐ에서 oaken(참나무로 만든)과 woolen(양털로 만든)을 빼고 나머지는 '~로 만든' 외에 좀 더 은유적인 뜻으로 사용될 수 있습니다. ⓑ golden(금으로 만든)과 ashen(잿빛의, 재로 만든), leaden(납빛의), silken(비단결 같은)은 오히려 은유적인 표현으로 더 자주 사용됩니다. 예를 들어 a golden opportunity(절호의 기회)라는 표현은 자주 사용되는 반면, '금시계'는 보통 a golden watch라고 하지 않고 a gold watch라고 하죠.

a gold watch에서처럼 -en 형용사 대신 단순한 명사를 사용해서 '~로 만든'의 뜻을 표현하는 것은 현대영어의 특징입니다. 예전에는 -en 형용사를 사용하든지 아니면 of-전치사구를 사용해서 '~로 만든'의 뜻을 표현했죠.[2] 그래서 금시계보다 역사가 깊은 '금관'은 a gold crown보다 a golden crown이 더 자주 사용되는 것입니다.

2024년 4월 10일 기준으로 Google Books Ngram Viewer에 따르면 현재 사용 빈도가 가장 높은 표현은 a golden crown이고, 그 다음이 a crown of gold, 마지막이 a gold crown입니다. 그런데 19세기 중반까지는 a crown of gold가 a golden crown보다 더 자주 사용되었습니다.

간결하지만 의미심장한 핵심

pithy / objective

Q

다음 두 단어의
공통점과 차이점은 무엇일까요?

ⓐ mighty　　　ⓑ objéctive

mighty와 objective의 공통점은 두 단어 모두 형용사 파생접미사(-y와 -ive)를 포함한다는 것입니다. ⓐ mighty(강력한)는 명사 might(힘, 권력)에서 파생한 형용사입니다. 형용사 접미사 -y를 포함하는 단어는 다음과 같습니다.

① bulky 부피가 큰, drafty 외풍이 있는, pithy 간결하나 의미심장한, shifty 교활한, trendy 최신 유행의

draft는 동사 draw(그리다, 끌어당기다)의 명사형입니다. draft는 '밑그림, 초고, 끌기, 인출, 징병, 외풍'과 같은 다양한 의미로 사용되는데 모두 '그리다, 끌어당기다'와 관계있는 뜻입니다. 생맥주를 영어로는 daft beer라고 하는데, draft beer는 큰 통(cask)에서 '뽑아낸' 맥주라는 뜻입니다. pith(골수, 핵심)의 형용사형인 pithy는 다음과 같이 사용될 수 있습니다.

② She made pithy comments on my book.
그녀는 내 책에 관해 간결하나 의미심장한 논평을 했다.

shift는 동사로는 '이동하다, 바꾸다', 명사로는 '변화, 교대 근무'라는 뜻입니다. shifty는 원래 '변화하는'이라는 뜻인데, 이 뜻이 '교활한'이라는 나쁜 뜻으로 바뀐 것입니다.

형용사로만 사용되는 mighty와 달리 ⓑ objective는 명사로도 쓰입니다. 명사 objective는 '목적, 목표(goal)'라는 뜻이고, 형용사는 '객관적인'이라는 뜻입니다. objective처럼 형용사와 명사로 모두 사용 가능한 단어는 다음과 같습니다.

③ altérnative 대안(적인), detéctive 탐정(의), motive 동기, 원동력이 되는

형용사로만 사용되는 -ive를 포함하는 단어는 다음과 같습니다.

④ active 활동적인, 적극적인, 능동태의, passivc 수동적인, 수동태의, quálitàtive 질적인, quántitàtive 양적인, subjéctive 주관적인

고등학생 딸아이와 매일 단어 공부를 할 때 하루는 pithy(간결하지만 의미심장한)의 명사형이 뭔지 물어본 적이 있습니다. 바로 pith라고 답할 줄 알았는데 말이 없더군요. 아빠의 욕심이었던 것 같습니다.

명사 pith의 뜻을 사전에서 딸아이와 함께 찾아보고 어떻게 '골수, 핵심'에서 pithy의 뜻이 파생되었는지 설명해 보라고 하니 또 말이 없었습니다. "pithy는 원래 '핵심의, 핵심적인'이라는 뜻이니까 '간결하지만 의미심장한'이라는 뜻으로 사용돼요."라는 답을 기대했었는데, 이것도 아빠의 욕심이었던 것 같습니다.

"이렇게 쉬운 걸 왜 모르지?"라고 실망하고 있을 때 문득 저도 Protestant(개신교도)가 protést(항의하다)에서 파생한 단어라는 것을 대학원에서 가서 깨달았던 사실이 떠올랐습니다.

이건 형용사야, 명사야?

journal / crucial

Q

다음 두 단어 중
형용사가 아닌 것은 무엇일까요?

ⓐ journal ⓑ crucial

-y, -ive와 더불어 -al은 단어족을 이루는 대표적인 형용사 파생 접미사입니다. ⓐ journal은 '일기, 신문, 정기간행물'을 뜻하는 프랑스어에서 차용한 명사인데, journal은 원래 '매일의(daily)'를 뜻하는 라틴어 형용사(diurnalis)에서 유래하였습니다. ①은 명사와 형용사로

사용되는 -al을 포함하는 단어이고 ②는 형용사로만 사용되는 단어입니다.

① chemical 화학의, 화학 물질, modal 방식의, 법조동사, neutral 중립(적인)

② diúrnal 주간의, 주행성의, fùndaméntal 기본적인, idéntical 똑같은, marginal 주변적인, 중요하지 않은, noctúrnal 야간의, 야행성의, òriéntal 동양의, physical 육체의, regional 지역의, 지방의, visual 시각의, virtual 사실상의, 가상의,

identical, marginal, modal, oriental, visual의 명사는 각각 idéntity(신원, 동일함), margin(여백, 가장자리), mode(방식), vision(시력, 비전)입니다. oriental의 명사인 orient(동양)는 요즘에는 주로 동사(~을 일정 방향으로 향하게 하다)로 사용됩니다.

ⓑ crucial은 '결정적인, 십자형의'라는 뜻의 형용사입니다. crucial은 '핵심, 십자가'를 뜻하는 명사 crux에서 파생하였는데, '십자가'라는 뜻으로는 보통 cross를 사용합니다. cross는 순수 영어이고 crux는 라틴어죠. 동사 crúcifỳ는 '십자가에 못 박다'라는 뜻입니다.

crucial은 아래와 같이 의학 용어로 '십자형의'라는 뜻으로 사용되는데, 19세기에 많이 사용되다가 20세기 후부터는 잘 사용되지 않습

니다. crucial이 crux(십자가)의 형용사형이라고 여겨지지 않기 때문인 것 같습니다.

③ In considering the treatment of infected lips, it is interesting to note that every imaginable procedure has been advocated, including crucial incision.[3]
감염된 입술의 치료를 고려할 때 십자형 절개를 포함하여 상상할 수 있는 모든 시술이 권장되었다는 점은 흥미롭다.

흥미로운 사실은 2024년 3월 5일 기준으로 구글 번역기와 파파고 번역기 모두 crucial incision을 '중요한 절개'라고 오역한다는 것입니다.

단어의 형태를 가진 접미사 1

indubitable / relentless

Q

다음 중 접미사와 관계가 있는 초기 인류는 무엇일까요?

ⓐ Homo eréctus
호모 에렉투스

ⓑ Homo habilis
호모 하빌리스

Homo는 라틴어로 '사람, 인간'이라는 뜻입니다. 현대 인류는 Homo sapiens(호모 사피엔스)라고 하는데 sapiens는 라틴어로 '지혜로운'이라는 뜻이죠. 영단어 sapience(지혜)가 같은 라틴어에서 유래하였습니다. 약 100만 년 전에 살았던 인류는 ⓐ Homo erectus(호모 에렉투스)라고 합니다. erectus는 라틴어로 '곳곳이 선'이라는 뜻이고, 영단어 erect(직립한, 세우다)가 erectus에서 유래하였습니다.

약 200만 년 전에 살았던 인류는 ⓑ Homo habilis(호모 하빌리스)라고 합니다. habilis는 라틴어로 '할 수 있는, 손재주가 있는'이라는 뜻이고, 영단어 able(할 수 있는)이 habilis에서 유래하였습니다. 최초로 도구를 만들어 쓴 인류라서 Homo habilis라고 불리는 것이죠. able은 ①에서처럼 형용사 접미사로도 사용됩니다. 따라서 위 문제의 정답은 ⓑ입니다.

① consíderable 상당한, 많은, knowledgeable 박식한, questionable 의심스러운, inálienable 빼앗을 수 없는, indúbitable 의문의 여지가 없는, inéquitable 불공평한, ìnsurmóuntable 극복할 수 없는, inváluable 매우 귀중한, unbéarable 참을 수 없는

②에서처럼 -able은 -ible의 형태로도 나타나는데, 모두 기본적으로 '할 수 있는'이라는 뜻입니다.

② compátible 호환이 되는, contémptible 경멸할 만한, feasible 실현할 수 있는, incrédible 믿을 수 없는, intélligible 이해할 수 있는, ìrresístible (너무 매력적이어서) 거부할 수 없는, plausible 타당한 것 같은

-able처럼 단어의 형태를 가진 또 하나의 형용사 접미사는 -less입

니다. less는 little의 비교급으로 '보다 적은'이라는 뜻이지만 접미사 -less의 뜻은 '없는'입니다. -less가 포함된 단어는 다음과 같습니다.

③ count<u>less</u> 셀 수 없는, daunt<u>less</u> 겁 없는, effort<u>less</u> 힘이 들지 않는, heed<u>less</u> 부주의한, reck<u>less</u> 신중하지 못한, 무모한, regárd<u>less</u> 개의치 않는, relént<u>less</u> 수그러들지 않는, 집요한, speech<u>less</u> 말문이 막힌

reckless의 reck은 동사로 '주의하다, 개의하다'라는 뜻입니다. heed, regard와 같은 뜻인데 reck은 요즘은 사용되지 않는 고어입니다. -less로 끝나는 형용사가 부사로 사용되려면 effortlessly처럼 부사 접미사 -ly와 결합하여야 하는데, regardless는 특이하게 ④에처럼 -ly 없이 부사로 사용될 수 있습니다.

④ Challenging the champion may sound reckless, but I want to fight him <u>regardless</u>.
챔피언에게 도전하는 것이 무모하게 들릴 수도 있지만, 나는 <u>개의치 않고</u> 그와 싸우고 싶다.

사실 regardless는 형용사보다는 부사 또는 전치사구 regardless of(~에 상관없이)로 더 자주 사용됩니다. 구어체에서는 irregardless of도 사용되는데, -less가 '없는'이라는 뜻이므로 부정접두사 ir-를 또 사용하는 것은 논리적이지 않습니다.

단어의 형태를 가진 접미사 2

twosome / cumbersome

Q

다음 두 단어에 포함된
접미사 -some의 뜻은 무엇일까요?

ⓐ twosome
2인조(의)

ⓑ cumbersome
다루기 힘든

-able, -less와 함께 단어의 형태를 가진 또 다른 형용사 접미사는 -some입니다. 사실 접미사 -able, -less와 형용사 able, less는 각각 좀 다른 어원에서 유래했는데, 접미사 -some과 한정사 some(몇몇, 약간의)은 같은 어원에서 유래하였습니다.[4] ⓐ twosome(2인조)의

-some은 숫자와 결합하여 '몇 인조'의 뜻을 나타내는 접미사입니다. foursome(4인조), fivesome(5인조)처럼 골프 용어로 자주 사용되죠.

반면에 ⓑ cumbersome에서 -some은 '~하게 하는(causing)'이라는 뜻입니다. 동사 cumber가 '방해하다, 부담을 주다'라는 뜻이므로 cumbersome은 '방해하게 하는(=다루기 힘든)'이라는 뜻이 됩니다. -some이 포함된 다른 단어는 다음과 같습니다.

① awesome 굉장한, 아주 멋진, bothersome/troublesome 귀찮은, 성가신, fearsome 무시무시한, 겁이 많은, gruesome 소름 끼치는, 끔찍한, irksome 짜증 나게 하는, lonesome 쓸쓸한, 고독한, tiresome/wearisome 지치게 하는, 지루한, worrisome 걱정스럽게 하는

awe는 '경외감, 두려움'이라는 뜻이므로 awesome의 본래 뜻은 '경외심을 불러일으키는(awe-inspíring)'입니다. 하지만 이 뜻으로는 잘 사용되지 않고 주로 비격식 상황에서 '아주 멋진'이라는 뜻으로 사용됩니다. gruesome(소름 끼치는, 끔찍한)은 ① 중에서 현대영어에서 사용되지 않는 단어(grue(떨다))를 포함한 유일한 형용사입니다.

② The twosome tried to turn their gruesome relationship into a wholesome one.
두 사람은 그들의 끔찍한 관계를 건전한 관계로 바꾸려고 노력했다.

접미사 -some은 ③에서처럼 '~하려고 하는, 하기 좋아하는(tending to)' 또는 '~에 적절한, 좋은(apt to)'의 뜻을 나타내기도 합니다.

③ advénturesome/venturesome 모험을 좋아하는, handsome 잘생긴, 많은, 후한, quarrelsome 싸우기 좋아하는, wholesome 건강에 좋은, 건전한, winsome 마음을 끄는, 매력적인

adventuresome과 venturesome의 유의어는 adventurous(모험을 좋아하는)인데, 세 단어 중 adventurous의 사용 빈도수가 가장 높습니다. handsome은 본래 '다루기 좋은'이라는 뜻이었는데 몇 세기에 걸쳐 뜻이 변하여 현재의 '잘생긴, 후한'이라는 뜻이 되었습니다.

winsome의 어근은 '기쁨(joy)'을 뜻하는 고대영어 단어 wynn입니다. 따라서 winsome은 본래 '기쁨에 좋은'이라는 뜻이므로 '마음을 끄는, 매력적인'이라는 뜻이 된 것입니다.

절망과 극악무도로 '가득 찬' 무법자

desperate / atrocious

Q

다음 두 단어에 포함된 접미사 -ate와 -ose는 뜻이 같습니다.
두 접미사의 뜻은 무엇일까요?

ⓐ affectionate
애정이 깊은

ⓑ verbóse
장황한

ⓐ affectionate(애정이 깊은)에 포함된 명사는 affection(애정)입니다. 접미사 -ate는 '가득 찬(full of)'이라는 뜻이므로 affectionate의 뜻은 '애정이 가득 찬(=깊은)'이 됩니다. -ate를 포함한 다른 단어는 다음과 같습니다.

① compássionate 동정심 많은, desperate 절망적인, 자포자기의, extórtionate (가격 등이) 터무니없이 높은, fortunate 행운의, passionate 열정적인

desperate(절망적인)에 포함된 명사는 despair(절망)입니다. desperado는 '자포자기한 무법자, (서부 개척 시대의) 무법자'라는 뜻의 명사입니다. 2019년에 가수 임재범 씨가 미국의 전설적인 록 밴드 이글스(Eagles)의 노래 〈Desperado〉를 리메이크해서 유명해진 단어죠. extortionate(터무니없이 높은)에 포함된 extortion은 '갈취, 착취'라는 뜻입니다.

ⓑ verbose(장황한)에 포함된 어근은 verb입니다. verb는 '단어(word)'를 뜻하는 라틴어 명사(verbum)에서 유래하였습니다. 영어에서는 verb가 '동사'를 뜻하지만, verbose의 어근인 verb는 '단어'를 뜻합니다. 어근 verb가 '단어'를 뜻하는 또 다른 예는 proverb(속담, 격언)와 verbátim(말 그대로)입니다.

접미사 -ose는 -ate와 마찬가지로 '가득 찬'을 뜻하므로 verbose는 '단어가 가득 찬(=장황한)'이라는 뜻이 됩니다. -ose를 포함하는 단어는 많지 않습니다.

② jocóse 익살맞은, 유머러스한, moróse 침울한, 시무룩한

jocose(익살맞은)의 어근 joc는 '농담(joke)'을 뜻하는 라틴어 명사(jocus)에서 유래하였습니다. jocose의 유의어로는 humorous와 facétious가 있습니다. 두 단어 모두 접미사 -ous를 포함하는데, -ous는 -ose와 뜻이 같은 이형태입니다. -ous를 포함한 단어는 다음과 같습니다.

③ **atrócious 극악무도한, facétious 익살맞은, glorious 영광스러운, hilárious 아주 웃기는, various 다양한, vicious 사악한**

atrocious는 'atrocity(극악무도, 잔혹 행위)로 가득 찬', vicious는 'vice(악, 악덕)로 가득 찬'이라는 뜻입니다. various의 동사형은 vary(바뀌다, 다르다)이고 명사형은 variety(다양성)입니다.

morose(침울한, 시무룩한)의 어근인 mor는 '풍습(custom)'을 뜻하는 라틴어 명사(mos)에서 유래하였습니다. 같은 어근을 포함한 단어는 moral(도덕적인)과 mores/mɔ́reiz/(사회적 관습들)가 있습니다. 영화 〈죽은 시인의 사회(*Dead Poets Society*)〉에서 명언 Carpe diem(현재를 즐겨라=Seize the day)으로 고등학생들의 마음을 사로잡은 영문학 선생님은 작문의 간결성을 강조하며 다음과 같은 말을 합니다.

④ **A man is not "very tired." He is "exhausted!" And don't use "very sad." Use "morose."**
남자는 '매우 피곤한' 것이 아니다. 그는 '지친' 것이다. 그리고 '매우 슬픈'이라고 쓰지 마라. '침울한'이라고 써라.

사람을 '닮은' 로봇

statuesque / android

Q

다음 두 단어에 각각 포함된 형용사 접미사 -esque와 -oid의 뜻은 무엇일까요?

ⓐ stàtuésque
위엄 있는, 아름다운

ⓑ húmanòid
인간과 비슷한

-esque와 -oid는 모두 '~을 닮은'이라는 뜻을 가진 접미사입니다. 따라서 ⓐ statuesque는 원래 '조각상(statue) 같은'이라는 뜻인데 비유적으로 '조각상같이 위엄 있는, 아름다운'이라는 뜻으로 사용됩니다. ①은 -esque를 포함한 단어들인데, statuesque와 picturesque를

제외한 다른 모든 단어는 프랑스에서 차용하였습니다. -esque가 프랑스어 접미사이기 때문입니다.

① **àrabésque** 복잡하고 기교한, 아라비아풍(의), **burlésque** 풍자극(의), **gìgantésque** 거인의, 초대형의, **grotésque** 괴상한, 기괴한 물건, **Jùnoésque** (여성이) 기품 있고 아름다운, **pìcturésque** 그림 같은, **Ròmanésque** 로마네스크 양식(의)

arabesque(아라비아풍의)는 발레의 가장 기본적인 자세 중 하나인 '아라베스크'를 뜻하기도 합니다. grotesque는 원래 'grotto(동굴, 인공동굴) 같은'이라는 뜻입니다. 고대 로마 시대의 동굴에서 기괴한 벽화가 많이 발견되어서 grotesque가 '괴상한, 기괴한 물건'이라는 뜻이 되었다고 합니다.[5]

Junoesque(기품 있고 아름다운)는 원래 '로마 여신 Juno(주노) 같은'이라는 뜻입니다. Juno는 모든 신의 우두머리인 Jupiter(주피터)의 아내죠. Romanesque(로마네스크 양식의)는 아치형의 석조 천장과 높은 기둥이 특징인 10~12세기 서유럽에서 유행한 건축 양식을 뜻합니다.

-oid는 '모습(form)'을 뜻하는 그리스어 명사(eidos)에서 유래한 접미사입니다. 따라서 ⓑ humanoid는 '인간의 모습을 한'이라는 뜻입니다. 접미사 -oid가 포함된 단어는 다음과 같습니다. ②의 모든 단어

는 형용사 또는 명사로 사용될 수 있습니다.

② ándròid 인조인간(의), ánthropòid 유인원(의), ásteròid 별 모양의, 소행성(의), déltòid 삼각주 모양의, ópiòid 아편 같은, 합성 진통/마취제, plánetòid 소행성(의), 삼각근, táblòid (보통 신문의 절반 크기인) 타블로이드판(의)

anthrop은 '인간(human)'을 뜻하는 그리스어 어근이므로 humanoid와 anthropoid의 본래 뜻은 같지만, humanoid는 인간 같은 모든 '생물 또는 로봇'을 지칭할 때 사용되는 반면, anthropoid는 인류에 가장 가까운 동물인 '유인원'을 지칭할 때 사용됩니다.

andr는 '남성(male)'을 뜻하는 그리스어 어근인데, android는 '사람과 거의 같은 로봇(=안드로이드)'을 뜻합니다. robot(로봇)이라는 단어는 1920년에 체코에서 출판된 희곡 〈R.U.R〉에 처음 사용되었습니다. (R.U.R.은 Rossum's Univérsal Robots의 약자입니다.) 요즘에는 ③과 같은 내용의 영화를 어렵지 않게 볼 수 있습니다.

③ The androids in this movie live in an imaginary, picturesque world.
이 영화에 등장하는 안드로이드는 상상 속의 그림 같은 세계에 살고 있다.

'비현실적인' 돈키호테

quixotic / laconic

Q

다음 두 단어의
두 가지 공통점은 무엇일까요?

ⓐ quixótic
비현실적인

ⓑ lacónic
간결한, 말수가 적은

quixotic과 laconic의 첫 번째 공통점은 두 단어 모두 형용사 접미사 -ic(~의)를 포함한다는 것이고, 두 번째 공통점은 모두 비유적인 뜻으로 사용된다는 것입니다.

ⓐ quixotic(비현실적인)은 원래 'Don Quixote(돈키호테)의'라

는 뜻입니다. 스페인 작가 미겔 데 세르반테스(Miguel de Cervantes, 1547~1616)가 쓴 풍자 소설의 주인공인 Don Quixote는 원래 시골 하급 귀족(hidalgo)인데 자기가 중세의 기사(knight)라는 과대망상에 빠져 비현실적인 행동을 일삼는 사람입니다. ①은 귀족 계급 아래인 신사 계급(gentry)을 높은 순서대로 나열한 것입니다.

① **baronet** 준남작(準男爵), **knight** 기사(騎士), **esquire** 향사(鄕士), **gentleman** 신사(紳士)

ⓑ laconic(간결한, 말수가 적은)은 원래 'Lacónia(라코니아)의'라는 뜻입니다. Laconia는 그리스 남부에 있던 고대국가였는데, 이곳의 수도는 스파르타(Sparta)였습니다. 스파르타인은 말수가 적고 전투에 능한 사람으로 유명하죠. 접미사 -ic를 포함하는 다른 단어는 다음과 같습니다.

② **barbáric** 야만적인, **classic** 고전의, 일류의, **dynámic** 역동적인, **ethnic** 민족의, **forénsic** 법의학적인, 범죄 과학 수사의, **hygíenic** 위생적인, **idýllic** 목가적(牧歌的), 전원시 풍의, **pèriódic** 주기적인, **sporádic** 산발적인

dynamic(역동적인)은 '강력한(powerful)'을 뜻하는 그리스어(dynamikos)에서 유래하였습니다. dynamic과 같은 어근을 포함한

dynamo는 '발전기(generator)'라는 뜻입니다. idyll은 '목가, 전원시'라는 뜻이고, 형용사 idyllic(목가적인, 전원시 풍의)은 ③과 같이 사용될 수 있습니다.

③ The famous actor is looking for an estate both idyllic and exotic for his second wedding.
그 유명 배우는 자신의 두 번째 결혼식을 위해 목가적이고 이국적인 사유지를 찾고 있다.

exotic(이국적인)에 포함된 접미사 -tic는 -ic의 이형태입니다. 접미사 -tic를 포함한 단어는 다음과 같습니다.

④ ànalýtic 분석적인, genétic 유전의, kinétic 운동의, neurótic 신경과민의, psychótic 정신병의, static 정적인

kinetic(운동의)은 '움직이는(moving)'을 뜻하는 그리스어(kinetikos)에서 유래하였습니다. static(정적인)의 반의어는 dynamic(역동적인)입니다. ⑤는 접미사 -tic와 결합한 것처럼 보이지만 사실은 어근에 t가 포함된 단어들입니다.

⑤ aquátic 물의, 물속에 사는, dramátic 극적인, romántic 낭만적인

그리고 topic(화제, 주제), statístic(통계)처럼 -ic로 끝나지만, 명사인 단어들도 있습니다. topic의 어근인 top는 '장소(place)'를 뜻하는 그리스어(topos)에서 유래하였습니다. 같은 어근을 포함한 topólogy는 '체계적인 분류'를 뜻합니다. statistic은 statístics(통계학)에서 s를 삭제해서 만든 단어인데, statistics는 status(상태, 지위)에서 유래한 단어입니다.

'어리석은' 당나귀

asinine / heroine

Q

다음 두 단어의
공통점과 차이점은 무엇일까요?

ⓐ ásinìne
어리석은, 터무니없는

ⓑ heroine
여걸, 여주인공

asinine과 heroine은 모두 접미사 -ine를 포함하는데, -ine가 asinine에서는 형용사 접미사, heroine에서는 명사 접미사로 사용되었습니다. ⓐ asinine은 원래 '당나귀(ass)의'라는 뜻인데, quixotic(비현실적인)과 laconic(간결한, 말수가 적은)처럼 비유적으로 '어리석은'이라는 뜻이 된 것입니다. 형용사 접미사 -ine을 포함한 단어 중에서 ① 은 ②보다 비교적 자주 사용되는 단어들입니다.

① bóvìne 소의, cánìne 개의, crýstallìne 수정의, 수정같이 맑은, félìne 고양잇과의, sérpentìne 뱀의, 구불구불한, maríne 바다의, 해병대원

② áquilìne 독수리의, 매부리코의, équìne 말의, léonìne 사자의, lúpìne 늑대의, múrìne 쥣과의, pórcìne 돼지의, vúlpìne 여우의

기아 자동차의 대형 고급 세단인 K9은 미국에서 K900이라는 이름으로 판매됩니다. K9의 발음이 canine(개의)과 똑같기 때문입니다. 미국에서 K-9이라고 쓰여 있는 경찰차는 모두 경찰견이 있는 차입니다. 지금은 단종된 현대 자동차의 대형 고급 세단 Equus(에쿠스)는 라틴어로 '말(horse)'을 뜻합니다. equine은 'equus의'라는 뜻이죠.

bovine(소의)은 taurine(황소의)과 vaccíne(백신)의 상위어(hypernym)라고 할 수 있습니다. '황소자리'를 영어로 Taurus라고 하는데 taurus는 원래 라틴어로 '황소(bull)'라는 뜻입니다. vaccine은 원래 '암소(cow)의'라는 뜻인데, 그 이유는 라틴어로 '암소'를 vacca라고 하기 때문입니다. '암소의'라는 뜻의 단어가 '백신'으로 사용되는 이유는 1796년에 에드워드 제너(Edward Jenner)라는 의사가 우두(cowpox)의 균을 이용해 천연두(smallpox)를 예방하는 백신을 개발했기 때문입니다.

ⓑ heroine(여걸, 여주인공)은 특이한 단어입니다. 여성을 나타내는 접미사로는 주로 -ess(예: actress(여배우), stewardess(여자 승무원))가 사용되는데, heroine에서는 -ine가 여성 명사를 나타내는 접미사로 사용되었습니다. 명사 접미사 -ine를 포함한 단어는 다음과 같습니다.

③ doctrine 교리, 신조, famine 기근, 굶주림, routíne 틀에 박힌 일, cafféine 카페인, gàsolíne 휘발유, guíllotìne 단두대

doctrine(교리, 신조), famine(기근, 굶주림), routine(틀에 박힌 일)에서 -ine는 특별한 의미 없는 명사 접미사로 사용되었습니다. 하지만, caffeine(카페인)과 gasoline(휘발유)에서는 각각의 성분인 coffee(커피)와 gasol(=gas(기체)+álcohòl(알코올))을 나타내는 접미사로 사용되었습니다.

guillotine은 프랑스 혁명 때 널리 사용되었던 단두대인데, 이 기구를 개발한 프랑스 의사의 이름인 Guillotin에서 유래하였습니다. 좀 잔인한 얘기이지만 미국에서 어떤 교수님이 강의 중 다음과 같은 말씀을 하시더군요.

④ The guillotine is a perfect Cartesian device because it separates the mind from the body so completely.
단두대는 정신과 신체를 완전히 분리하기 때문에 완벽한 데카르트식 기구이다.

프랑스의 철학자 르네 데카르트(René Descártes, 1596~1650)가 정신과 신체는 분리되어 있다고 주장했기 때문에 이런 말을 한 것이죠. Cartésian(데카르트의)은 데카르트의 라틴어 이름 Cartesius에서 유래하였습니다. Descartes는 원래 of the를 뜻하는 Des와 Cartes가 합쳐진 이름입니다. 그래서 Rene Descartes를 라틴어로 바꿀 때는 Des를 빼고 Renatus Cartesius라고 합니다.

CHAPTER 9

명사 접미사

명사를 만드는 다양한 접미사

documentation / practitioner

Q

다음 두 단어의
공통점은 무엇일까요?

ⓐ dòcumentátion
서류들, 기록 문서

ⓑ practitíoner
전문직 종사자

단어족을 이루는 대표적인 명사 파생접미사는 -tion, -ment, -(i)ty입니다. ①은 -tion, ②는 -ment, ③은 -ity(또는 -ety)를 포함하는 단어들입니다.

① durá<u>tion</u> 지속 (기간), foundá<u>tion</u> 토대, 설립, gènerá<u>tion</u> 세대,

발생, option 선택권, pùblicátion 출판(물), 발표

② achíevement 달성, dìsappóintment 실망, disbúrsement 지불, 지출, endórsement 보증, 서명, estáblishment 설립, 시설

③ dispárity 불균형, divérsity 다양성, vìrtuósity (고도의 연기 · 연주) 기교, capácity 수용력, 용적, 자격, entity 독립체, sobríety 취하지 않은 상태

ⓐ documentation(서류들, 기록 문서)에는 두 개의 명사 파생접미사 -ment와 -tion이 포함되어 있습니다. 그 이유는 '가르치다(teach), 보여 주다(show)'를 뜻하는 라틴어 동사(docere)의 명사형인 document(서류, 문서)가 ④에서처럼 동사 '기록하다, 문서화하다'의 뜻으로도 사용되기 때문입니다.

④ When integrating collaborative distance education technologies in large classroom settings, learning progress needs to be documented. (COCA:2015:ACAD)
대규모 교실 환경에서 협업 원격 교육 기술을 통합할 때는 학습 진행 상황을 문서화해야 한다.

ⓑ practitioner(전문직 종사자)도 명사 파생접미사 두 개를 포함하고 있습니다. 원래는 동사 practice(연습하다, 의술 · 법률 등을 업으로 하다)에 행위자를 나타내는 명사 접미사 -ian이 결합하여 practícian이라는 단어가 먼저 생겼는데, 이 단어에 다시 -er이 결합하여

practitioner가 되었습니다.

⑤는 행위자를 나타내는 대표적인 접미사인 -er(또는 -or), ⑥은 -ant(또는 -ent), ⑦은 -ian을 포함하는 단어들입니다.

⑤ layer 층, 놓는 사람, trigger 방아쇠, error 오류, operator 기사, 교환원, diréctor 감독

⑥ atténdant 수행원, 안내원, contéstant 경기자, deféndant 피고, depéndent 부양가족, ingrédient 재료, agent 대리인, 첩보원

⑦ barbárian 야만인, 이방인, civílian 민간인, custódian 관리인, 보호자, physícian 내과 의사, pòlitícian 정치인

권투 선수와 바리스타

pugilist / barista

Q

다음 두 단어에 사용된 접미사는 각각 -ist와 -ista입니다.
두 접미사의 공통점과 차이점은 무엇일까요?

ⓐ pugilist
권투 선수

ⓑ barísta
바리스타

ⓐ pugilist(권투 선수)의 접미사 -ist는 행위자를 나타내는 명사 접미사 중 하나입니다. -ist를 포함하는 다른 단어는 다음과 같습니다.

① anarchist 무정부주의자, botanist 식물학자, dentist 치과의사,

feminist 페미니스트, florist 꽃집 주인, socialist 사회주의자, ventríloquist 복화술사

pugilist(권투 선수)의 어근인 pugil은 라틴어로 '권투 선수(boxer)'라는 뜻입니다. 그러니, 사실 -ist는 불필요한 접미사입니다. ②는 '싸우다(fight)'라는 뜻의 라틴어 동사(pugnare)에서 유래한 어근 pugn을 포함하는 단어입니다.

② pugnácious(=pùgilístic) 호전적인, 공격적인, repúgnant 불쾌한, 혐오스러운, impúgn 비난 공격하다, 이의를 제기하다

ⓑ barista(바리스타)는 원래 이탈리아어인데 1980년대부터 영어에서 사용되기 시작했습니다. 미국의 어느 유명한 커피 전문점에서 이탈리아식 커피를 판매하기 시작하면서 barista도 자연스럽게 영어 단어로 사용되게 되었죠. 이탈리아어에서 barista는 술집에서 일하는 '바텐더(bártènder)'의 의미도 있는데, 영어에서 barista는 '커피숍에서 일하는 사람'만을 지칭합니다.

-ist와 -ista는 결국 뜻이 같은 접미사인데 -ista는 이탈리아어와 스페인어에서 사용되는 접미사라서 -ista를 포함하는 영어 단어는 거의 없습니다. ③에 제시된 네 단어 정도가 전부입니다.

③ Sàndinísta 산디니스타, Fìdelísta 카스트로 주의자, Càmorrísta 카모라 조직원, fàshionísta 패션 리더

Sandinista(산디니스타)는 1979년에 소모사(Somóza) 독재 정권을 무너뜨린 니카라과(Nìcarágua)의 사회주의자들을 지칭하는 단어입니다. 1986년 봄, 미국 로널드 레이건(Ronald Reagan) 대통령은 쿠바의 독재자 피델 카스트로(Fidél Castro, 1926-2016)와 소련의 지원을 받는 산디니스타에 대항하는 니카라과 저항군을 미국이 지원해야 한다고 TV 연설을 통해 전 미국인들에게 공표합니다.[6]

Fidelista는 쿠바의 사회주의 독재자 피델 카스트로를 따르는 사람을 지칭하고, Camorrista 이탈리아의 범죄 조직인 카모라(Camórra)의 조직원을 지칭하는 단어입니다. Sandinista와 함께 -ista가 포함된 세 단어가 모두 좋지 않은 뜻입니다.

fashionista는 1990년대에 만들어진 신조어인데 이 단어 역시 별로 좋은 뜻으로 사용되지는 않습니다. ④와 같은 문장도 좀 비꼬는 어감이 풍기죠.

④ My neighbor is a pianist, and he's a complete fashionista.
내 이웃은 피아니스트인데, 완전 패션 리더야.

해적선과 사략선의 차이는?

privateer / dossier

Q

다음 두 단어의
공통점은 무엇일까요?

ⓐ prìvatéer
사략선(私掠船)

ⓑ dóssièr
서류/자료 일체

접미사 -eer과 -ier은 보통 사람을 뜻하는데 privateer와 dossier는 모두 사물을 지칭합니다. ⓐ privateer(사략선)는 민간(private) 무장선인데 전시에 적선을 나포(拿捕)할 수 있는 면허를 가진 배입니다.

이런 배에 타고 있는 사람들(사략선 선장 또는 선원)은 prìvatéersman

이라고 하는데, privateer도 사람을 지칭할 수 있습니다. privateer는 17세기에 생긴 단어인데 결국은 나라로부터 허가받은 해적(pirate)입니다. ①은 -eer을 포함하는 단어 중에서 ②보다 비교적 자주 사용되는 단어들입니다.

① àuctionéer 경매인, ènginéer 공학자, mòuntainéer 등산가, pìonéer 개척자, 선구자, pùppetéer 인형을 조종하는 사람, vòluntéer 자원봉사자

② bùccanéer 해적, chàriotéer 마차/전차를 모는 사람, mùsketéer 머스킷 총을 든 병사, mùtinéer 반란자, 항명자, pàmphletéer 팸플릿 집필자, pròfitéer 폭리를 취하는 사람, ràcketéer 협잡배, 야바위꾼

ⓑ dossier는 '한 사람/사건/주제에 대한 모든 서류 또는 자료'를 지칭합니다. 아래와 같은 문장에 사용될 수 있죠.

③ The lawyer asked for the dossier of the accused financier.
변호사는 피고 금융인의 서류를 요청했습니다.

-ier을 포함하는 다른 단어는 다음과 같습니다.

④ bòmbardíer 폭격수, brìgadíer 준장, càvalíer 기사, 말 탄 무사, fìnancíer 금융업자, 자본가, frontíer 국경, 변경, hotélier 호텔 경영자

-eer과 -ier은 사실 같은 접미사입니다. 프랑스어 접미사인 -ier이 영어에서 -eer로 바뀐 것이기 때문입니다. 좋은 예로, pioneer(개척자, 선구자)와 buccaneer(해적)가 유래한 프랑스어 단어는 각각 pionnier와 boucanier입니다. lawyer(변호사)와 bowyer(활 만드는 사람)에서처럼 -ier이 w 뒤에서 -yer로 바뀌는 경우도 있습니다.

프랑스에서 유래한 접미사를 포함하는 단어는 기본적으로 강세가 모두 접미사에 있습니다. 그런데 가끔 hotélier(호텔 경영자)에서처럼 강세가 앞으로 옮겨가기도 합니다. ⑤의 단어는 모두 강세가 첫 음절에 있습니다.

⑤ barrier 장벽, 장애물, courier 배달원, courtier (특히 과거 왕을 보필하던) 조신(朝臣), glazier 유리 끼우는 직공, hosier 양말 · 메리야스 장수/제조업자

공손하고 유쾌한 백만장자

debonair / millionaire

Q

다음 두 단어 중
접미사를 포함하는 단어는 무엇일까요?

ⓐ dèbonáir
공손한, 유쾌한

ⓑ mìllionáire
백만장자

ⓐ debonair는 프랑스어 전치사구 de bon aire(좋은 혈통의=of good lineage)가 한 단어로 합쳐진 것입니다. '좋은 가문에서 자란'이라는 뜻이 '공손한(courteous), 유쾌한(agréeable, suave)'이라는 뜻으로 발전한 것이죠. 반면에 ⓑ millionaire(백만장자)에는 접미사 -aire가 포함되어

있습니다. -aire를 포함하는 다른 단어는 다음과 같습니다.

① bìllionáire 억만장자, commìssionáire (호텔 · 백화점 · 극장 등의) 제복 입은 수위, 안내인, concèssionáire 매점 소유자, dòctrináire 순이론가, 공론가(空論家), lègionnáire 고대 로마 군단병

세계적으로 유명한 19세기 프랑스 소설 〈삼총사〉의 영어 제목은 〈The Three Musketeers〉이고 프랑스 원제는 〈Les Trois Mousquetaires〉입니다. 영어 제목과 프랑스 원제를 비교해 보면 musketeer와 프랑스어 mousquetaire는 같은 단어이므로 -eer과 -aire도 결국은 같은 접미사라는 것을 알 수 있습니다.

접미사 -aire가 포함된 단어는 모두 프랑스어에서 차용한 것입니다. 그래서 -aire로 끝나는 단어가 영어에는 별로 많지 않죠. 그리고 -aire를 영어에서 -eer로 바꾸기도 합니다. -eer, -ier과 마찬가지로 -aire도 사물을 지칭할 수 있습니다.

② lùmináire 조명 기구, quèstionnáire 설문지, sòlitáire 혼자서 하는 게임, (반지 따위에) 한 개 박힌 보석

프랑스어 solitaire는 영어 sólitàry(혼자의/고독한, 독신자/은둔자)와 뜻이 동일합니다. 따라서 프랑스어에서 solitaire는 solitary처럼 형

용사와 명사로 모두 사용되는데, 영어에서 solitaire는 명사로만 사용됩니다. 혼자 하는 컴퓨터 카드 게임을 solitaire라고 하죠.

-aire는 형용사 접미사로 사용될 수도 있습니다. 프랑스어에서 차용한 형용사 extràordináire(탁월한)는 ③에서처럼 프랑스어의 어순을 따라 명사 뒤에 사용됩니다.

③ **My mother and sister were seamstresses extraordinaire.**
(COCA:2001:NEWS)
나의 어머니와 여동생은 탁월한 재봉사였다.

영어 접미사 -ary도 -aire와 같이 sécretàry(비서)에서처럼 사람을 나타내기도 하고, líbràry(도서관)에서처럼 장소 또는 사물을 지칭하기도 하며, èleméntary(초보의)에서처럼 형용사 접미사 역할을 하기도 합니다.(479쪽 참고)

일관성 없는 -ee의 결합

detainee / standee

Q

다음 두 단어는 모두 접미사 -ee로 끝나는데, 큰 차이점이 있습니다.
어떤 차이점이 있을까요?

ⓐ detainee
억류된 사람

ⓑ standee
입석 승객, 입석 관객

-ee는 원래 타동사 뒤에 붙어 타동사의 영향을 받는 사람을 나타내는 접미사입니다. -er/-or의 반대 개념을 가진 접미사이죠. detain은 '~를 억류하다'라는 타동사이므로 ⓐ detainee는 '억류된 사람'이라는 뜻입니다. 다음은 모두 타동사와 -ee가 결합한 단어입니다. -ee

도 프랑스어에서 유래한 접미사이기 때문에 강세는 모두 -ee에 있습니다.

① abduct<u>ee</u> 유괴된 사람, address<u>ee</u> 수신인, adopt<u>ee</u> 입양된 사람, assign<u>ee</u> (권리/재산 따위의) 양수인, employ<u>ee</u> 종업원, grant<u>ee</u> (장학금 등의) 수령자, parol<u>ee</u> 가석방된 사람

②에서는 타동사의 형태가 조금 변형되었습니다.

② less<u>ee</u> 임차인, 세 든 사람, ment<u>ee</u> 멘티, nomin<u>ee</u> 지명된 사람, tut<u>ee</u> 개인 교습을 받는 학생

lessee는 lease(임대하다), nominee는 nominate(지명하다)의 파생어입니다. tutee는 tutor(개인 교사)에서 -or을 삭제하고 만든 단어인데 tutor의 어근인 tut는 '보호하다'를 뜻하는 라틴어 타동사(tueri)의 과거분사형(tutus)에서 유래하였습니다.

mentor(멘토, 조언자, 지도사)로부터 조언을 받는 사람인 mentee(멘티)는 사실 명사에서 파생되었다고도 할 수 있습니다. mentor를 '조언하다, 지도하다'라는 뜻의 타동사로도 사용하지만, 이 단어는 원래 사람 이름(오디세우스가 아들의 교육을 맡겼던 친구 Mentor)에서 유래하였기 때문입니다.

ⓐ detainee(억류된 사람)에서는 타동사와 -ee가 결합하였지만, ⓑ standee에서는 자동사 stand(서다)와 -ee가 결합하였습니다. -ee가 동사의 영향을 받는 것이 아니라 동사를 행하는 접미사 -er/-or과 같은 뜻으로 사용된 것이죠. ③은 -ee가 -er/-or처럼 사용된 단어들입니다.

③ **attendee** 참석자, **escapee** 탈옥수, 도피자, **returnee** 귀환자, **signee** 서명자

returnee와 escapee에서는 standee와 같이 자동사가 -ee와 결합한 것입니다. attendee와 signee에서는 -ee가 타동사와 결합하였지만 역시 동사를 행하는 의미를 가집니다. ④에는 더욱 이해할 수 없는 예시가 포함되어 있습니다.

④ **Absentee ballots will be mailed out on February 2.**
부재자 투표 용지는 2월 2일 우편으로 발송됩니다.

absentee(부재자, 결석자)는 absent(결석한)와 -ee가 결합한 것인데, absent는 동사도 아닌 형용사입니다. 이렇듯 원래 타동사에만 붙어야 하는 -ee가 자동사와 형용사에도 붙으니 전혀 일관성이 없는 접미사가 되고 말았습니다.

도망자와 약혼녀

fugitive / fiancée

Q

다음 두 단어에 포함된
접미사의 차이점은 무엇일까요?

ⓐ refugee
난민, 망명자

ⓑ fiancée
약혼녀

ⓐ refugee(난민, 망명자)는 refuge에 -ee가 붙은 것입니다. refuge는 현대영어에서는 명사(피난, 피난처)로만 사용되는데, 예전에는 동사로도 사용되었습니다. refuge의 어근인 fug는 '도망치다(flee)'라는 뜻의 라틴어 동사(fugere)에서 유래하였기 때문입니다. 같은 어근을 포함한 단어는 다음과 같습니다.

① fugitive 도망자, fugue 푸가, 둔주곡(遁走曲), súbterfùge 속임수, 도망갈 구실, centrífugal 원심(遠心)의

fugue(푸가)는 프랑스어에서 차용한 단어인데 이탈리아어에서는 fuga라고 합니다. '푸가'는 이탈리아어를 우리말로 표기한 것이죠. 푸가는 '둔주곡'이라고 하는데 '음악의 아버지(the father of music)'로 불리는 바흐(Bach, 1685~1750)의 작품들이 유명합니다. 하나의 성부(聲部)가 주제를 연주해 나가면(=도망가면) 다른 성부가 그것을 모방하면서 좇아가는 좀 정신없는(?) 악곡 형식입니다.

중심에서 밖으로 향하는 '원심력'은 centrifugal force라고 하고 중심으로 향하는 '구심(求心)력'은 centripetal force라고 합니다. centripetal의 어근인 pet는 '찾다(seek)'를 뜻하는 라틴어 동사(petere)에서 유래하였는데, 같은 어근을 가진 단어로는 impetus(자극, 기동력)가 있습니다.

-ee가 원칙적으로 동사와 결합하는 이유는 이 접미사의 유래가 프랑스어 동사의 과거분사 접미사인 -é이기 때문입니다. '고용하다'를 뜻하는 프랑스어 동사(employer)의 과거분사형인 employé는 '고용된'이라는 뜻인데, 이 단어가 '(남성) 종업원'을 뜻하는 명사로도 사용됩니다.

ⓑ fiancée(약혼녀)'의 -ée는 여성을 나타내는 프랑스어 접미사입니다. 따라서 프랑스어에서 '여성 종업원'은 employée가 됩니다. 영어에서는 성별을 구별하지 않고 -ee를 사용해 '종업원'을 employee라고 하지만 ②처럼 성별이 중요한 단어는 영어에서도 구분하여 사용합니다.

② divorcé 이혼남 – divorcée 이혼녀
fiancé 약혼남 – fiancée 약혼녀

③에 사용된 '보증(하다)'를 뜻하는 guarantee는 접미사 -ee와 아무 관계가 없는 단어입니다.

③ There's no guarantee that the North Korean regime will cease to aid the Russian war effort.
북한 정권이 러시아 전쟁 지원을 중단할 것이라는 보장은 없다.

guarantee는 16세기부터 사용되던 guaranty가 17세기에 철자가 바뀐 것인데, 그 이유는 명확하지 않지만 y를 접미사 -ee로 혼동한 것 같습니다.[7] guarantee는 사실 '품질 보증(서)'를 뜻하는 warranty와 같은 단어에서 유래하였습니다. w가 gu로 바뀐 것인데 guard(보호자)도 ward(병동, 피보호자)의 w가 gu로 바뀐 것입니다.

ward는 원래 '보호, 보호자'라는 뜻이었는데 이 뜻이 발전하여 '병동'과 '(법원 · 후견인의 법률적 보호를 받는) 피보호자'가 된 것입니다. '병동'은 아픈 사람들을 '보호'하는 곳이므로 왜 이런 뜻이 되었는지 이해가 되는데, 원래 '보호자'였던 의미가 보호를 받는 '피보호자'의 의미로 발전한 것은 재밌는 현상입니다.

'오락실'이 된 '지붕이 있는 상가'

arcade / colonnade

Q

다음 두 단어에 공통으로 사용된
접미사 -ade의 뜻은 무엇일까요?

ⓐ arcáde
지붕이 있는 상가

ⓑ còlonnáde
열주(列柱=줄지어 늘어선 기둥)

접미사 -ade의 기본적인 의미는 '특정한 행동'입니다. ①에 제시된 단어에서 -ade는 모두 '행동'을 가리킵니다.

① bàrric<u>áde</u> 바리케이드, 장애물, block<u>áde</u> 봉쇄, 차단, crus<u>áde</u> 개혁

운동, 십자군 전쟁, èscapáde 탈선 행위, màsqueráde 가장, 가장무도회, pròmenáde 산책, 산책로

반면에, ⓐ arcade(지붕 있는 상가)와 ⓑ colonnade(열주)에서 -ade는 '연속된 행동 또는 사물'을 뜻합니다. 미국 영어에서 arcade는 '오락실, 게임 센터'를 뜻하는데, arcade의 본래 뜻은 '연속된 아치(=a series of arches)'입니다. 이 의미에서 '지붕 있는 상가'로 뜻이 확장되었죠. arcade에는 지붕을 떠받치는 colonnade가 있습니다. -ade가 '연속된 행동 또는 사물'을 뜻하는 다른 단어는 다음과 같습니다.

② bàlustráde (계단의) 난간, cànnonáde 연속 포격, cascáde (계단 모양으로) 이어지는 폭포, fùsilláde 연속 사격, 질문 공세, tiráde 긴 연설/비난

balustrade(난간)는 a series of balusters(=난간을 받치는 작은 기둥들)가 받치고 있습니다. casualty(사상자, 피해자)에도 포함된 어간 cas는 '떨어지다'라는 뜻이므로 cascade는 여러 단으로 '연속으로 떨어지는' 작은 폭포를 뜻합니다.

③의 단어들은 모두 '행렬'을 뜻합니다. motorcade는 미국에서 프로야구에서 우승한 팀이 기념 parade를 할 때 볼 수 있고, tractorcade는 농민들이 시위할 때 볼 수 있는 모습입니다.

③ parade 행렬, 열병식, càvalcáde 기마 행렬, mótorcàde 자동차 행렬, tráctorcàde 트랙터 행진

motorcade와 tractorcade는 모두 20세기 신조어인데, 각각 motor(모터, 자동차)와 tractor(트랙터=무거운 짐이나 농기계를 끄는 차)에 '행렬'을 뜻하는 접미사 -cade를 붙인 것입니다. -cade는 cavalcade(기마 행렬)에서 유래하였는데, 사실 이 단어의 접미사는 -cade가 아니고 -ade입니다. '기사(騎士, knight)'를 뜻하는 단어 cavalier에 c가 없어서 cavalcade의 어근도 caval이라고 착각한 것이죠.

하지만 cavalcade의 어근은 cavalc입니다. cavalier가 유래한 라틴어 명사(caballarius=말 탄 사람)에는 단어 중간에 c가 없지만, cavalcade가 유래한 라틴어 동사(caballicare=말 타고 가다)에는 c가 있기 때문입니다. cavalcade는 ④에서처럼 '일련, 연속(series)'이라는 뜻으로 자주 사용됩니다.

④ The year may be a little more than halfway over, but there has been a cavalcade of excellent films so far. (COCA:2017:MAG)
올해가 절반이 조금 넘었지만, 지금까지 일련의 훌륭한 영화들이 있었다.

약속을 어긴 배반자

renegade / brigade

Q

다음 두 단어에 공통으로 사용된 접미사 -ade의 뜻은 무엇일까요?

ⓐ lèmonáde
레모네이드

ⓑ rénegàde
배반자, 반역자

ⓐ lemonade(레모네이드)에서 -ade는 '과일 음료'를 뜻하는 접미사로 사용되었습니다. 표준국어대사전에는 '에이드(ade)'가 '과실의 살과 즙을 섞어 밭은 것'이라는 뜻의 명사로 등재되어 있는데 영어에서 -ade는 접미사로만 사용됩니다. 재밌는 사실 하나는 grenáde(수류탄)는 프랑스어에서 차용한 단어인데, 이 단어가 프랑스어에서는 과일

'석류(pómegrànate)'를 뜻한다는 것입니다.

ⓑ renegade(배반자, 반역자)에서 -ade는 '(특정한 행동을 하는) 사람'을 뜻합니다. 동사 renége는 '약속을 어기다'라는 뜻이므로 renegade는 원래 '약속을 어긴 사람'이라는 뜻입니다.

① The renegade masqueraded as a war hero.
그 배반자는 전쟁 영웅으로 가장하였다.

예전에는 기독교에서 이슬람교로 개종한 사람을 renegade라고 했습니다. renegade의 어근인 neg는 '부정하다(denӯ), 거절하다(refúse)'를 뜻하는 라틴어 동사(negare)에서 유래하였습니다. 어근 neg를 포함한 다른 단어는 다음과 같습니다.

② negative 부정의, negligible 무시해도 좋은, negáte 부정하다, negléct 무시하다, 방치하다, ábnegàte (권리 · 쾌락 따위를) 버리다, 끊다

ab-은 '~에서 떠나서(away from)'라는 뜻이므로 abnegate는 '~에서 떠나서 부정하다(=버리다)'라는 뜻입니다.

③ When they were called on to uncover the truth about Russia and the Trump campaign, they chose to abnegate their duty. (COCA:2018:NEWS)

그들은 러시아와 트럼프 캠페인에 대한 진실을 밝혀 달라는 요청을 받았을 때 자신들의 의무를 버리기로 결정하였다.

-ade가 '사람'을 뜻하는 다른 단어로는 공산당에서 호칭으로 사용하는 comrade(동무)와 군부대의 한 종류인 brigade(여단)가 있습니다. '동지애'를 뜻하는 càmaráderie는 프랑스어에서 차용한 단어인데, camaraderie는 '동지'를 뜻하는 프랑스어(camarade)에서 파생한 단어입니다. comrade도 이 프랑스어 명사에서 유래하였는데, 철자가 바뀌면서 발음과 강세도 달라졌습니다. rénegàde와 brigáde의 강세 위치가 다른 이유는 전자는 스페인어, 후자는 프랑스어에서 유래하였기 때문입니다.

미국 육군에서는 5천 명의 군인이 하나의 brigade(여단)에 속해 있습니다. 현재 미국 육군의 군사 편제를 정리하면 다음과 같습니다.[8] 영화 제목에도 자주 사용되는 단어들이니 익혀 두면 도움이 됩니다.

〈미국 육군의 군사 편제〉

명칭		지휘관	
squad	분대, 10명	staff sergeant	하사
platóon	소대, 36명	lieuténant	중위
company	중대, 200명	captain	대위
battálion	대대, 1,000명	lieutenant colonel	중령
brigáde	여단, 5,000명	colonel	대령
divísion	사단, 15,000명	major general	소장
corps	군단, 45,000명	lieutenant general	중장
field army	야전군, 90,000명	general	장군

순교자들의 영지?

martyrdom / fiefdom

Q

다음 두 단어는 모두 접미사 -dom을 포함하는데, 어떤 차이점이 있을까요?

ⓐ martyrdom
순교

ⓑ fiefdom
영지, 봉토

-dom은 -ness(예: fairness(공정성), kindness(친절)), -hood(예: príesthòod(사제직), líkelihòod(가능성)), -ship(예: dictátorshìp(독재 권력), schólarshìp(장학금, 학문))과 함께 고대영어에서 유래한 접미사입니다. martyr은 '순교자'이므로 ⓐ martyrdom(순교)에서는 -dom이 '상태'

를 나타냅니다. freedom(자유)과 boredom(지루함)에서도 같은 의미로 사용되었죠.

-dom은 '심판(judgment), 법(law)'을 뜻하는 고대영어 단어에서 유래하였습니다. 명사 doom(파멸, 비운)도 같은 단어에서 유래하였죠. 따라서 -dom이 martyrdom(순교)에서처럼 추상적인 상태를 뜻하는 것이 맞는데, ①에서처럼 '집합적인 사람들'도 지칭합니다.

① fandom 모든 팬, officialdom 관료 집단, stardom 스타들, 스타의 반열

그러면 사실 ②와 같은 문장에서 martyrdom이 '순교'을 뜻하는지 '순교자들'을 뜻하는지 불확실합니다. 사전에는 '순교'라고만 정의되어 있지만 fandom, stardom처럼 martyrdom을 '순교자들'의 뜻으로 사용하는 사람도 있을 테니까요.

② I was anticipating the total destruction of Polish Jewry. I wanted to leave a historical record of our martyrdom. (COCA:2017:MAG)
나는 폴란드 유대인의 완전한 멸망을 예상하고 있었다. 우리의 순교(순교자들?)에 대한 역사적 기록을 남기고 싶었다.

-dom은 ⓑ fiefdom(영지, 봉토)에서처럼 '소유지, 영토(domáin)'를 나타내기도 합니다. fief는 봉건시대에 '영주(lord)가 가신(家臣, vassal)에게 하사한 토지와 농노(serf)'를 뜻하는 단어입니다. fief를 받은 가신들은 전쟁이 나면 기사(knight)가 되어 영주를 위해 싸워야 했죠. -dom이 '소유지, 영토'를 뜻하는 다른 단어는 다음과 같습니다.

③ dukedom 공작의 지위/영지, earldom 백작의 지위/영지, kingdom 왕국

duke(공작)와 earl(백작)은 영국 귀족(peerage)의 작위(爵位) 중 하나입니다. 영국 귀족은 아래 표에 정리된 것과 같이 가장 높은 duke에서 가장 낮은 baron(남작)의 다섯 계급으로 나뉩니다.

〈영국 귀족의 계급과 영지〉

	계급	영지
공작(公爵)	duke	duchy
후작(侯爵)	marquess/márkwìs/	march
백작(伯爵)	earl	county
자작(子爵)	viscount/váikàunt/	viscounty
남작(男爵)	baron	barony

각 귀족이 다스리는 영토는 duchy와 county와 같은 단어가 있어서 dukedom과 earldom이 '영지'를 뜻하는 단어로는 잘 사용되지 않습니다. '백작의 영지'인 county는 미국에서 state(주) 바로 밑의 행정 단위를 뜻하는 단어로도 사용됩니다.

우상과 셰익스피어 '숭배'

idolatry / bardolatry

Q

다음 두 단어에 포함된
접미사 -latry의 뜻은 무엇일까요?

ⓐ idólatry
우상 숭배

ⓑ bardólatry
셰익스피어 숭배

접미사 -latry는 '숭배(worship)'를 뜻하는 그리스어 명사(latreia)에서 유래하였습니다. 같은 단어에서 유래한 latría는 로마 가톨릭교에서 '하느님에게만 바치는 최고의 예배'를 뜻합니다. ('(성인(聖人)에 대한 숭배'는 dulía, '성모 마리아 숭배'는 hỳperdulía라고 합니다.) idol은 '우상, 성상(聖像)'이라는 뜻이므로 ⓐ idolatry는 '우상 숭배'가 됩니다. -latry를 포함한 다른 단어는 다음과 같습니다.

① bìblió<u>latry</u> 서적/성서 숭배, hèlió<u>latry</u> 태양 숭배, ìconó<u>latry</u> 우상/성상 숭배, zoó<u>latry</u> 동물 숭배

Bible(성경)은 '책(book)'을 뜻하는 그리스어 명사(biblion)에서 유래하였습니다. 그래서 bibliolatry가 '서적 숭배'도 되고 '성서 숭배'도 되는 것입니다. helio는 '태양(sun)'을 뜻하는 그리스어 명사(helios)에서 유래한 어근입니다. hèliocéntrism(지동설)은 '태양 중심 이론'이라는 뜻이죠.

icon과 idol은 유의어이므로 iconolatry와 idolatry도 유의어인데, iconolatry보다는 idolatry의 사용 빈도수가 훨씬 높습니다. 반면에 idóloclàst와 idòloclástic보다는 ②가 훨씬 더 자주 사용됩니다.

② <u>icóno</u>clàst 우상 파괴자, <u>icòno</u>clástic 우상 파괴의, 인습 타파의

<u>zoo</u>latry의 어근인 zo(o)는 '동물(animal)'을 뜻하는 그리스어 명사(zoion)에서 유래하였습니다. '동물원'을 뜻하는 명사 zoo는 zoological garden(동물의 공원)의 준말입니다. '식물원'은 botanical garden이라고 하죠.

bard는 '시인'이라는 뜻이므로 ⓑ bardolatry는 원래 '시인 숭배'

라는 뜻입니다. 그런데 이 단어가 '셰익스피어 숭배'를 뜻하는 이유는 영국의 '시성(詩聖=시의 성인)'인 윌리엄 셰익스피어(William Shakespeare, 1564~1616)를 the Bard 또는 the Bard of Avon이라고 부르기 때문입니다. Avon(에이번)은 셰익스피어의 출생지인 스트래트퍼드(Stratford)가 있는 강의 이름입니다.

③ **Devotional approaches to Shakespeare were typical of Victorian era. George Bernard Shaw famously coined the term "Bardolatry" to dispárage his age's devotional rhetoric.**[9]

셰익스피어에 대한 신앙적인 접근 방식은 빅토리아 시대의 전형이었다. 조지 버나드 쇼는 그 시대의 신앙적인 미사여구를 깎아내리기 위해 "Bardolatry(=셰익스피어 숭배)"라는 신조어를 만든 것으로 유명하다.

1925년 노벨문학상 수상자인 아일랜드의 조지 버나드 쇼(1856~1950)는 그의 1901년 희곡인 〈The Devil's Discíple(악마의 제자)〉의 서문에 Bardólator(셰익스피어 숭배자)라는 신조어를 사용했습니다.[10] 1901년은 영국의 빅토리아 여왕이 서거한 해이기도 하죠. 셰익스피어를 숭배하는 사람도 많지만 반대로 셰익스피어는 가짜라고 믿는 사람도 많습니다. 영화 〈Anónymous(익명의)〉는 진짜 셰익스피어는 제17대 옥스퍼드 백작인 에드워드 드 비어이고, 이 옥스퍼드 백작은 엘리자베스 1세의 숨겨 놓은 아들이라는 음모론을 주제로 한 영화입니다. 문법 학교밖에 다니지 못했지만, 불후의 명작을 남긴 셰익스피어는 숭배받아야 할 천재일까요? 아니면 가짜일까요?

발레는 '작은 무도회'

ballet / chalet

Q

다음 두 단어에 공통으로 포함된
접미사의 뜻은 무엇일까요?

ⓐ báronèt
준(準)남작

ⓑ ballét
발레

ⓐ baronet(준남작)은 baron(남작)에 접미사 -et이 붙은 것입니다. -et의 기본적인 뜻은 '작은(small)'입니다. 따라서 baronet은 본래 '작은 남작'이라는 뜻이죠. baron은 영국 귀족(peerage) 중 가장 낮은 계급이고 baronet은 영국 신사(gentry) 중 가장 높은 계급입니다.

baronet은 다른 신사 계급과 달리 세습될 수 있는데, 제임스 1세가 재정 확충을 위해 1611년부터 baronet 작위를 팔기 시작했습니다. -et이 포함된 다른 단어는 다음과 같습니다.

① **cèllarét** 작은 포도주 저장고, **chaplet** 화관, 작은 묵주, **islet** 작은 섬, **owlet** 올빼미 새끼, **rivulet** 개울, 작은 시내, **sonnet** 소네트

cellaret은 18세기부터 영국에서 사용되던 냉장 기능이 없는 작은 포도주 저장고(cellar)입니다. 포도주를 식탁 가까이에 보관하기 위한 상자죠. chaplet은 chapéau(모자)에 -et이 붙은 것이므로 원래 '작은 모자'라는 뜻인데, '화관(wreath, garland)' 또는 묵주(rosary)의 3분의 1 길이의 '작은 묵주'를 뜻합니다. (chaplet의 ch는 /tʃ/로 발음되지만, 프랑스어에서 차용한 chapeau의 ch는 프랑스어처럼 /ʃ/로 발음됩니다.)

islet(작은 섬)의 어근인 isle은 '섬(island)'을 뜻하기도 하고 '작은 섬'을 뜻하기도 합니다. owlet(올빼미 새끼)은 '작은 올빼미'를 뜻하기도 하죠. rivulet(작은 시내=brook)과 sonnet(소네트)은 이탈리아어에서 유래하였습니다. sonnet은 각 행이 10개의 음절로 구성된 14행시를 지칭합니다. 셰익스피어의 소네트가 유명하죠.

sonnet은 원래 고대 프로방스(Provence) 언어로 '작은 노래'라는 뜻입니다. 시와 기사도 정신으로 유명한 프로방스는 이탈리아와의 접경

지역인 프랑스 남동부에 있습니다. 여러 지방을 다니며 시를 읊었던 tróubadòur(음유 시인)가 11세기 말에 이 지역에서 탄생하였습니다.

ⓑ ballet(발레)의 어근은 ball(무도회)이므로 ballet는 원래 '작은 무도회'라는 뜻입니다. ball(무도회)은 '춤추다(dance)'를 뜻하는 그리스어 동사(ballizein)에서 유래하였습니다. ballad(발라드)도 원래는 '춤추는 노래(song to be danced to)'라는 뜻이죠.

ballet와 마찬가지로 ②에서는 접미사 -et가 프랑스어처럼 /ei/로 발음되는데, 그 이유는 이 단어들이 모두 프랑스에서 차용되었기 때문입니다.

② càbriolét 말 한 필이 끄는 2륜 포장마차, chalét 스위스풍 산장/별장, filét 살코기, 생선 토막

생선 filet(또는 fillet)는 뼈를 발라낸 살코기 토막입니다. filet mignon(필레미뇽)은 최고급 안심 스테이크용 쇠고기인데 mignon은 프랑스어로 '귀여운, 상냥한'이라는 뜻입니다.

③ I had my first filet mignon in a restaurant that looked like a chalet.
나는 산장처럼 생긴 식당에서 처음으로 필레미뇽을 먹어 봤지.

아래 단어들도 모두 접미사 -et을 포함하는데 '작은'이라는 뜻은 잘 드러나지 않습니다.

④ bullet 총알, packet 소포, 한 묶음, pocket 주머니, tablet 판, 현판, duét 이중주, octét 8중주

문예 소품이 된 '작은 포도 나무'

vignette / suffragette

Q

다음 두 단어에 공통으로 포함된
접미사의 뜻은 무엇일까요?

ⓐ vignétte
삽화, 문예 소품

ⓑ sùffragétte
여성 참정권 운동가

-ette는 -et(작은)의 여성형 접미사입니다. ⓐ vignette의 vigne은 '포도나무(vine), 포도밭(vineyard)'을 뜻하는 프랑스어 명사입니다. 따라서 vignette는 원래 '작은 포도나무'라는 뜻이지만, 옛날 책들에 포도나무 같은 삽화가 많아 책에 있는 '작고 우아한 삽화'를 뜻하게 되

었고, 이 뜻이 발전하여 '문예 소품'이라는 뜻도 되었습니다. -ette를 포함하는 다른 단어는 다음과 같습니다.

① **cassétte** 카세트, **cìgarétte** 담배, **kìtchenétte** 작은 부엌, **nòvelétte** 중편 소설, **sèrmonétte** 짧은 설교

cassette는 작은 case(상자), cigarette는 작은 cigar(시가)라는 뜻입니다. 제가 미국에서 다닌 대학의 기숙사 건물에는 kitchenette가 있었습니다. 식사는 dining hall(대식당)에서 제공하므로, 기숙사에는 모든 기숙사생이 함께 사용하는 작은 부엌이 하나 있었죠.

novelette와 sermonette는 각각 '짧은 novel(소설)'과 '짧은 sermon(설교)'이라는 뜻인데, 단편 소설은 short story라고 해서 novelette는 '중편 소설'이 되는 것입니다. 그런데 요즘에는 novelette 대신 이탈리아어에서 유래한 novélla(중편 소설)를 훨씬 더 자주 사용합니다.

ⓐ vignette(삽화, 문예 소품)에 여성형 접미사 -ette가 사용된 이유는 vigne이 프랑스어에서 여성형 명사이기 때문입니다. 고대영어도 프랑스어와 같이 남성형과 여성형 명사를 구분했었는데 다행히도 현대영어에서는 이 구분이 없어졌습니다.

반면에 ⓑ suffragette(여성 참정권 운동가)의 suffrage(투표, 참정권)는 프랑스어에서 남성 명사입니다. 따라서 suffragette에서 -ette는 '여성'을 뜻하는 접미사로 사용된 것입니다. -ette가 '여성'을 뜻하는 다른 단어는 다음과 같습니다.

② bàcheloréttе 미혼 여성, brunétte 흑갈색 머리 여자, coquétte 요부(妖婦), ùsherétte 여성 안내원, (drum) màjorétte 여성 군악 대장

그런데 요즘은 -ette, -ess처럼 여성을 특정하는 접미사를 잘 사용하지 않습니다. 여성을 비하하는 표현이라고 느껴지기 때문입니다. usherette 대신 usher(안내원), stewardess 대신 flight atténdant(승무원), waitress 대신 server(식당 서버)라는 표현을 사용하는 것이 좋죠. suffragette도 원래는 여성 참정권을 요구하는 여성들을 비하하는 표현으로 1906년에 만들어진 단어인데, 이 단어는 요즘에도 자주 사용됩니다.

③ "Suffragette white" is proving to be a popular fashion choice for women who want to make a statement.[11]
'서프러제트 화이트(=여성 참정권 운동가의 옷처럼 흰색 옷)'는 자신의 의견을 강력히 표현하고 싶은 여성들에게 인기 있는 패션 선택이 되고 있다.

-ette는 ④에서처럼 '~같은'이라는 뜻으로도 사용됩니다.

④ étiquètte 예의, lèatherétte 인조 가죽, rosétte 장미 모양 리본/물건

큰 박쥐가 된 '작은 올빼미'

noctule / opuscule

Q

다음 두 단어에 각각 포함된
접미사 -ule과 -cule의 뜻은 무엇일까요?

ⓐ granule
작은 낟알

ⓑ opúscule
소(작)품

-ule은 '작은'을 뜻하는 라틴어 접미사입니다. grain은 '곡물(corn), 낟알(seed)'이라는 뜻이므로 ⓐ granule은 '작은 낟알'이 됩니다. '씨, 낟알'을 뜻하는 라틴어 명사는 granum인데, 프랑스어에서 grain으로 바뀐 것입니다. -ule을 포함하는 다른 단어는 다음과 같습니다.

① capsule 캡슐, cellule 작은 세포, ductule 작은 도관, globule 작은 방울, module 기본 단위, 조립 단위, noctule (유럽산(産)의) 큰 박쥐, nodule 작은 혹, 작은 마디

module은 본래 '작은 (도량형의) 단위'라는 뜻인데, 이 뜻이 발전해서 '기본 단위, 조립 단위'가 된 것입니다. noctule은 본래 '작은 올빼미'라는 뜻입니다. 작은 올빼미만한 박쥐는 아주 '큰 박쥐'겠죠. 라틴어로 '올빼미'를 noctua라고 하는데, 어근 noct는 '밤(night)'을 뜻하는 라틴어 명사(nox)에서 유래하였습니다. 올빼미는 대표적인 nocturnal(야행성의) 동물이죠.

équinòx는 원래 '같은 밤(equal night)'이라는 뜻인데, 밤과 낮의 길이가 거의 같은 때인 '춘분, 추분'을 지칭합니다. 참고로 로마 신화에서 '밤의 여신'은 Nox라고 하고, 그리스 신화에서는 Nyx라고 합니다.

-cule은 -ule과 뜻이 같은 라틴어 접미사입니다. opus는 '작품(work)'이라는 뜻이므로 ⓑ opuscule은 '소작품'이라는 뜻이 됩니다. '운명 교향곡(the Fate Symphony)'으로 불리는 베토벤의 5번 교향곡, 제가 가지고 있는 CD에는 Symphony No. 5 in C Minor, Op. 67이라고 적혀 있는데, 여기서 Op.는 opus를 뜻합니다. 베토벤의 5번째 교향곡이자 총 67번째 작품이라는 뜻이죠. -cule을 포함하는 다른 단어는 다음과 같습니다.

② mínuscùle 아주 작은, mólecùle 분자, réticùle 여성용 손가방, sáccùle 작은 주머니, (내이(內耳)의) 구형낭(球形囊)

-ule과 -cule은 minuscule(아주 작은)에서처럼 형용사와도 결합할 수 있는 접미사입니다. minuscule은 minus(~을 뺀)에 -cule이 붙은 단어인데, minimum(최소한도), minimal(최소의)의 mini가 어근이라고 착각해서 *miniscule이라고 잘못 쓰는 사람들이 많죠.

reticule은 원래 '작은 그물(little net)'이라는 뜻인데, 19세기 초에 사용되던 '여성용 손가방'을 지칭합니다. 천으로 만들어 끈을 당겨 여미게 되어 있는 작은 가방인데 박물관에 가면 볼 수 있죠. ③에처럼 몇 세기 전을 배경으로 하는 소설에 종종 등장하는 단어입니다.

③ She pulled a handkerchief from the reticule and blotted her cheeks and forehead. (COCA:2011:FIC)
그녀는 손가방에서 손수건을 꺼내 뺨과 이마를 닦았다.

작은 뾰족탑이 된 '깃털'

pinnacle / receptacle

Q

다음 두 단어에 공통으로 포함된
접미사 -cle의 뜻은 무엇일까요?

ⓐ pinnacle
작은 첨탑, 정점

ⓑ recéptacle
그릇, 용기

-cle는 '작은'을 뜻하는 접미사입니다. -cule에서 u를 뺀 것이죠. pinna는 '깃털(feather), 날개(wing)'라는 뜻이므로 ⓐ pinnacle은 원래 '작은 깃털'이라는 뜻인데, 건물 꼭대기에 있는 '작은 뾰족탑' 또는 '정점'을 지칭합니다. -cle이 포함된 다른 단어는 다음과 같습니다.

① article 기사, 조항, 물품, corpuscle 혈구, muscle 근육, particle 작은 조각

article의 어근인 arti는 '관절(joint)'을 뜻하는 라틴어 명사(artus)에서 유래하였습니다. 따라서, article은 '작은 관절'이라는 뜻인데 이 뜻이 변하여 '기사, 조항, 물품'이 된 것입니다. 동사 artículàte는 '관절로 잇다, 한 음절 한 음절 똑똑히 발음하다'라는 뜻이죠.

corpus는 '몸(body)'을 뜻하므로 corpuscle/kɔ́pəsəl/은 원래 '작은 몸'이라는 뜻인데, 보통 white corpuscle(백혈구), red corpuscle(적혈구)에서처럼 '혈구'라는 뜻으로 사용됩니다. -cle이 -cule에서 u를 뺀 것이라는 사실은 muscle과 particle의 형용사형인 muscular(근육질의)와 partícular(특정한, 세밀한)에서 확인할 수 있습니다.[12]

-cule과 -cle은 동사를 '수단(instrument)'을 나타내는 명사로 바꾸는 역할도 합니다. 예를 들어, '웃다(laugh)'를 뜻하는 라틴어 동사(ridere)에서 유래한 ridicule(조롱, 놀림)의 -cule은 동사를 '수단'을 나타내는 명사로 바꾸었습니다. 마찬가지로, ⓑ receptacle(그릇, 용기)에서 -cle은 동사 receive(받다)를 '수단'을 나타내는 명사로 바꾸었죠. -cle이 이렇게 사용된 다른 예는 다음과 같습니다.

② obstacle 장애물, tentacle 촉수, vehicle 차량

마지막으로 -cle은 ③에서처럼 '장소'를 나타내기도 합니다.

③ convénticle 비밀 집회, 그 집회소, cubicle 개인용 열람실,
tábernàcle 예배당, (고대 유대인의) 이동식 예배소

conventicle은 16~17세기에 '영국국교회(the Church of England)에 반대하는 개신교들이 비밀리에 모여서 하는 집회 또는 집회 장소'를 뜻합니다. 아들을 낳지 못하는 왕비와 이혼하려는 헨리 8세가 교황이 이혼을 허용하지 않자 1534년에 자신을 수장(Supreme Head)으로 하는 영국국교회를 설립하죠.

tabernacle은 '천막(tent)'이라는 뜻의 라틴어 명사(tabernaculum)에서 유래하였는데, 고대 유대인들이 이집트를 탈출하여 광야에서 떠돌아다닐 때 예배 장소로 사용하던 곳을 tabernacle이라고 하였습니다. 그래서 '예배당'이라는 뜻이 된 것이죠.

④ A temple is a tabernacle, the sacred tent built over an altar. (COCA:2012:MAG)
교회당은 성막, 즉 제단 위에 세워진 신성한 천막이다.

광고 전단이 된 '작은 잎'

cerebellum / leaflet

Q

다음 두 단어에 각각 포함된
접미사 -ellum과 -let의 뜻은 무엇일까요?

ⓐ cèrebéllum
소뇌

ⓑ leaflet
광고 전단

-et와 -ule처럼 '원래의 뜻보다 더 작은 개념이나 친애의 뜻을 나타내는 접사'를 '지소사(指小辭, dimínutive)'라고 합니다. 라틴어에는 두 개의 지소사 -ulus와 -ellus가 있습니다.[13] -ule이 -ulus에서 유래하였죠. ⓐ cerebellum(소뇌)은 cerébrum(뇌)의 어근인 cereb와 지소사

-ellum이 결합한 단어입니다. (-ellum은 -ellus의 중성형입니다.) -ellum을 포함하는 다른 단어는 다음과 같습니다.

① càpitéllum 상완골소두(上腕骨小頭), castéllum (고대 로마의) 작은 요새, flabéllum (의식 때 교황 앞에 받드는) 성선(聖扇), 부채꼴 기관, flagéllum (세포에 부속되어 운동 능력을 가진 가늘고 긴 채찍 모양의) 편모(鞭毛)

cerebellum과 함께 ①은 모두 라틴어에서 차용한 단어인데, capitellum의 기본적인 뜻은 '기둥머리', flabellum은 '부채', flagellum은 '채찍'입니다. 영어에서는 세 단어 모두 의학 또는 생물학의 전문 용어로 사용됩니다.

-let은 -ellus의 l과 -et가 합쳐진 지소사입니다. 따라서 ⓑ leaflet은 원래 '작은 잎(leaf)'이라는 뜻인데, leaf가 '(책의) 낱장'을 뜻하기도 하므로 '광고 전단(=작은 낱장)'의 뜻으로 사용되는 것입니다. -let을 포함하는 다른 단어는 다음과 같습니다.

② booklet 소책자, driblet 작은 (물)방울, 소량, pamphlet 팸플릿, 소논문, piglet 새끼 돼지, ringlet 작은 고리, 고수머리, valét 시종, 주차원

dribble은 동사로는 '(공을) 드리블하다, (물이) 똑똑 떨어지다', 명사로는 '조금씩 흘러내리는 것'을 뜻합니다. valet는 프랑스어에서 차

용한 단어라서 -let가 프랑스어같이 /lei/로 발음됩니다. valet와 같은 어근을 가진 단어로는 vassal(신하, 부하)이 있습니다. 이 단어도 프랑스에서 차용한 것이죠. valet는 보통 ③에서처럼 '주차원'의 뜻으로 사용됩니다.

③ **Pull up front. A valet will take your car.** (COCA:2014:FIC)
앞으로 대세요. 주차원이 차를 가져갈 것입니다.

④에서는 -let이 몸에 차거나 덧입는 것을 나타내는 접미사로 사용되었습니다.

④ **anklet** 발찌, **armlet** (팔 위쪽에 끼는) 팔찌, **sleevelet** 소매 커버,
wristlet (방한용) 소맷부리

anklet, armlet, sleevelet, wristlet는 모두 bracelet(팔찌)의 접미사가 -let이라고 착각하여 영단어에 -let을 붙인 것입니다. 그런데 bracelet의 접미사는 -et입니다. brachial(팔의)이 유래한 라틴어 형용사(brachialis)가 고대 프랑스어에서 bracel로 바뀌고, 여기에 -et이 붙어서 bracelet(팔찌)이 된 것이죠. 프랑스어에서 차용한 단어지만 bracelet의 발음은 프랑스어식으로 하지 않습니다.

hatchet(손도끼)의 어근도 '도끼(axe)'를 뜻하는 프랑스어 명사

(hache)인데, 프랑스어식으로 발음하지 않습니다. 사실 hache는 여성형 명사라서 프랑스어에서는 '작은 도끼'를 hachette이라고 하는데, 영어 hatchet에는 남성형 접미사 -et이 사용되었습니다. kitchenette(작은 부엌)처럼 여성 접미사 -ette를 포함하는 영단어는 모두 17세기 이후에 프랑스어에서 차용된 것입니다.[14] 하지만 hatchet은 14세기부터 영어에서 사용된 단어라서 남성 접미사 -et을 포함하고 있는 것입니다.

'장소'를 나타내는 접미사 1

sanitarium / terrarium

Q

다음 두 단어에 공통으로 포함된 접미사 -arium의 뜻은 무엇일까요?

ⓐ sànitárium
요양원

ⓑ terrárium
테라리엄, 작은 동물 사육기

-arium은 '장소'를 뜻하는 라틴어 접미사입니다. ⓐ sanitarium(요양원)의 어근인 sanit는 '건강(health), 온전한 정신(soundness of mind)'을 뜻하는 라틴어 명사(sanitas)에서 유래하였습니다. 같은 어근을 포함하는 단어는 sanitary(위생의, 위생적인)와 sanity(제정신)가 있습니다.

-arium을 포함하는 다른 단어는 다음과 같습니다.

① **aquárium** 수족관, **caldárium** 온탕 욕실, **frìgidárium** 냉탕 욕실, **herbárium** 건조 식물 표본 상자, 표본실, **ìnsectárium** 곤충 사육장, **plànetárium** 천체 투영관, **sèrpentárium** 뱀 사육장, **solárium** 일광욕실, 해시계, **vivárium** 동식물 사육장

caldarium(온탕 욕실)과 frigidarium(냉탕 욕실)은 고대 로마 목욕탕에 있던 욕실들을 지칭합니다. solarium(일광욕실)은 sanitarium(요양원)에서 볼 수 있습니다. 요양원에는 밖에 나가기 어려운 환자들도 일광욕을 즐길 수 있는 방이 있어야겠죠. solarium은 '해시계(sundial)'라는 뜻도 됩니다.

ⓑ terrarium(테라리움)은 aquarium(수족관)의 반의어라고 할 수 있습니다. terra(땅, 흙)가 aqua(물)의 반의어가 될 수 있기 때문이죠. vivarium은 terrarium과 aquarium의 상위어(hypernym)라고 할 수 있는데, 보통 과학적 연구를 위해 '자연의 서식 상태를 모방한 동식물 사육장'을 지칭합니다.

국어사전에 '테라리엄'을 검색하면 '원예에서, 밀폐된 유리 그릇이나 아가리가 작은 유리병 따위의 안에서 작은 식물을 재배하는 방법. 또는 그 유리 그릇'이라고 나오는데, terrarium은 식물뿐만이 아니라,

거북이같이 작은 동물을 기를 때 사용하는 유리 용기를 지칭합니다. '땅'을 뜻하는 어근 terr를 포함한 단어는 다음과 같습니다.

② terrace 테라스, térritòry 영토, 영역, partérre 화단과 길을 장식적으로 배치한 정원, 아래층 좌석, terréstrial 육지의, 지구의, èxtraterréstial 지구 밖의, 외계인, sùbterránean 지하의

외국의 식당이나 커피숍에서 자주 볼 수 있는 terrace는 실내에서 직접 밖으로 나갈 수 있는 공간인데, patio 또는 balcony라고도 합니다. parterre/partéər/는 프랑스어에서 차용한 단어인데 원래 '지면에(=par terre)'라는 뜻인 전치사구가 한 단어가 된 것입니다. '화단' 또는 극장에서 발코니 아랫부분의 '뒷좌석'을 뜻하죠. extraterrestial은 귀여운(?) '외계인'이 나오는 1982년 할리우드 영화 〈E.T. the Extra-Terrestrial〉의 제목으로 유명해진 단어입니다.

-arium을 포함하지만, 장소를 지칭하지 않는 단어도 있습니다. honorárium은 '사례금'을 뜻합니다.

③ No author received an honorarium related to the development of this article. (COCA:2015:ACAD)
이 논문의 개발과 관련하여 사례금을 받은 저자는 없다.

신전과 신학 대학

sanctuary / seminary

Q

다음 두 단어에 공통으로 포함된 접미사 -ary의 뜻은 무엇일까요?

ⓐ líbràry
도서관

ⓑ sánctuàry
신전, 안식처, 보호지역

-ary는 '장소'를 뜻하는 라틴어 접미사 -arium이 변형된 것입니다. ⓐ library(도서관)는 프랑스어 librairie에서 유래하였는데, libraririe는 라틴어 librarium에서 유래하였습니다. 따라서 -arium이 영어에서는 -ary로 바뀐 것이죠. -ary가 '장소'를 지칭하는 단어

는 다음과 같습니다.

① áviàry 동물원 등의 큰 새장, 새 사육장, dispénsary 약품 조제실, 양호실, 진료소, éstuàry 강어귀, mílitàry 군대, séminàry 신학 대학

dispensary는 동사 dispense(나눠 주다)에서 파생하였으므로 본래 '나눠 주는 곳'이라는 뜻입니다. estuary의 어근 estu는 '조수(tide)'를 뜻하는 라틴어 명사(aestus)에서 유래하였습니다. 따라서 estuary는 '강과 조수(=바닷물)가 만나는 곳'이라는 뜻이죠.

seminary(신학 대학)의 어근 semin은 '씨(seed)'를 뜻하는 라틴어 명사(semen)에서 유래하였습니다. 같은 어근을 포함하는 단어로는 disséminàte((씨를) 흩뿌리다, 널리 퍼뜨리다)가 있습니다.

ⓑ sanctuary(신전, 안식처, 보호지역)의 어근 sanct는 '신성한(holy)'이라는 뜻의 라틴어 형용사(sanctus)에서 유래하였습니다. 같은 어근을 포함하는 단어는 다음과 같습니다.

② sánctifỳ 신성하게 하다, sanction 허가(하다), 제재(하다), sanctum 성소(聖所), sácrosànct 지극히 신성한

sanction은 원래 교회에서 주는 '신성한 허가'였는데, 허가가 '규

칙, 법률'이라는 뜻이 되었고, 마지막으로 규칙을 어기면 받는 '제재'로 뜻이 변하였습니다. 완전 반대의 뜻이 된 것이죠. 이렇게 '상반되는 두 뜻을 가진 단어'를 cóntranỳm(또는 contronym)이라고 합니다.

contranym의 다른 예로는 cleave(쪼개다, 착 달라붙다), bolt(볼트로 접합하다, 달아나다), fast(빠른, 단단히 고정된)가 있습니다. table도 contranym의 예라고 할 수 있는데, 미국영어에서는 '(의안의 논의를) 미루다'라는 뜻이지만 영국영어에서는 정반대로 '(의안을) 상정하다'라는 뜻이기 때문입니다.

sacrosanct(지극히 신성한)는 '신성한'을 뜻하는 두 개의 어근이 합쳐진 단어입니다. sacr도 '신성한'을 뜻하는 다른 라틴어 형용사(sacer)에서 유래한 어간이기 때문입니다. ③은 어근 sacr를 포함하는 단어입니다.

③ sacred 신성한, sacrament 성례(=세례식 · 성찬식 등의 의식), 성체(=성찬식의 빵과 포도주), sacrilege 신성 모독

sacrilege(신성 모독)는 '신에게 바쳐진 것을 훔치다'라는 뜻의 라틴어구 sacrum legere에서 유래한 단어입니다. legere는 elegant(우아한)와 elect(선출하다)의 어간으로도 사용되는데, 그 이유는 legere가 '훔치다'라는 뜻 외에 '선택하다'라는 뜻도 있기 때문입니다.

sacrilege(신성 모독)의 형용사형인 sàcrilégious는 ④와 같은 문장에 사용될 수 있습니다.

④ It's sacrilegious to levy taxes on the funds we raised for that noble cause.
우리가 그 고귀한 대의를 위해 모금한 자금에 세금을 부과하는 것은 천벌을 받을 짓이다.

-ary는 sécretàry(비서)와 notary(공증인)에서처럼 사람을 뜻하는 명사 접미사로도 사용되고 èleméntary(기본적인)와 árbitràry(임의의, 독단적인)에서처럼 형용사 접미사로도 사용됩니다. elementary는 element(요소, 원소), arbitrary는 arbiter(중재인, 결정권자, 권위자)의 형용사형입니다.

'장소'를 나타내는 접미사 2

crematorium / moratorium

Q

다음 두 단어에 공통으로 포함된 접미사 -orium의 뜻은 무엇일까요?

ⓐ crèmatórium
화장터

ⓑ scriptórium
(중세 수도원의) 필사실

ⓐ crematorium은 cremate(화장(火葬)하다)와 '장소'를 뜻하는 또 하나의 접미사 -orium이 결합한 것입니다. -orium을 포함한 다른 단어는 다음과 같습니다.

① àuditórium 강당, cibórium 성합(聖盒), empórium 큰 상점,

상업 중심지, sànatórium 요양원, sensórium 감각 기관

ciborium은 '성찬용 빵을 담는 용기(=성합)'를 지칭하는데, 라틴어에서는 '큰 잔'을 뜻하기도 합니다. 성찬용 포도주를 담는 용기는 chalice(성배, 聖杯)라고 하죠. ciborium은 '제단(altar)의 닫집(canopy)'을 뜻하기도 합니다. 큰 잔을 뒤집어 놓은 것 같은 형태의 덮개 또는 지붕이라는 뜻이죠.

sanitarium(요양원)의 동의어인 sanatorium은 '치료하다(heal)'를 뜻하는 라틴어 동사(sanare)에서 파생한 단어입니다. 20세기 초에 미국에서 결핵(tubèrculósis)을 치료하는 sanatorium이 많았는데 결핵 치료제가 개발된 후로 모두 없어졌습니다.

-orium을 포함하지만, 장소를 지칭하지 않는 단어도 있습니다. mòratórium은 '활동 중단'을 뜻합니다.

② **North Korea declared a moratorium on its nuclear and long-range missile tests.** (COCA:2019:NEWS)
북한은 핵실험과 장거리 미사일 실험의 중단을 선언했다.

ⓑ scriptorium(필사실)은 중세 수도원(monastery)에서 수도사들이 필사본(manuscript)을 쓰던 곳입니다. manuscript의 manu(또는 mani)는 '손(hand)'을 뜻하는 라틴어(manus)에서 유래한 어근입니다.

같은 어근을 포함한 단어는 다음과 같습니다.

③ manual 수동의, 설명서, mànufácture 제조(하다),
mànumíssion (노예 · 농노의) 해방, manúre 거름(을 주다),
manípulàte (교묘하고 부정직하게 사람 · 사물을) 조종하다,
manéuver 조종(하다), 조작(하다)

maneuver(조종하다, 조작하다)는 프랑스어를 통해 영어로 들어온 단어라서 manu가 maneu로 바뀐 것입니다. ④는 아프리카에 있는 공화국 니제르(Niger)의 노예 해방(manumission)에 관한 문장입니다.

④ The mass manumission was widely publicized prior to the planned release, but just days before it was to happen, the government prevailed upon the chief to abandon his plan. (COCA:2005:MAG)
대량의 노예 해방은 계획된 해방 이전에 널리 알려졌지만, 그것이 일어나기 불과 며칠 전에 정부는 추장이 그의 계획을 포기하도록 설득했다.

미국에서는 1865년에 헌법 수정 제13조(the 13th Améndment to the United States Cònstitútion)에 의해 모든 노예가 해방되었습니다. 하지만, 세계 곳곳에 아직 노예가 존재하는 나라가 있습니다.

불의 고통으로 '깨끗하게' 하는 곳

repository / purgatory

Q

다음 두 단어에 공통으로 포함된
접미사 -ory의 뜻은 무엇일까요?

ⓐ repósitòry
저장소

ⓑ púrgatòry
연옥(煉獄)

ⓐ repository(저장소)는 라틴어 repositorium이 프랑스어(repositoire)를 거쳐 영어로 들어온 것입니다. 따라서 -ory도 -orium과 마찬가지로 '장소'를 지칭합니다. -ory가 '장소'를 지칭하는 다른 단어는 다음과 같습니다.

① depósitòry 저장소, diréctory 안내 책자, dórmitòry 기숙사, ínventòry 물품 목록, 재고, láboratòry 실험실, lávatòry 세면장, 화장실, obsérvatòry 관측소, 천문대

repository(저장소)의 동사형인 reposit은 '맡기다(depósit), 제자리에 놓다(replâce)'라는 뜻인데, 거의 사용되지 않는 동사입니다. 하지만 repository는 depository보다 오히려 사용 빈도수가 높죠.

dormitory(기숙사)의 어근인 dorm은 '자다(sleep)'를 뜻하는 라틴어 동사(dormire)에서 유래하였습니다. 같은 어근을 포함한 단어로는 dormant(휴면기의, 잠복 중인)가 있습니다. 자코모 푸치니(Giacomo Puccini, 1858-1924)의 오페라 〈투란도트(Turandot)〉의 유명한 아리아 '공주는 잠 못 이루고'의 원제는 Nessun dorma입니다. Nessun dorma는 '아무도 잠들지 말라(No one shall sleep)'라는 뜻이죠.

inventory(물품 목록, 재고)의 동사형인 invent의 뜻은 '발명하다'입니다. 그런데 invent가 유래한 라틴어 동사(invenire)의 뜻은 '발견하다, 발명하다'입니다. 따라서 inventory는 '(재고를) 발견하는 곳(=물품 목록)'이라는 뜻이죠. 라틴어 동사 invenire는 in-과 venire(오다)가 합쳐진 것입니다. venire는 카이사르의 명언인 'Venī, vidī, vicī(I came, I saw, I conquered=왔노라, 보았노라, 이겼노라)'의 첫 단어입니다.

'연옥(煉獄)'은 천국에 가기 전에 '불의 고통으로' 죄를 씻어내는 곳입니다. 煉이 '쇠붙이를 불에 달구다'라는 뜻이기 때문입니다. 반면에 ⓑ purgatory(연옥)의 어근 purg는 '깨끗이 하다(cleanse)'를 뜻하는 라틴어 동사(purgare)에서 유래하였습니다. 따라서 purgatory는 단순히 '깨끗하게 하는 곳'이라는 뜻이죠. 같은 어근을 가진 단어는 다음과 같습니다.

② purgative 변비약, purge 숙청하다, 제거하다, éxpurgàte 삭제하다

purgative와 laxative는 동의어인데 20세기 전까지는 purgative의 사용 빈도수가 높았지만, 지금은 laxative의 사용 빈도수가 더 높습니다. 미국에서 판매되는 약에는 보통 laxative라고 적혀 있습니다. expurgate는 보통 ③에서처럼 책이나 영화 등에서 '부적절한 부분을 삭제하다'라는 뜻으로 사용됩니다.

③ Some roles that can be perceived as offensive to the target audience have been expurgated from this movie scenario.
대상 관객에게 불쾌감을 줄 수 있는 일부 역할은 이 영화 시나리오에서 삭제되었다.

-ary와 마찬가지로 -ory도 sensory(감각의)와 státutòry(법령의)에서처럼 형용사 접미사로 사용될 수 있습니다.

라틴어 복수형 어미

media / corpora

Q

다음 두 단어의
차이점은 무엇일까요?

ⓐ media ⓑ medium

ⓐ media(대중 매체)는 ⓑ medium(매개물, 중간)의 복수형입니다. -a는 라틴어 중성형 어미 -um의 복수형입니다. -um이 복수형에서 -a로 바뀌는 다른 단어는 다음과 같습니다.

① bactérium – bactéria 세균, currículum – currícula 교육

과정, dat<u>um</u> – dat<u>a</u> 자료, millénni<u>um</u> – millénni<u>a</u> 천 년, ov<u>um</u> – ov<u>a</u> 난자, phyl<u>um</u> – phyl<u>a</u> 문(門)

phylum(문, 門)은 생물 분류 단위에서 가장 높은 kingdom(계, 界)의 바로 아래 단위입니다. 이런 학술 용어의 복수형 명사는 복수동사와 함께 사용되는데, data, media처럼 일상생활에 사용되는 단어는 단수동사와 사용될 수도 있습니다. ②에서 media는 복수동사 were와 함께 사용되었지만, ③에서는 단수동사 was가 사용되었죠.

② The media <u>were</u> waiting to ask her questions. (COCA:2014:NEWS)
언론은 그녀에게 질문을 하기 위해 기다리고 있었다.

③ The media <u>was</u> accused of aiding and abetting Trump's rise in the primary. (COCA:2016:NEWS)
언론은 트럼프의 경선 진출을 돕고 방조했다는 비난을 받았다.

-s가 없는 data와 media를 단수형 명사(또는 추상명사)라고 생각하여 단수동사와 함께 사용하는 것입니다. 반대의 경우도 있습니다. pea(콩)는 원래 pease였는데, 단수명사가 복수명사처럼 발음되는 것이 이상해서 pea가 되었습니다.

원어민들도 -a가 -um의 복수형이라는 것을 잘 모르는 이유 중 하나는 album(앨범), stadium(경기장), aquarium(수족관)처럼 일상생활에서 접할 수 있는 단어의 복수형은 -s를 붙여서 사용하기 때문입니다. 모두 라틴어에서 차용한 단어이므로 원래는 alba, stadia, aquaria가 정확한 복수형이죠.

라틴어 남성형 어미인 -us의 복수형은 -i이고, 여성형 어미인 -a의 복수형은 -ae입니다.

④ alúmnus – alúmni 남자 졸업생, cactus – cacti 선인장, focus – foci 초점, fungus – fungi 곰팡이류, radius – radii 반지름

⑤ alúmna – alúmnae 여자 졸업생, alga – algae 조류(藻類=물속에 사는 하등 식물의 한 무리), formula – formulae 공식

유의해야 할 마지막 두 가지 라틴어 복수형은 다음과 같습니다.

⑥ appéndix – appéndices 부록, 맹장, index – indices 색인, 지표, vortex – vortices 소용돌이

⑦ corpus – corpora 신체, 말뭉치, genus – genera 속(屬=생물 분류 단위에서 가장 낮은 종(種, species)의 바로 위)

'말뭉치'는 '코퍼스'라고도 하는데, '언어 연구를 위해 컴퓨터가 읽을 수 있는 형태로 모아 놓은 언어 자료'를 뜻합니다.

그리스어 복수형 어미

criteria / crises

Q

다음 두 단어의
차이점은 무엇일까요?

ⓐ critéria　　ⓑ critérion

ⓐ criteria는 ⓑ criterion(기준)의 복수형입니다. 라틴어 어미 -um이 복수형에서 -a로 바뀌는 것처럼, 그리스어 어미인 -on의 복수형도 -a입니다. 두 어미의 복수형이 같은 이유는 그리스어 어미 -on이 라틴어에서 -um으로 변한 것이기 때문입니다.

그리스어 mouseion과 이 단어에서 유래한 라틴어 museum을 비교해 보면 그리스어 어미 -on이 라틴어에서 -um으로 변했다는 사실을 확인할 수 있습니다. muséum(박물관)은 원래 고대 그리스 · 로마 신화에서 시, 음악과 같은 예술 분야를 관장하는 아홉 여신을 일컫는 'Muse(뮤즈)를 위한 신전(temple)'을 뜻합니다.

복수형 명사 data, media가 단수동사와 종종 사용되는 것처럼 criteria도 ①에서처럼 단수동사와 사용되기도 합니다.

① His only criteria was picking the best person for the job. (COCA:2023:NEWS)
그의 유일한 기준은 해당 업무에 가장 적합한 사람을 선택하는 것이었습니다.

data, media보다는 criteria가 좀 더 학술적인 단어라서 아직은 복수동사와 사용되는 빈도수가 더 높은데, 놀랍게도 위 예문은 미국에서 가장 권위 있는 일간지인 〈The New York Times〉에서 발췌되었습니다. -on이 복수형에서 -a로 바뀌는 다른 단어는 다음과 같습니다.

② autómatòn – autómata 로봇, 로봇 같은 사람, ganglion – ganglia 신경절(神經節), phenómenòn – phenómena 현상

생물학 용어인 ganglion(신경절)은 뇌와 척수가 아닌 곳에 신경 세포체가 모여 있는 것을 지칭합니다. -on처럼 그리스어에서 유래하였고 특

이한 복수형을 가진 명사 접미사는 -sis와 -ma 두 개가 더 있습니다.[15]

③ **análysis – anállyses** 분석, **axis – axes** 중심축, **crisis – crises** 위기, **dìagnósis – dìagnóses** 진단, **ellípsis – ellípses** 생략, **hypóthesis – hypótheses** 가설, **parálysis – parályses** 마비, **synópsis – synópses** 개요, **synthesis – syntheses** 종합, 합성, **thesis – theses** 학위 논문, 논제

④ **diplóma – diplómata** 졸업장, **soma – somata** 몸, **schema – schemata** 도식, 윤곽, **stigma – stigmata** 오명

③에 제시된 복수형 어미 -ses의 발음은 모두 /siːz/입니다. ④에 제시된 단어들은 모두 라틴어에서도 사용됩니다. 영어에서는 -mata와 -mas 두 가지 복수형이 모두 사용됩니다. 전문 학술 용어인 soma(몸)의 복수형으로는 somata의 사용 빈도수가 somas보다 높지만, 일상생활에 자주 사용되는 diploma(졸업장)의 복수형으로 diplomata는 거의 사용되지 않습니다.

diploma의 diplo는 '두 배(double), 한 쌍으로(in pairs)'라는 뜻입니다. 따라서 diploma는 원래 '반으로 접힌 공식 문서'라는 뜻이고, 외교관들이 이런 공식 문서를 가지고 협상을 해서 diplomat가 '외교관'을 뜻하게 되었다고 합니다.[16]

그리스어에서 schema는 원래 '모습(appearance), 형태(form)'라는 뜻입니다. form은 라틴어 forma에서 유래하였고, format(체재, 구성 방식)도 같은 라틴어에서 유래하였습니다. schema에서 유래한 단어로는 scheme(계획, 음모)이 있습니다.

schema(도식)는 영어 교육학에도 자주 사용되는 심리학 용어인데, '정보를 체제화하고 해석하는 인지적 개념 또는 틀'을 뜻합니다.[17] 예를 들어, 영어학습자가 음식점에서 영어로 음식을 주문하려면 그 상황에 적절한 schema를 갖고 있고 상황에 적절한 영어 표현을 알고 있어야 음식을 주문할 수 있습니다.

charísma(카리스마)는 원래 '신이 특별히 부여하는 재능(gift)'을 뜻하는 단어였습니다. charisma가 이 뜻으로 사용될 때는 charísmata라는 복수형이 있는 가산명사였습니다. 하지만 지금은 '사람들을 휘어잡는 매력'이라는 뜻의 불가산명사로 사용됩니다. data의 단수형인 datum은 잊히고 data가 추상명사로 사용되는 것과 비슷한 현상이죠.

다음은 라틴어 복수형 5개와 그리스어 복수형 3개를 표로 정리한 것입니다.

〈라틴어와 그리스어 복수형[18]〉

라틴어	medium media 대중 매체	alúmnus alúmni 남자 졸업생	alúmna alúmnae 여자 졸업생
라틴어	appéndix appéndices 부록, 맹장	corpus corpora 신체, 말뭉치	
그리스어	critérion critéria 기준	schema schemata 도식, 윤곽	axis axes 중심축

부록

[부록 1] 숫자와 관련된 어원의 뜻과 예시

[부록 2] 부정 접두사 in-과 un-

[부록 3] 라틴어·그리스어 접두사

[부록 4] 굴절 접미사의 예 / 파생 접미사의 예

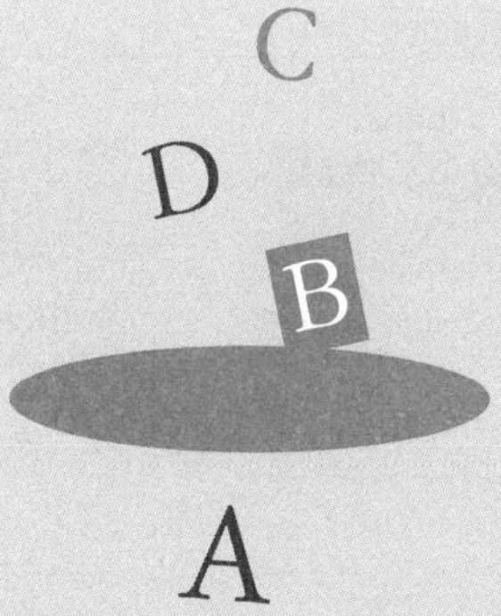

<부록 1>

숫자와 관련된 어원의 뜻과 예시[19]

뜻	라틴어 (예)	그리스어 (예)
1	uni (únitàry, 통합된)	mono (mónològue, 독백)
2	bi(n) (binary, 2진법의)	di (dilémma, 진퇴양난)
3	tri (triplet, 세쌍둥이)	tri (trilogy, 3부작)
4	quadr (quàdriplégic, 사지 마비 환자)	tetra (tètrahédron, 4면체)
5	quinque (quinquénnium, 5년간)	penta (péntagòn, 5각형)
6	sex (sextét, 6중창/주)	hexa (héxagòn, 6각형)
7	septem (Septémber, 9월)	hepta (héptagòn, 7각형)
8	octo (Octóber, 10월)	octa (óctagòn, 8각형)
9	novem (Novémber, 11월)	ennea (énneagòn, 9각형)
10	decem (Decémber, 12월)	deca (decade, 10년)
100	cent (century, 100년)	hecaton (hécatòmb, 고대 그리스에서 신들에게 바친 황소 100마리의 제물)
1,000	mille (millénnium, 1000년)	chili (chíliàrch, 고대 그리스의 천(千)부장)
10,000	-	myri (myriad, 무수히 많음)

1/2	semi (sèmicondúctor, 반도체)	hemi (hémisphère, 반구)
both(양쪽의)	ambi (àmbidéxtrous, 양손잡이의)	amphi (amphíbian, 양서류)
many(많은)	multi (múltivèrse, 다중 우주)	poly (pólymàth, 박식가)
all(모든)	omni (omníscient, 모든 것을 아는)	pan (pandémic, 세계적인 유행병)

<부록 2>

부정 접두사 in-과 un-

in-	ⓐ insáne 미친, 제정신이 아닌, inévitable 필연적인, ìnsigníficant 하찮은, infinite 무한한, infléxible 융통성 없는, ìndiscréte 나뉘어져 있지 않은, ìndiscréet 부주의한, 경솔한, ìncohérent 앞뒤가 안 맞는 말을 하는, ìnconsequéntial 중요하지 않은, ináccurate 부정확한, invísible 보이지 않는, invóluntàry 본의 아닌, 무의식중의
	ⓑ imménse 거대한, immórtal 불멸의, ìmmatúre 미숙한, imméasurable 헤아릴 수 없는, 무한의, impróbable 일어날 성싶지 않은
	ⓒ illégal 불법적인, illégible 읽기 어려운, irrátional 비이성적인, irrélevant 무관한, ìrrevérsible 되돌릴 수 없는
un-	ⓐ ùnaváilable 손에 넣을 수 없는, ùnforgéttable 잊을 수 없는, untráceable 추적할 수 없는, ùnrelíable 믿을 수 없는, unquótable 인용할 수 없는, unappróachable 접근하기가 어려운, unánalỳzable 분석할 수 없는, unjústifiable 정당화할 수 없는, ùnintérpretable 해석할 수 없는, unálterable 바꿀 수 없는, unattáinable/unachíevable 성취하기 어려운
	ⓑ ùnassúming 잘난 체하지 않는, unaccómmodàting 불친절한, 부탁을 들어주지 않는, ùnexpécted 뜻밖의, unspécified 명시되지 않은, unchárted 미지의, 지도에 없는, unchánneled 막힌, 표출되지 않은, ùnreléased 공개되지 않은, unrégulàted 규제받지 않은, unrégistered 등록되지 않은, ùnpredíctable 예측할 수 없는, unóccupied 비어 있는, unmódified 수정하지 않은, unlícensed 면허가 없는, ùninvólved 관여하지 않는, ùnattáched 붙어 있지 않는, ùnassígned 지정되지 않은, ùnequípped 설비가 되어 있지 않은, ùnexpósed 노출되지 않은, ùnexplóited 미개척의, ùndifferéntiated 구분되지 않은, ùndimínished 줄어들지 않은, ùnaccómpanied 동행자가 없는, 반주 없는, ùnacknówledged 인정받지 못하는, ùnassémbled 조립되지 않은, ùnconstráined/ùnconfíned/ùnrestráined/ùnrestrícted 제한이 없는
	ⓒ unháppy 불행한, unfáir 불공평한, unstáble 불안정한, unéthical 비윤리적인, untéchnical 전문적이 아닌, ùnrealístic 비현실적인, ùnproféssional 전문가답지 못한, ùnrespónsive 무반응의

<부록 3>

라틴어·그리스어 접두사

	의미	예
ab(s)	~에서 떠나서 (away from)	abdúct 유괴하다, abstinence 절제, 금욕
ad	~쪽으로(to)	addúce (증거 · 이유 등을) 제시하다, ádvocàte 지지하다, 옹호자
allo/al/hetero	다른 (other, different)	állegòry 우화, 비유한 이야기, áltruìsm 이타주의, hèterogéneous 이질적인
ana	위로(up), 뒤로(back)	anáchronìsm 시대착오, anátomy 해부(학)
ante/pre	앞에/이전에 (before)	àntecédent 선행사, àntebéllum 전쟁 전의, préjudice 선입견, prenátal 출생 전의
anti/contra	~에 반대하여 (against, in opposition)	ántidòte 해독제, ànticlimáctic 용두사미의, contrary 반대되는, còntradíct 반박하다, 모순되다
auto/tauto/ homo	같은(same), 자신(self)	autónomy 자치, 자율, tautólogy 동어 반복, hòmogéneous 동질적인
bene/eu	좋은(good)	bèneficiary 수혜자, bènedíction 축복, 축도, eustress 유익 스트레스, euphória 희열
cata	아래로(down), ~에 부딪쳐(against)	cátapùlt 투석기, 발사하다, càtaphóric 후속 어구를 가리키는
circum/peri	주위에/사방에(around)	cìrcumvént 피해가다, 우회하다, círcumstànce 환경, 상황, périscòpe 잠망경, perímeter 주위, 둘레
con/com syn/sym	~와 함께 (together with)	condúct 행동(하다), 지휘하다, compánion 동반자, synergy 협력 작용, sỳmbiósis 공생
de	아래로(down)	dedúce 추론하다, denóunce 비난하다
dia	~을 통하여/지나서 (through)	diámeter 지름, dìachrónic 통시적(通時的)인

e/ex	밖에, 밖으로(out)	éducàte 교육하다, exit 출구, 퇴장하다
en/in	안에, 안으로(in)	endémic 고유의, 풍토병, enthúsiàsm 열정, indúce 유도하다, immérse 담그다, 몰두시키다
epi	위에(on, over)	épicènter (지진의) 진원지, epíphany 예수 공현, 신의 출현, 깨달음
extra	밖에(outside), 넘어(beyond)	extráneous 관련 없는, extráordinàry 비범한, 비상한
dys/mal(e)	나쁜(bad)	dysléxia 난독증, dystópia 디스토피아, malady 병, 병폐, malévolent 악의적인
hyper/super/supra	위에(over, above)	hypérbole 과장법, supérfluous 과잉의, 불필요한, sùpranátional 초국가적인
hypo/sub/infra	아래에(under, below)	hỳpothérmia 저체온증, subsérvient 복종하는, 비굴한, ínfrastrùcture 사회 기반 시설
inter	사이에(between)	ìntersséction 교차로, ìntermédiate 중간의, 중급자
intra/intro	안에(within), 안으로(into)	ìntramúral 교내의, íntrovèrt 내향적인 사람
meta	뒤에(after), 변화(change)	mètaphýsics 형이상학, mètamórphosis 탈바꿈, 변형
ob	향하여(toward), ~에 맞서(against)	obstacle 장애(물), obséquious 아부하는
para	옆에(beside)	parallel 평행선, 평행의, pàramédic 응급구조사
per	통하여(through), 완전히(thoroughly)	pérmeàte 스며들다, perénnial 연중 끊이지 않는
post	후에(after)	postpóne 연기하다, 미루다, postérity 후세, 후대
pro	앞쪽으로(in front of)	prodúce 생산하다, procéed 진행하다, 나아가다
pseudo	거짓의/가짜의(false)	psèudoscíence 의사(擬似) 과학, pséudonỳm 가명

re	뒤로(back), 다시(again)	redúce 줄이다, 축소하다, restóre 복구하다, 회복하다
se	~로부터 떨어져 (apart from)	sedúce 유혹하다, sedítion (폭동 · 소요의) 선동, 교사(敎唆)
trans	관통하여(through), 가로질러(across)	transcénd 초월하다, trànsportátion 운송, 수송 수단

<부록 4>

굴절 접미사의 예[20]

		기능	예
동사	-s	3인칭단수현재	He walks to school every day. 그는 매일 학교에 걸어가.
	-ed	과거	I walked home last night. 나는 어제 집에 걸어갔어.
	-en	과거분사	I have never walked to school. 나는 한 번도 학교에 걸어간 적이 없어.
	-ing	현재분사	I am walking to the park. 나는 공원으로 걸어가고 있어.
명사	-s	복수	We have two cars. 우리는 차가 두 대 있어.
	-'s	소유격	My wife's car is black. 내 아내의 차는 검은색이야.
형용사	-er	비교급	I am taller than my brother. 나는 내 동생보다 키가 커.
	-est	최상급	I am the tallest person in my family. 내가 우리 가족 중에서 가장 키가 큰 사람이야.

※규칙형 과거분사는 -ed이지만 과거시제와 구분하기 위해 과거분사는 -en으로 표기합니다.

파생 접미사의 예

명사	형용사	동사	부사
beauty 아름다움	beautiful 아름다운	béautifỳ 아름답게 하다	beautifully 아름답게
equálity 평등, 균등	**equal** 동등한	équalìze 동등하게 하다	equally 동등하게
attráction 매력	attráctive 매력적인	**attráct** 마음을 끌다	attráctively 매력적으로

참고문헌

Part 1

1 김영석. (1998, p. 21). *영어형태론*. 서울: 한국문화사.

2 Retrieved March 1, 2024, from https://en.dict.naver.com/#/entry/enko/c3089abd541047cc98fb665b47dc9faa

3 Coxhead, A. (2000). A new academic word list. *TESOL Quarterly, 34*(2), 213-238.

4 Adolphs, S., & Schmitt, N. (2003, p. 430). Lexical coverage of spoken discourse. *Applied Linguistics, 24*(4), 425-438.

5 Arthur, R. G. (1989, p. 123). The *pearl-poet* as master of logic. *English Studies in Canada, 15*(2), 123-133.

6 Retrieved December 10, 2023, from https://www.sbs.ox.ac.uk/oxford-experience/blogs/rudina-suti/interesting-and-odd-rules-university-oxford

7 Retrieved October 1, 2023, from https://tetris.com/about-us

8 Retrieved October 4, 2023, from https://www.merriam-webster.com/dictionary/October

9 Retrieved November 1, 2023, from https://winefolly.com/deep-dive/how-much-sugar-in-brut-champagne/

10 Retrieved October 1, 2023, from https://www.merriam-webster.com/dictionary/ambition

11 Denning, K., Kessler, B., & Leben, W. R. (2007, p. 210). *English vocabulary elements.* (2nd ed.). Oxford: Oxford University Press.

12 Retrieved October 7, 2023, from https://www.merriam-webster.com/dictionary/omnibus

13 Cornog, M. W. (1998, pp. 152). *Merriam Webster's vocabulary builder.* Springfield, MA: Merriam-Webster.

14 Retrieved October 9, 2023, from https://www.merriam-webster.com/dictionary/billion

15 Retrieved June 5, 2022, from https://www.macworld.com/article/673923/why-is-apple-called-apple.html

16 Cornog, M. W. (1998, pp. 87). *Merriam Webster's Vocabulary builder.* Springfield, MA: Merriam-Webster.

17 Smiter, P. (2016, p. 64). *Greek and Latin roots for science and the social sciences: Part II – Greek.* Victoria, BC: University of Victoria.

18 김영석. (1998, p. 196). *영어형태론*. 서울: 한국문화사.

19 Retrieved October 9, 2023, from https://www.merriam-webster.com/dictionary/epitome

20 Retrieved October 15, 2023, from https://www.merriam-webster.com/dictionary/gust

21 Minkova, D., & Stockwell, R. (2009, p. 115). *English words: History and structure.* Cambridge: Cambridge University Press.

22 Retrieved March 24, 2024, from https://www.etymonline.com/word/ob-

23 Retrieved October 4, 2023, from https://content.time.com/time/photogallery/0,29307,1908353_1905440,00.html

24 Retrieved October 24, 2023, https://www.merriam-webster.com/dictionary/posthumous

25 Retrieved October 24, 2023, from https://supreme.justia.com/cases/federal/us/373/709/

26 Retrieved October 24, 2023, from https://www.va.gov/vetapp16/Files2/1608467.txt

27 Cornog, M. W. (1998, pp. 105). *Merriam Webster's vocabulary builder*. Springfield, MA: Merriam-Webster.

28 Fahnestock, J. (2011, p. 117). *Rhetorical style: The uses of language in persuasion*. Oxford: Oxford University Press.

29 Retrieved March 17, 2024, from https://www.etymonline.com/search?q=dystopia

30 Retrieved December 15, 2023, from https://www.etymonline.com/search?q=circum-

31 Retrieved March 19, 2024, from https://fedsoc.org/events/severability-and-article-iii-powers

32 Retrieved March 13, 2024, from https://www.etymonline.com/search?q=cataracta

33 Ross, W. D. (1995, p. 11). *Aristotle* (6th ed.). New York: Routledge.

34 Retrieved December 22, 2023, from https://www.etymonline.com/search?q=meta

35 Retrieved December 24, 2023, from https://www.merriam-webster.com/dictionary/bird

36 Retrieved December 24, 2023, from https://nosweatshakespeare.com/quotes/famous/the-worlds-your-oyster/

37 Fahnestock, J. (2011, p. 103). *Rhetorical style: The uses of language in persuasion*. Oxford: Oxford University Press.

38 Retrieved December 30, 2023, from https://www.theguardian.com/books/booksblog/2016/oct/28/brush-up-marlowe

Part 2

1 Denning, K., Kessler, B., & Leben, W. R. (2007, p. 125). *English vocabulary elements.* (2nd ed.). Oxford: Oxford University Press.

2 Ibid., p. 83.

3 Minkova, D., & Stockwell, R. (2009, p. 124). *English words: History and structure.* Cambridge: Cambridge University Press.

4 Retrieved October 25, 2023, from https://edition.cnn.com/style/article/ancient-roman-feasting-history/

5 Cornog, M. W. (1998, pp. 358-359). *Merriam Webster's vocabulary builder*. Springfield, MA: Merriam-Webster.

6 Roberts, C. H., & Skeat, T. C. (1983, p. 61). *The birth of the codex*. Oxford: Oxford University Press.

7 Minkova, D., & Stockwell, R. (2009, p. 124). *English words: History and structure*. Cambridge: Cambridge University Press.

8 Denning, K., Kessler, B., & Leben, W. R. (2007, p. 196). *English vocabulary elements*. (2nd ed.). Oxford: Oxford University Press.

9 Minkova, D., & Stockwell, R. (2009, p. 146). *English words: History and structure*. Cambridge: Cambridge University Press.

10 Denning, K., Kessler, B., & Leben, W. R. (2007, p. 86). *English vocabulary elements*. (2nd ed.). Oxford: Oxford University Press.

11 Minkova, D., & Stockwell, R. (2009, p. 125). *English words: History and structure*. Cambridge: Cambridge University Press.

12 Denning, K., Kessler, B., & Leben, W. R. (2007, p. 87). *English vocabulary elements*. (2nd ed.). Oxford: Oxford University Press.

13 Retrieved November 16, 2023, from https://www.merriam-webster.com/dictionary/nectar

14 Retrieved November 16, 2023, from https://www.merriam-webster.com/dictionary/internecine

15 Denning, K., Kessler, B., & Leben, W. R. (2007, pp. 84-85). *English vocabulary elements*. (2nd ed.). Oxford: Oxford University Press.

16 Retrieved November 3, 2023, from https://www.merriam-webster.com/dictionary/volume

17 Schmitt, N., & Zimmerman, C. B. (2002). Derivative word forms: What do learners know? *TESOL Quarterly, 36*(2), 145-171.

18 Minkova, D., & Stockwell, R. (2009, p. 122). *English words: History and structure*. Cambridge: Cambridge University Press.

19 Retrieved November 6, 2023, from https://online.hbs.edu/blog/post/3-reasons-you-should-take-statistical-significance-with-a-grain-of-salt

20 Retrieved November 6, 2023, from https://www.oxfordreference.com/display/10.1093/oi/authority.20110803100225625?p=emailAWREd7wl6dtfE&d=/10.1093/oi/authority.20110803100225625

21 Retrieved November 7, 2023, from https://www.etymonline.com/search?q=pilot

22 Cornog, M. W. (1998, pp. 126-127). *Merriam Webster's vocabulary builder*. Springfield, MA: Merriam-Webster.

23 Retrieved November 6, 2023, from https://www.etymonline.com/search?q=salvo

24 Retrieved November 15, 2023, from https://www.etymonline.com/search?q=casual

25 *Oxford advanced learner's dictionary* (9th ed.). (2015, p. 229). Oxford: Oxford University Press.

26 Fann, K. T. (1989, pp. 63-66). *Wittgenstein's conception of philosophy*. Berkeley and Los Angeles: University of California Press.

27 Retrieved March 23, 2024, from https://www.merriam-webster.com/dictionary/banana

28 Denning, K., Kessler, B., & Leben, W. R. (2007, p. 126). *English vocabulary elements*. (2nd ed.). Oxford: Oxford University Press.

29 Minkova, D., & Stockwell, R. (2009, p. 118). *English words: History and structure*. Cambridge: Cambridge University Press.

30 성염. (2003, p. 49). *라틴어 첫걸음*. 파주: 경세원.

31 Denning, K., Kessler, B., & Leben, W. R. (2007, p. 124). *English vocabulary elements*. (2nd ed.). Oxford: Oxford University Press.

32 Minkova, D., & Stockwell, R. (2009, p. 148). *English words: History and structure*. Cambridge: Cambridge University Press.

33 Denning, K., Kessler, B., & Leben, W. R. (2007, p. 85). *English vocabulary elements*. (2nd ed.). Oxford: Oxford University Press.

34 Cornog, M. W. (1998, pp. 293). *Merriam Webster's vocabulary builder*. Springfield, MA: Merriam-Webster.

35 Minkova, D., & Stockwell, R. (2009, p. 171). *English words: History and structure*. Cambridge: Cambridge University Press.

36 Cornog, M. W. (1998, pp. 404). *Merriam Webster's vocabulary builder*. Springfield, MA: Merriam-Webster.

37 Denning, K., Kessler, B., & Leben, W. R. (2007, p. 149). *English vocabulary elements*. (2nd ed.). Oxford: Oxford University Press.

38 Retrieved April 10, 2023, from https://www.britannica.com/art/soap-opera

39 Denning, K., Kessler, B., & Leben, W. R. (2007, p. 210). *English vocabulary elements*. (2nd ed.). Oxford: Oxford University Press.

40 Retrieved September 18, 2003, from https://news.kbs.co.kr/news/pc/view/view.do?ncd=7746298&ref=A

41 Retrieved September 21, 2003, from https://www.publichealthontario.ca/-/media/documents/ncov/ltcrh/2020/11/covid-19-outbreak-cohorting-ltch.pdf?sc_lang=en

42 Retrieved September 22, 2003, from https://faculty.washington.edu/alain/CLAS.HSTAM330/Legion.html

43 Retrieved October 13, 2023, from https://www.merriam-webster.com/dictionary/microcosm

44 Denning, K., Kessler, B., & Leben, W. R. (2007, p. 13). *English vocabulary elements*. (2nd ed.). Oxford: Oxford University Press.

45 Minkova, D., & Stockwell, R. (2009, p. 201). *English words: History and structure*. Cambridge: Cambridge University Press.

46 Hardy, T. (1979, p. 35). *Tess of the d'Urbervilles: A Norton critical edition* (2nd ed. New York: W.W. Norton & Company. (Original work published 1891).

47 Retrieved February 27, 2024, from https://drivesmartgeorgia.com/blog/required-documents-to-get-a-georgia-drivers-license-or-learners-permit/

48 Retrieved February 26, 2024, from https://www.nytimes.com/2004/09/15/nyregion/a-mandatory-gratuity-is-just-a-tip-and-thus-not-mandatory-a.html

49 Retrieved February 28, 2024, from https://www.etymonline.com/search?q=surround

50 *Oxford advanced learner's dictionary* (9th ed.). (2015, p. 1613). Oxford: Oxford University Press.

Part 3

1 Retrieved November 26, 2023, from https://www.merriam-webster.com/dictionary/castigate

2 Swan, M. (2016, entry 126.4). *Practical English usage* (4th ed.). Oxford: Oxford University Press.

3 Retrieved March 5, 2024, from https://www.google.co.kr/books/edition/Journal_of_the_American_Medical_Associat/tKghAQAAMAAJ?hl=en&gbpv=1&dq=%22crucial+incision%22&pg=PA1044&printsec=frontcover

4 Retrieved November 27, 2023, from https://www.etymonline.com/search?q=-some

5 Retrieved November 27, 2023, from https://www.merriam-webster.com/dictionary/grotesque

6 Retrieved November 28, 2023, from https://www.youtube.com/watch?v=QaJQFor6KhQ

7 Retrieved March 6, 2024, from https://www.etymonline.com/search?q=guarantee

8 Retrieved September 22, 2023, from https://www.defense.gov/Multimedia/Experience/Military-Units/Army/#army

9 LaPorte, C. (2020, p. 1). *The Victorian cult of Shakespeare: Bardology in the nineteenth century*. Cambridge: Cambridge University Press.

10 Retrieved December 1, 2023, from https://www.shakespeareauthorship.org/shakespeare-authorship-timeline-part-i

11 Retrieved December 3, 2023, from https://theconversation.com/what-is-suffragette-white-the-colour-has-a-110-year-history-as-a-protest-tool-158957

12 Denning, K., Kessler, B., & Leben, W. R. (2007, p. 211). *English vocabulary elements*. (2nd ed.). Oxford: Oxford University Press.

13 Oniga, R, & Schifano, N. (2014, pp. 159). *Latin: A linguistic introduction*. Oxford: Oxford University Press.

14 Retrieved December 4, 2023, from https://www.etymonline.com/search?q=ette

15 Denning, K., Kessler, B., & Leben, W. R. (2007, p. 177). *English vocabulary elements*. (2nd ed.). Oxford: Oxford University Press.

16 Cornog, M. W. (1998, pp. 307). *Merriam Webster's vocabulary builder*. Springfield, MA: Merriam-Webster.

17 Retrieved March 5, 2024, from https://terms.naver.com/entry.naver?docId=2094264&cid=41991&categoryId=41991

18 Pinker, S. (1999, pp. 53-54). *Words and rules: The ingredients of language*. New York: Perennial.

19 Denning, K., Kessler, B., & Leben, W. R. (2007, p. 129). *English vocabulary elements*. (2nd ed.). Oxford: Oxford University Press.

20 유원호. (2015, p. 138). *Grammar 절대 매뉴얼 입문편*. 파주: 넥서스.